Le grand livre des Anges

Richard Morissette

LE GRAND LIVRE DES ANGES

LES ÉDITIONS
CARDINAL

Un ouvrage des
Éditions Cardinal inc.

Troisième édition, mai 2004
France, Belgique, Suisse, Canada

ISBN 2-920943-03-0
Dépôt légal - Premier trimestre 2004

©2003 Les Éditions Cardinal
Montréal (Qc) Canada

Conception et idéation: Richard Epmert
Auteur: Richard Morissette
Corrections d'épreuves: Rachel Fontaine
Maquette et couverture: Luc Sauvé
Œuvre de la page couverture: Rogier van der Weyden (1400-1464)
Reproduction des œuvres, source: Internet

Imprimé au Canada

Parmi les sujets qui ont inspiré les plus grands
artistes de l'art pictural à travers l'histoire,
les anges sont certes l'un des plus marquants.

De Léonard de Vinci à Michel-Ange, en passant
par William-Adolphe Bouguereau,
des œuvres magistrales ont été réalisées.

Parfois reliées au texte, parfois reproduites pour
leur magnificence, quelques-unes de ces œuvres
ornent cet ouvrage. Empreintes des plus hautes
inspirations, elles vous enchanteront par leur beauté.

En complément, de courts poèmes inspirés de ces
trésors artistiques vous sont présentés. Au verso de
chaque reproduction en bichromie, ils vous proposent
un arrêt momentané où les mots s'unissent à l'image
pour vous transporter dans un lieu autre.

Sommaire

Le Grand Livre des Anges

PREMIÈRE PARTIE

Avant-propos

ui sont les anges? D'où viennent-ils? Quel est leur rôle, leur mission? Comment peuvent-ils nous aider? Comment interviennent-ils dans nos vies? C'est à ces questions et à beaucoup d'autres que répond *Le grand livre des anges*.

Le grand livre des anges, c'est l'histoire fascinante d'un univers spirituel créé par Dieu et régi par Lui pour intercéder auprès des humains. Depuis le début des temps, les anges sont intervenus auprès des hommes et l'influence qu'ils ont exercée sur le cours de l'histoire est prépondérante. C'est ce que nous vous convions à découvrir en première partie de cet ouvrage.

À partir de textes bibliques, d'écrits des pères de l'Église ou de témoignages de personnages historiques, vous verrez comment, pourquoi et sous quelles formes différentes les anges se sont manifestés dans l'histoire de l'humanité. Vous apprendrez également comment communiquer avec les anges, comment les reconnaître, comment les prier et comment obtenir des faveurs et des guérisons de leur part.

La seconde partie du livre adopte une approche plus contemporaine du phénomène des anges, c'est-à-dire la kabbale et les anges de la kabbale. Bien qu'il faille demeurer prudent en abordant ce sujet, il nous semblait important qu'une partie du livre lui soit consacrée. Sans ce point de vue, *Le grand livre des anges* aurait été, selon nous, incomplet. Après tout, il appartient à chacun de déterminer la valeur qu'il accorde aux symboles qui composent sa foi chrétienne ainsi que la forme de pratique qu'il favorise, le milieu et l'époque en étant l'influence directe.

En troisième et dernière partie, nous vous invitons à lire des dizaines de témoignages véridiques de personnes ayant vécu des expériences avec un ou des anges. Et pour finir, dans le but de vous aider à exercer votre foi, nous publions près d'une cinquantaine de prières qui ont été composées spécialement pour favoriser un contact avec les anges.

Bonne lecture.

L'ADORATION DES ANGES – Benozzo Gozzoli (1420–1497)

15

Poème inspiré de l'œuvre

Qu'elle doit être douce
La musique du paradis
Quand vos voix s'ajoutent
À l'amour infini

Qu'il doit être beau
De vous voir réunis
Adorant le Très-Haut
Lui parlant de nos nuits

Quelle pensée céleste
Quelle grandeur aussi
Quand Il a fait le geste
De vous donner la vie

J'aimerais être au centre
De ces réunions bénies
Sans jamais redescendre
À jamais réunis

LA COUR CÉLESTE

 e terme hébreu *malâkim* aussi bien que le grec *aggeloï*, dont nous avons fait «ange» en s'inspirant du latin *angeli*, signifie «messager», «envoyé». Les anges sont les messagers divins, les envoyés de Dieu, qui transmettent ses volontés ou les exécutent. Plus spécifiquement, le mot «ange» n'est pas un nom de nature mais un nom de fonction[1]. Les anges sont doués d'une intelligence, d'une volonté, d'une puissance et d'une beauté qui surpassent ce qui se trouve de plus parfait parmi les hommes.

Bien avant la création du monde, les anges constituaient la cour céleste de Dieu. Ils furent créés dans un état de sainteté et de bonheur. Comme l'homme dans le Paradis terrestre, ils furent mis à l'épreuve et un certain nombre d'entre eux, ayant à leur tête Lucifer, désobéirent à Dieu par orgueil et, en punition à leur révolte, furent immédiatement précipités dans l'abîme de l'enfer. Ce sont les mauvais anges ou les démons. On croit que seulement un tiers furent des prévaricateurs.

Les anges demeurés fidèles à Dieu furent confirmés dans la grâce et dans la gloire. Depuis, ils ne peuvent plus pécher, ils jouissent de la vue de Dieu et leur occupation est de Le louer et d'exécuter ses ordres.

Quoiqu'Il se suffise à Lui-même et qu'Il puisse gouverner le monde qu'Il a créé, Dieu a jugé bon de se servir de ses anges pour l'exécution de ses desseins. Abraham, Isaac, Jacob, Moïse et beaucoup d'autres prophètes, patriarches ou apôtres furent souvent favorisés par les apparitions et les visions de ces esprits célestes. Au cours de ces apparitions, combien de mystères et d'événements futurs ne leur furent-ils pas révélés! À l'instar de ceux-ci, le peuple de Dieu en général bénéficie lui aussi des grâces de ces esprits bienheureux. Êtres intermédiaires entre Dieu et les hommes, les anges ont été créés pour intervenir auprès de ces derniers.

Ce fut un ange qui, sous la forme d'une nuée, guida les Israélites pendant quarante ans dans le désert jusqu'à la terre promise. Loth et sa famille furent épargnés par l'entremise d'un ange lors de l'embrasement de Sodome. Ce fut par le ministère des anges que Dieu envoya aux prophètes toutes les visions mystérieuses qui leur révélèrent d'avance la grandeur future du Messie.

(1)
Les anges sont des esprits, mais ce n'est pas parce qu'ils sont des esprits qu'ils sont des anges. Ils deviennent des anges quand ils sont envoyés en mission. En effet, le nom d'ange fait référence à leur fonction et non à leur nature. Si vous voulez savoir le nom de leur nature, ce sont des esprits; si vous voulez savoir le nom de leur fonction, ce sont des anges, ce qui signifie «messagers».
Saint Augustin, Psal. 103, 1, 15

On pourrait citer plusieurs autres manifestations semblables, qui montrent bien que c'est par le ministère des anges que Dieu subvient aux nécessités des hommes. Ces esprits charitables intercèdent souvent pour nous, auprès de leur Maître, par la prière.

Il est toutefois important de préciser que les anges ne sont pas seulement les dispensateurs des grâces de Dieu mais aussi les ministres de sa justice et de sa colère. Le feu du ciel qui s'est abattu sur les villes de Sodome et Gomorrhe le fut par l'intercession du ministère des anges. C'est aussi un ange qui fit mourir en une seule nuit tous les premiers-nés des Égyptiens pour punir Pharaon. Lors de la peste qui a causé de grands ravages dans la ville de Rome et dans toute l'Italie, saint Grégoire le Grand rapporte qu'on vit un ange sur la tour d'Adrien remettre une épée dans son fourreau pendant les prières et les processions destinées à apaiser la colère de Dieu.

En résumé, Dieu régit le monde par l'intermédiaire de sa cour céleste et son gouvernement sera exercé ainsi jusqu'à la fin des temps.

LE VISAGE DE DIEU – Michel-Ange (1475-1564)

Poème inspiré de l'œuvre

Quand un enfant s'éveille
Quand un vieillard s'éteint
Quand le soleil se lève... Tu es là

Quand la rivière chante
Quand le vent est à tempête
Quand l'amour reprend son sens... Tu es là

Quand un rire fait soleil
Quand une larme s'est séchée
Quand on regarde vers le ciel... Tu es là

Quand un homme prend défense
Quand s'arrête le soldat
Quand le monde est à dimanche... Tu es là

Quand j'aurai fini ma vie
Quand le temps sera venu
Quand mon âme aura franchi
La seconde où Tu es là

Je marcherai vers Ta lumière
En accélérant le pas
Je te dirai à Toi mon Père
Que je suis là

CHAPITRE 2

LES ANGES ET LA BIBLE

omme nous l'avons vu précédemment, les anges sont, par volonté divine, liés au destin de l'humanité. Ils annoncent et exécutent les volontés de Dieu. Ils viennent en aide à ceux qui les appellent ou qui invoquent les secours du Créateur ou font subir les foudres divines aux pécheurs. Nous verrons, au cours de ce chapitre, de quelles façons et en quelles circonstances les anges ont été appelés à intervenir lors de certains événements qui ont marqué l'histoire de l'humanité telle que racontée dans l'Ancien et le Nouveau Testament.

L'ANCIEN TESTAMENT
LES CHÉRUBINS, GARDIENS DU JARDIN D'ÉDEN

Tel que la Genèse nous l'enseigne, Dieu créa le ciel et la terre en six jours et se reposa le septiè-me[1]. Au sixième jour, après qu'Il eut créé l'univers, Il créa l'homme à son image[2]. Ainsi qu'il est écrit dans la Bible, Il modela l'homme avec la glaise du sol, lui insuffla une haleine de vie dans les narines et l'homme devint un être vivant. Dieu planta ensuite un jardin en Éden, à l'orient, et Il y mit l'homme qu'Il avait modelé. Après quoi, Il fit pousser des arbres du sol dont celui de la connaissance du bien et du mal, au milieu du jardin. «Tu peux manger de tous les arbres du jardin mais de l'arbre de la connaissance du bien et du mal tu ne mangeras pas car le jour où tu en mangeras, tu deviendras passible de mort.» Tel fut le commandement que Dieu adressa au premier homme, Adam.

Voyant qu'il n'était pas bon que ce dernier soit seul, le Tout-Puissant fit tomber une torpeur sur Adam, qui s'endormit. Il prit une de ses côtes et referma la chair à sa place. Puis, de la côte qu'Il avait tirée d'Adam, Dieu façonna la première femme, Ève.

Conséquence de la rébellion des anges survenue au Royaume de Dieu avant la création, le mal rôdait au Jardin d'Éden. Faisant fi de l'ordre catégorique du Tout-Puissant concernant l'arbre de la connaissance, Adam et Ève succombèrent aux tentations du plus rusé de tous les animaux des champs que Dieu avait faits: le serpent. Conseillés sournoisement par ce dernier,

(1)
Gn 1,1-3 - Au commencement, Dieu créa le ciel et la terre. Or la terre était vide et vague.
Dieu dit: Que la lumière soit et la lumière fut.

(2)
Gn 1,26 - Dieu dit: Faisons l'homme à notre image, comme notre ressemblance, et qu'il domine sur les poissons de la mer, les oiseaux du ciel, les bestiaux, toutes les bêtes sauvages et tout ce qui rampe sur la terre.

ils mangèrent le fruit de l'arbre défendu et, l'immortalité conférée au début de la création leur fut retirée[3].

Adam et Ève furent aussitôt chassés du Paradis terrestre et, pour la première fois, Dieu délégua en mission des membres de sa cour céleste. Il posta les Chérubins devant le Jardin d'Éden et ceux-ci reçurent l'ordre de garder le chemin de l'arbre de vie.

Les Chérubins font partie d'un des chœurs de la hiérarchie des anges. Cette hiérarchie a tout d'abord été établie à sept chœurs dans l'Ancien Testament et les pères de l'Église en dénombrèrent neuf par la suite[4]. Il s'agit, dans l'ordre, des Séraphins, des Chérubins, des Trônes, des Dominations, des Vertus, des Puissances, des Principautés, des Archanges et des Anges. Comme nous le verrons au chapitre 11, chaque chœur de la hiérarchie des anges possède des fonctions précises et ils interviennent auprès des hommes selon ces spécifications.

L'échelle de Jacob

Dans l'Ancien Testament, les messagers célestes apparaissent à de nombreux personnages. Les diverses apparitions qui y sont racontées sont évidemment trop nombreuses pour être toutes citées. En voici quelques-unes parmi les plus significatives.

Jacob vit en songe une échelle lumineuse dont le pied butait à l'humble pierre qui lui servait d'oreiller et dont le sommet s'élevait jusqu'au ciel aux pieds de Dieu Lui-même: par cette voie les anges descendaient du ciel sur la terre et remontaient de la terre au ciel. C'est tout le ministère des anges dans la plus simple des images. Ils montent vers Dieu chargés des prières et des bonnes œuvres de l'homme et descendent vers l'homme les mains pleines des grâces de Dieu.

Cet exemple est le premier et le plus mémorable d'une apparition imaginaire accomplie par les anges qui soit expressément mentionné dans l'Ancien Testament.

Dieu éprouve Abraham

Un jour, Dieu voulut connaître la profondeur de la foi d'Abraham. Il appela ce dernier et lui dit: «Abraham, prends ton fils, ton unique, que tu chéris, Isaac, et va-t'en au pays de Moriyya, et là tu l'offriras en holocauste sur une montagne que je t'indiquerai.»

Abraham se leva tôt le lendemain matin, sella son âne et prit avec lui deux de ses serviteurs et son fils Isaac. Il fendit le bois de l'holocauste et se mit en route vers l'endroit que Dieu lui avait désigné. Parvenu au lieu indiqué, Abraham y éleva l'autel, disposa le bois et lia son fils Isaac qu'il mit sur l'autel.

Au moment où Abraham eut saisi un couteau et qu'il s'apprêtait à immoler son fils, l'ange de Dieu l'appela du ciel et lui dit: «Abraham, n'étends pas la main contre l'enfant! Ne lui fais aucun mal! Je sais maintenant que tu crains Dieu: tu ne m'as pas refusé ton fils, ton unique.» Abraham leva alors les yeux et vit un bélier qui s'était pris les cornes dans un buisson. Il alla prendre le bélier et l'offrit en holocauste à la place de son fils.

(3)
Gn 3,16-19 - À la femme, il dit: Je multiplierai les peines de tes grossesses, dans la peine tu enfanteras des fils. Ta convoitise te poussera vers ton mari et lui dominera sur toi. À l'homme, il dit: Parce que tu as écouté la voix de ta femme et que tu as mangé de l'arbre dont je t'avais interdit de manger, maudit soit le sol à cause de toi! À force de peines tu en tireras subsistance tous les jours de ta vie.
Il produira pour toi épines et chardons et tu mangeras l'herbe des champs.
À la sueur de ton visage tu mangeras ton pain, jusqu'à ce que tu retournes au sol, puisque tu en fus tiré. Car tu es glaise et tu retourneras à la glaise.

(4)
Il n'y a pas de classification uniforme sur les neuf chœurs des anges mais celles de Denys l'Aréopagite et du pape saint Grégoire demeurent la référence.

Le sacrifice d'Isaac – Paolo Caliari (1528–1588)

POÈME INSPIRÉ DE L'ŒUVRE

Quand une main d'ange se pose
C'est la route qui s'éclaircit
Quand une main d'ange se pose
C'est la lumière qui surgit

Si une main d'ange se pose
C'est un message du paradis
Si une main d'ange se pose
C'est une prière qui s'accomplit

Pourquoi une main d'ange se pose?
C'est pour protéger un ami
Pourquoi une main d'ange se pose?
C'est parce qu'on le prie en ami

Où est-ce que main d'ange se pose?
Là où le couteau est brandi
Où est-ce que main d'ange se pose?
Toujours au cœur, bien à l'abri

Cette histoire illustre bien que Dieu a confié à sa cour céleste le pouvoir d'intervenir en son nom auprès des hommes. Abraham, dans sa grande sagesse, n'a jamais douté que l'ange était bel et bien l'envoyé de Dieu et il lui a obéi comme s'il s'agissait de Dieu Lui-même.

LES DEUX ANGES DE LOTH

Les villes de Sodome et Gomorrhe avaient été condamnées par Dieu car le mal y était omniprésent. Il y fit pleuvoir du soufre et du feu provenant du ciel et les deux villes furent complètement détruites. Mais Loth était juste et Dieu décida que sa femme, ses deux filles et lui devaient être épargnés. Ce sont deux anges qui, le soir venu, rendirent visite à Loth et l'avertirent que lui et sa famille devaient fuir la ville de Sodome car la colère divine s'y abattrait bientôt. En aucun moment, Loth et sa famille ne doutèrent du plan divin qui leur avait été rapporté par les deux messagers célestes. Seule la femme de Loth ne put être épargnée. Elle fut changée en statue de sel car elle s'était retournée pour regarder les villes embrasées malgré l'interdiction formelle des deux anges.

Tout au cours de l'Ancien Testament, des anges interviennent auprès des hommes et les formes par lesquelles ils se rendent visibles sont très diverses. En général, c'est la figure humaine dans son expression la plus belle et la plus pure; l'enfant avec sa grâce et sa candeur, le jeune homme resplendissant de force, de noblesse et de beauté. Le plus souvent, ils ont des ailes. Dans le cas de Loth, les anges qui lui rendirent visite avaient forme humaine, possédaient un corps humain et se comportaient exactement comme des êtres humains. Certains théologiens admettent que les anges peuvent aussi emprunter la forme d'un animal; en général, un animal paisible comme l'agneau.

LE NOUVEAU TESTAMENT
JÉSUS ET LES ANGES

Le monde angélique occupa une grande place dans les pensées de Jésus. Il parla des anges à plusieurs reprises et certains d'entre eux ont joué un rôle prépondérant dans les circonstances de sa venue et dans son œuvre.

Spécialement nommé par Luc dans le récit de l'Annonciation[5], l'ange Gabriel intervient d'une façon significative au moment où va s'accomplir le mystère de l'Incarnation. Le contact qu'il établit avec Marie démontre clairement que Dieu, loin de vouloir supprimer les intermédiaires, se sert d'un ange pour annoncer à Marie qu'elle deviendra la mère de Son Fils.

Les anges sont aussi présents lors de la naissance de Jésus. On mentionne dans le Nouveau Testament que l'ange du Seigneur apparut aux bergers pendant la nuit et leur dit: «Je vous annonce une grande joie: aujourd'hui est né le Sauveur à Bethléem. Vous trouverez un nouveau-né dans une crèche où une multitude d'anges chantent "Gloire à Dieu au plus haut des cieux".»

La présence des anges est, par contre, encore plus remarquable lors de la Résurrection puisque ce sont eux qui, les premiers, firent connaître la vérité du Christ ressuscité. Ils contribuèrent ainsi aux premières adhésions de foi au mystère de la Résurrection.

---

(5)
Lc 1,26-31 - Le sixième mois, l'ange Gabriel fut envoyé par Dieu dans une ville de Galilée, du nom de Nazareth, à une vierge fiancée à un homme du nom de Joseph, de la maison de David; et le nom de la vierge était Marie. Il entra et lui dit: «Réjouis-toi, comblée de grâce, le Seigneur est avec toi.»
À cette parole elle fut toute troublée, et elle se demandait ce que signifiait cette salutation.
Et l'ange lui dit: «Sois sans crainte, Marie; car tu as trouvé grâce auprès de Dieu.
Voici que tu concevras dans ton sein et enfanteras un fils, et tu l'appelleras du nom de Jésus.

Ce sont également des anges qui expliquèrent aux disciples le sens de l'Ascension et l'intention divine manifestée par ce départ. Se présentant comme le Fils de l'homme, Jésus insista particulièrement sur le fait que des anges allaient l'accompagner: «En vérité, en vérité, je vous le dis, vous verrez le ciel ouvert et les anges de Dieu monter et descendre au-dessus du Fils de l'homme.»

Jésus a réservé une place privilégiée aux anges dans son œuvre de salut. Il leur a permis une assistance constante auprès des hommes. Il voulait ainsi contribuer à démontrer la valeur de chaque vie, si modeste soit-elle. «Gardez-vous de mépriser aucun de ces petits car, je vous le dis, leurs anges aux cieux se tiennent constamment en présence de mon Père qui est aux cieux.»

En laissant entrevoir cette valeur qu'a la vie humaine, Jésus a voulu attirer notre attention sur un monde spirituel beaucoup plus vaste que celui que nous aurions pu imaginer. Il y a donc des anges qui, jumelés à chaque personne, orientent l'existence humaine vers le Père. On les a appelés anges gardiens mais leur rôle n'est pas seulement un rôle de protection: ils dirigent chacun vers le but de la vie qui se trouve dans le Père.

Mais qu'en est-il exactement de la place qu'occupent les anges au ciel par rapport à Jésus? Comme le mentionne l'épître aux hébreux[6], le Christ est supérieur aux anges. Au centre de la foi chrétienne se trouve le Christ, Jésus de Nazareth, la parole vivante de Dieu dans notre chair. C'est lui seul qui a vaincu la mort et les chaînes du mal par le don de sa vie sur la croix. Lui seul qui nous a révélé le visage de Dieu comme celui d'un Père miséricordieux et plein de tendresse pour les hommes. Le Fils de Dieu s'est fait homme et non ange. Les anges, nous disent les Écritures, «ne sont que l'escabeau de ses pieds».

Dès le temps de la Passion, Jésus aurait pu réclamer l'intervention des anges qui étaient à son service[7]. Ces derniers lui étant inférieurs par son incarnation et soumis à lui par la volonté du Père, ils auraient pu intervenir pour mettre un terme à ses souffrances; mais les Écritures devaient s'accomplir et le Fils de Dieu devait donner sa vie pour la rémission des péchés.

L'œuvre de Jésus est grandiose dans le Nouveau Testament et les anges y occupent une place cruciale. Ceux-ci l'accompagnent tout au long de sa vie terrestre jusqu'au jour où il rejoint son Père. Il est clair que Dieu les lui a soumis, eux qui ont été créés en lui, par lui et pour lui[8]. Ils reconnaissent sa seigneurie et formeront son escorte au Jugement dernier. Le monde angélique est soumis au Christ, dont il a contemplé le mystère.

Jésus a déjà dit à l'une de ses favorites: «L'union la plus intime de l'homme n'est pas avec la création matérielle, mais avec la création angélique, parce que cette union doit durer toujours et jusque dans l'éternité. L'union avec la création matérielle est d'un degré beaucoup inférieur, parce que cette union est transitoire et ne dure que dans le temps pour finir à l'entrée de l'éternité. De plus, l'union de l'ange avec l'âme est la plus forte, parce qu'elle n'est pas une union passive, mais opérante et pleine d'activité. Il y a communication entre l'âme des hommes et les anges, et cette communication est telle que l'homme finit par ressembler à l'ange et prendre position avec lui.»

(6)
He 1,4 - devenu d'autant supérieur aux anges que le nom qu'il a reçu en héritage est incomparable au leur.

(7)
Mt 26,53 - Penses-tu donc que je ne puisse faire appel à mon Père, qui me fournirait sur-le-champ plus de douze légions d'anges?

(8)
Col 1,16 - car c'est en lui qu'ont été créées toutes choses, dans les cieux et sur la terre, les visibles et les invisibles, Trônes, Seigneuries, Principautés, Puissances; tout a été créé par lui et pour lui.

LE VISAGE DU CHRIST – Léonard de Vinci (1452-1519)

Poème inspiré de l'œuvre

Où porte ton regard empêché?
Vers où, vers quoi?
Je vais trouver

Mes yeux se ferment
Cherchent le lieu
Un lieu où tu sembles indiquer
Quelque part au milieu

Mon cœur s'attise
Mes mots se brouillent
Mais quoi qu'ils disent
Je sens qu'ils trouvent

Tu ne dis pas, tu ne dis plus
Tu ne sens pas, tu ne sens plus
Tu cries tout bas, j'entends tout haut
Je vais vers toi comme un oiseau

Tu pleures seul, je l'ai trouvé
Je sais c'est quoi, tu as pleuré
Tu pleures le temps
Tu pleures quand
On a pleuré

LE BAPTÊME DE JÉSUS-CHRIST – Léonard de Vinci (1452–1519)

Poème inspiré de l'œuvre

Eau pure entre toutes
Celle qui par Lui
En fut bénie

Celle qui
En dissipa le doute
C'était bien Lui
C'était bien Lui

Eau pure entre toutes
J'ai été baptisé
Aussi

Je suis chrétien
Et c'est ma route
De m'en aller
Au paradis

Cette union morale a donc son symbole dans l'union physique que les anges conservent avec nous. Ils quittent leur pays natal, le ciel, pour être à nos côtés. Ils sont donc au-dedans et au-dehors de nous, partout où leur présence est requise pour nos besoins.

Les anges de l'Apocalypse

L'Apocalypse, dernier livre de la Bible dont il apparaît comme la conclusion et le résumé, a été écrit au cours du 1er siècle de notre ère. Traditionnellement attribué à Jean l'Évangéliste, ce livre n'a cessé de fasciner les esprits, à l'intérieur comme au-dehors de la chrétienté. Livre de la révélation de toute l'histoire humaine ou de son dévoilement (sens littéral du mot grec apocalypse), il se compose d'une série de visions apparues à Jean, exilé dans l'île grecque de Patmos, en un temps de violentes persécutions contre la toute jeune Église chrétienne.

Ce livre, pour le moins énigmatique, a été le sujet de nombreuses études et analyses. Les anges sont présents tout au long du récit de l'Apocalypse. Ce sont eux qui, selon Jean, annoncent et répandent troubles et catastrophes dans les cieux et sur la terre:

Et je vis les sept anges qui se tiennent devant Dieu, et sept trompettes leur furent données.

Le premier sonna de la trompette. Et il y eut de la grêle et du feu mêlés de sang, qui furent jetés sur la terre.

Le second ange sonna de la trompette. Et quelque chose comme une grande montagne embrasée par le feu fut jeté dans la mer.

Le troisième ange sonna de la trompette. Et il tomba du ciel une grande étoile ardente comme un flambeau.

Le quatrième ange sonna de la trompette. Et le tiers du soleil fut frappé.

Le cinquième ange sonna de la trompette. Et je vis une étoile qui était tombée du ciel.

Le sixième ange sonna de la trompette. Et j'entendis une voix venant des quatre cornes de l'autel d'or.

Et je vis un autre ange puissant qui descendait du ciel, enveloppé d'une nuée; au-dessus de sa tête était l'arc-en-ciel, et son visage était comme le soleil.

Le septième ange sonna de la trompette. Et il y eut dans le ciel de fortes voix qui disaient: le royaume du monde est remis à notre Seigneur et à son Christ; et il régnera aux siècles des siècles.

Nous ne ferons pas un examen exhaustif du livre de l'Apocalypse mais parce que certains passages témoignent du rôle déterminant qu'y ont les anges, nous en verrons quelques-uns. Tout au long du récit, les anges exécutent les plans de Dieu auprès des hommes. Ils y sont parfois exterminateurs, vengeurs ou protecteurs et, même s'il paraît hermétique, le livre de l'Apocalypse nous révèle de façon claire le rôle qu'ont les anges dans le destin de l'humanité.

Dès le premier verset: «Révélation de Jésus Christ, que Dieu lui a donnée pour montrer à ses serviteurs les choses qui doivent arriver bientôt, et qu'il a fait connaître, par l'envoi de son ange, à son serviteur Jean», il n'existe aucune équivoque quant à l'intercession de l'ange, délégué par Dieu. Tout au long de la narration, Jean l'Évangéliste est précis quant aux différentes interventions des anges. À cet effet, les exemples suivants sont éloquents:

Que celui qui a des oreilles entende ce que l'Esprit dit aux Églises: Celui qui vaincra n'aura pas à souffrir la seconde mort.

Écris à l'ange de l'Église de Philadelphie: voici ce que dit le Saint, le Véritable, celui qui a la clef de David, celui qui ouvre, et personne ne fermera, celui qui ferme, et personne n'ouvrira...

Du trône sortent des éclairs, des voix et des tonnerres. Devant le trône brûlent sept lampes ardentes, qui sont les sept esprits de Dieu.

Les quatre êtres vivants ont chacun six ailes, et ils sont remplis d'yeux tout autour et au-dedans. Ils ne cessent de dire jour et nuit: saint, saint, saint est le Seigneur Dieu, le Tout-Puissant, qui était, qui est, et qui vient!

Et je vis un ange puissant, qui criait d'une voix forte: Qui est digne d'ouvrir le livre et d'en rompre les sceaux?

Et ils chantaient un cantique nouveau en disant: Tu es digne de prendre le livre, et d'en ouvrir les sceaux; car tu as été immolé, et tu as racheté pour Dieu par ton sang des hommes de toute tribu, de toute langue, de tout peuple, et de toute nation.

Après cela, je vis quatre anges debout aux quatre coins de la terre; ils retenaient les quatre vents de la terre, afin qu'il ne soufflât point de vent sur la terre, ni sur la mer, ni sur aucun arbre.

Des exemples comme ceux-ci abondent dans le livre de l'Apocalypse et, comme dans tous les livres saints, les interventions angéliques y sont si clairement décrites que l'existence des anges est impossible à mettre en doute.

De la Genèse à l'Apocalypse, la Bible nous révèle le plan divin. À l'instar d'Abraham, de Jacob ou de Marie, nous sommes tous susceptibles d'être aidés un jour ou l'autre de notre vie par les anges car ceux-ci interviennent auprès des hommes depuis le début de l'humanité.

L'Église elle-même a été édifiée grâce à ces envoyés du ciel. D'innombrables récits le confirment et, comme nous le verrons au cours des prochains chapitres, la mission du ministère des anges, l'œuvre de Dieu, s'exerce en tout temps, sur toute l'humanité.

LA RÉSURRECTION DES MORTS – Michel-Ange (1475-1564)

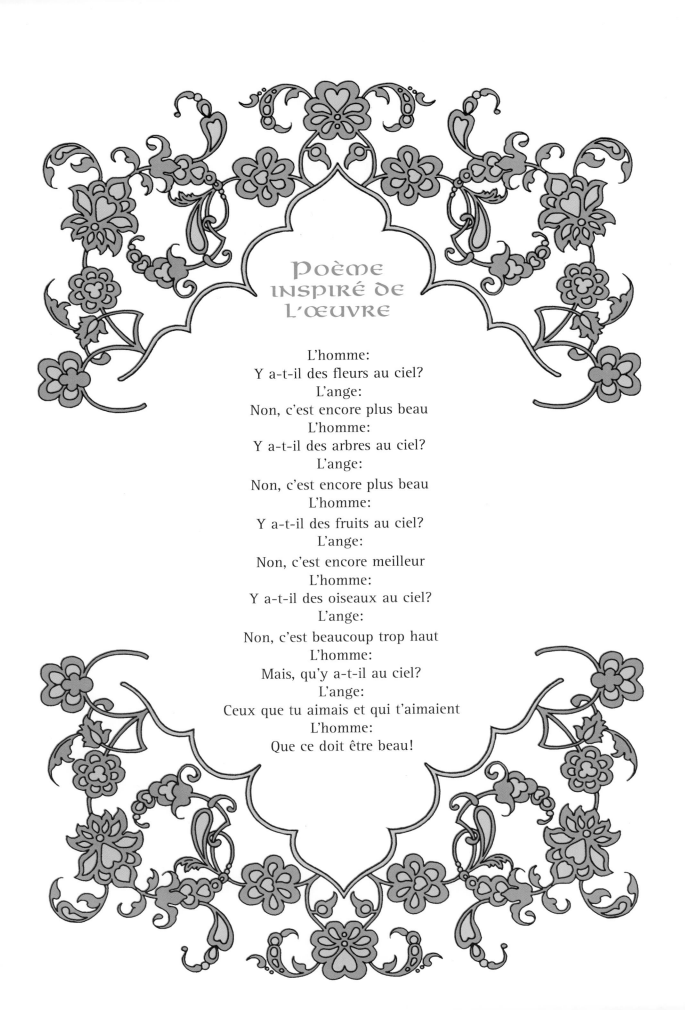

Poème inspiré de l'œuvre

L'homme:
Y a-t-il des fleurs au ciel?
L'ange:
Non, c'est encore plus beau
L'homme:
Y a-t-il des arbres au ciel?
L'ange:
Non, c'est encore plus beau
L'homme:
Y a-t-il des fruits au ciel?
L'ange:
Non, c'est encore meilleur
L'homme:
Y a-t-il des oiseaux au ciel?
L'ange:
Non, c'est beaucoup trop haut
L'homme:
Mais, qu'y a-t-il au ciel?
L'ange:
Ceux que tu aimais et qui t'aimaient
L'homme:
Que ce doit être beau!

CHAPITRE 3

LES ANGES ET L'ÉGLISE

 e sujet des anges a toujours été abordé de façon prudente par l'Église. Elle ne cache d'ailleurs pas une certaine méfiance; craignant sans doute que les croyances populaires ne supplantent la suprématie qui revient à Dieu et à Jésus-Christ.

Le concile de Laodicée[1], au IVe siècle, affirmait officiellement: «Les chrétiens ne doivent pas abandonner l'Église de Dieu, invoquer les anges, célébrer en leur honneur. Si quelqu'un est surpris dans cette idôlatrie, il faut prononcer un anathème contre lui parce qu'il a abandonné Notre Seigneur Jésus-Christ, Fils de Dieu, et est devenu idolâtre.»

Cette conception a été reprise à nouveau par M. Del Ton qui écrivit: «Il ne faut pas exalter les anges par des spéculations qui se font au détriment du Christ, en diminuant ou en abaissant une prééminence souveraine définie par la formule du Symbole de Nicée: "tout a été créé par le Christ". Le verbe de Dieu, fait homme, est maître et souverain des anges.»

La méfiance de l'Église à l'égard d'une dévotion abusive des chrétiens face aux anges est certes justifiée car les anges demeurent d'abord et avant tout les serviteurs de Dieu et du Christ fait chair. Ils ont été créés pour intervenir auprès des hommes et être les instruments de Dieu dans ses desseins. De ce fait, les hommes doivent les considérer comme intercesseurs et non comme détenteurs de la suprématie.

À travers l'histoire de l'Église, la question angélique a suscité un très grand intérêt et inspiré une foule d'historiens, de scientifiques, de théologiens, de penseurs et de philosophes.

Saint Augustin, un des grands docteurs de l'Église qui a vécu au Ve siècle, écrivit: «De chaque chose visible en ce monde s'occupe un ange. Les anges sont esprits, mais ce n'est pas parce qu'ils sont esprits qu'ils sont des anges. Ils deviennent des anges quand ils sont envoyés.»

L'Église a d'ailleurs reconnu bon nombre de faits relatifs à des apparitions qui seraient survenues à travers l'histoire. Un des faits les plus mémorables de ce genre est celui qui est rapporté aux Actes (BB. 14 avril., t.11, p. 204 et seq.) de sainte Cécile, et dont l'Église a reproduit le récit.

[1]
Le concile de Laodicée fut tenu en 360. À l'occasion de ce concile, le livre de l'Apocalypse de St-Jean l'Évangéliste fut refusé comme livre canonique par les évêques y assistant. Ce livre sera par la suite accepté au XIIIe siècle.

Cécile, d'une grande famille de Rome, et chrétienne dès son enfance, avait consacré à Jésus-Christ sa virginité. Cependant, ses parents la donnèrent en mariage contre son gré à un jeune homme de noble lignée nommé Valérien. Le soir des noces, elle parla ainsi à son époux: «Valérien, je suis sous la garde d'un ange qui protège ma virginité; n'essayez pas d'y porter atteinte si vous ne voulez attirer sur vous la colère du ciel.»

Saisi de crainte, Valérien répondit qu'il ajouterait foi à ces paroles s'il voyait de ses yeux l'ange dont elle lui parlait. La vierge chrétienne répondit qu'il fallait pour cela qu'il crût en Jésus-Christ et se fît baptiser. Impatient de voir l'esprit céleste, Valérien alla demander le baptême au pape saint Urbain et revint auprès de son épouse. Il la trouva en prière et aperçut à ses côtés son ange éclatant de lumière et tenant en ses mains deux couronnes entremêlées de roses et de lis. Il en offrit une à chacun en leur disant: «Gardez avec une grande pureté de cœur et de corps ces guirlandes que je vous apporte du paradis de Dieu. Vous le reconnaîtrez à ce signe, que jamais ces fleurs ne se flétriront ni ne perdront leur douce odeur, et que ceux-là seuls pourront les voir, qui, comme vous, aimeront la chasteté. Et vous, Valérien, parce que vous avez consenti à l'invitation de la pureté, le Christ, Fils de Dieu, m'envoie vous dire qu'il est prêt à exaucer toutes vos prières.»

Valérien se prosterna humblement à terre et répondit que son plus grand désir était de voir son unique frère Tiburce converti à la foi. L'ange lui assura que Dieu lui ferait cette grâce et disparut à leurs yeux.

Tiburce vint, et sentant le parfum qui s'exhalait de la couronne qui ornait la tête de Cécile, demanda d'où venait, dans une saison où les fleurs étaient passées, cette odeur céleste qui l'embaumait. Les bienheureux époux lui racontèrent alors la grâce dont Dieu les avait comblés, l'exhortèrent à ouvrir les yeux à la lumière et à partager leur bonheur. Tiburce, lui aussi, voulut voir l'ange; il demanda le baptême et obtint la même faveur. Cécile et les deux frères reçurent bientôt la couronne la plus précieuse du martyre et de la gloire.

De même, de nombreux saints consacrés par l'Église ont reçu, à certains moments de leur vie, la visite d'un messager céleste.

Né aux environs de 1182, François d'Assise venait d'une famille aisée et eut une jeunesse joyeuse et sans souci.

Militaire de carrière, il tomba sérieusement malade au cours d'un voyage dans le sud de l'Italie et dut s'arrêter dans la ville de Spolète. Il était alors âgé d'une vingtaine d'années.

C'est là qu'il entendit une voix céleste qui l'exhorta à abandonner la carrière militaire et à retourner dans son village pour «servir le Seigneur au lieu des hommes». On ne sait pas, par contre, s'il eut également une vision.

François obéit et commença à apporter son témoignage grandiose qui fit de lui un des saints les plus connus du monde.

Un de ses contemporains, saint Bonaventure (1221-1274) narra les circonstances dans lesquelles saint François a reçu les stigmates.

Un matin, au moment de la fête de l'Exaltation de la sainte Croix, saint François priait dans un lieu isolé dans la montagne quand il vit descendre du ciel un Séraphin avec six ailes incandescentes et resplendissantes. Quand ces ailes se rapprochèrent de l'homme de Dieu, il vit, au milieu d'elles, l'image d'un homme crucifié. Deux ailes s'ouvraient sur la tête, deux autres servaient au vol et les deux dernières recouvraient tout le corps de l'ange.

SAINT FRANÇOIS D'ASSISE – Carlo Saraceni (1579-1620)

Poème inspiré de l'œuvre

Mozart,
Éclatant
Époustouflant
Mélodieux
Déroutant
Génial

Beethoven,
Puissant
Dévorant
Adorable
Amoureux
Passionnant

La musique s'emballe
L'orchestre est magnifique
Mais soudain
Tout se tait

Un ange a pris l'archet

À cette vue, le saint homme resta stupéfait et son cœur fut pris d'un sentiment mêlé de tristesse et de joie.

Il se réjouissait en effet du regard gracieux avec lequel il était regardé par le Christ qui lui était apparu sous l'apparence d'un Séraphin, mais son âme était transpercée comme par une épée par la compassion douloureuse qu'il ressentait en le voyant ainsi crucifié.

Il fut émerveillé par cette vision qui lui paraissait incompréhensible. Il savait bien que la douleur de la passion ne pouvait pas se concilier avec la béatitude d'un Séraphin. À la fin, toutefois, le Seigneur lui fit comprendre que cette vision avait été offerte à ses yeux par la providence divine, pour que cet ami de Jésus-Christ soit prévenu qu'il serait totalement transformé pour ressembler au Christ crucifié, non pas par le martyre de la chair, mais par l'incendie amoureux de son esprit.

Quand la vision eut disparu, elle laissa une ferveur merveilleuse dans le cœur de François. Dans sa chair même, étaient restés imprimés les signes non moins merveilleux de la passion du Christ. En effet, les traces des clous commencèrent à apparaître aussitôt sur ses mains et sur ses pieds, comme dans la vision de l'homme crucifié qu'il avait vue.

Il était si faible à cause de ses infirmités qu'il eut envie d'écouter le son d'un instrument pour soulager son esprit. Un chœur d'anges vint satisfaire le désir du saint.

Cela procura à François un tel plaisir qu'il imaginait se trouver déjà dans un autre monde, et cette musique fut également entendue par les frères qui se trouvaient près de lui.

Il était uni aux anges, à ces esprits qui brûlent d'un feu merveilleux, par un inséparable lien d'amour; c'est avec ce feu qu'ils pénètrent en Dieu et qu'ils enflamment les âmes des élus.

Pie XI, Pie XII et Jean XXIII

Bien que l'Église catholique soit très prudente au sujet de l'existence ou non des anges, il n'en demeure pas moins que plusieurs souverains pontifes se sont prononcés en faveur de l'existence des anges. N'ont-ils pas pour mission de construire l'Église par leur exemple et par leur parole? Ne sont-il pas pour le catholique les interprètes les plus authentiques de la doctrine chrétienne?

Le pape Pie XI[2] a déjà confié à un groupe de visiteurs qu'il invoquait son ange gardien au commencement et à la fin de chaque journée. «Nous tenons à le déclarer, aussi pour remplir un devoir de reconnaissance, a-t-il dit. Nous nous sommes toujours sentis merveilleusement assistés par notre ange gardien. Très souvent, nous sentons qu'il est là, proche de nous, prêt à nous aider.»

Pie XI révéla aussi à son auditoire que, tout jeune, il avait eu le bonheur d'entendre et de bien saisir les conseils de saint Bernard[3] sur nos devoirs de respect, d'amour et de confiance envers nos anges gardiens. Ces conseils s'imprimèrent profondément dans son cœur. En développant en lui la dévotion envers l'ange gardien, «ils contribuèrent à tout ce que, dans sa vie, le pape avait pu faire de bien».

(2)
Pie XI (Achille Ratti), pape de 1922 à 1939. Il signa de nombreux concordats, dont un avec l'Allemagne (1933), et, avec le gouvernement italien, les accords du Latran (1929), qui rendaient au Saint-Siège son indépendance territoriale en créant l'État du Vatican. Il donna un vigoureux essor au clergé indigène et aux missions, et définit et encouragea l'action catholique spécialisée. Il condamna l'Action française (1926), le fascisme italien (1931), le communisme athée et le national-socialisme (1937).

(3)
Bernard de Clairveaux (saint), docteur de l'Église.

LES ANGES ET L'ÉGLISE

Pie XI recommandait souvent cette dévotion à son ange gardien, spécialement à certaines catégories de visiteurs et de fidèles comme les représentants diplomatiques du Saint-Siège, les missionnaires, les scouts et les éducateurs. «Nous recommandons toujours cette dévotion aux éclaireurs. Ils se trouvent souvent abandonnés à leurs seules forces. Qu'ils n'oublient pas alors qu'ils ont un guide céleste, qu'ils se souviennent que l'ange de Dieu veille régulièrement sur eux. Cette pensée leur donnera courage et confiance.»

Lors d'une de ses visites au Vatican, Mgr Angelo Roncalli (qui deviendra éventuellement Jean XXIII et le successeur de Pie XI) reçu de Pie XI «un très beau secret» pour faciliter une mission qu'il avait dans les Balkans. Ce «très beau secret» était en fait le recours à la présence agissante des anges. «Source de joie continuelle pour ses protégés, cette présence aplanit les difficultés et émousse les oppositions. Quand il nous arrive de devoir parler avec une personne difficilement accessible à nos arguments, et avec laquelle notre langage doit avoir un ton d'autant plus persuasif, nous recourons à notre ange gardien. Nous lui recommandons l'affaire. Nous lui demandons d'intervenir auprès de l'ange gardien de la personne que nous allons rencontrer. L'entente une fois établie entre les deux anges, la conversation entre le pape et son visiteur devient beaucoup plus facile.»

Les anciens secrétaires particuliers de Pie XI ont révélé d'autres traits de la familiarité du pape avec les anges.

Pie XI avait une très grande dévotion envers les anges gardiens, explique le cardinal Carlo Confalonieri, préfet de la Congrégation pour les évêques. Envers le sien d'abord, puis envers les anges qu'il savait préposés aux charges ecclésiastiques et aux circonscriptions territoriales. Devait-il accomplir une mission délicate? Il demandait à son ange de lui ouvrir le chemin et de bien disposer l'esprit des gens qu'il rencontrerait. Bien plus, dans des circonstances particulièrement difficiles, il invoquait aussi l'ange gardien de son interlocuteur, lui demandait d'éclairer et de calmer son protégé.

Pie XI avait d'ailleurs l'habitude de faire ce souhait quand il quittait quelqu'un: «Que le Seigneur soit sur votre chemin et que son ange vous accompagne.»

Sans s'abandonner aux mêmes confidences que Pie XI, Pie XII a lui aussi parlé du rôle des anges dans la vie chrétienne. Il existe deux textes de Pie XII à ce sujet: une mention courte, mais importante, dans une encyclique et une allocution prononcée peu de temps avant sa mort.

L'encyclique *Humani generis*, parue pendant l'Année Sainte 1950, signalait aux évêques certaines «erreurs qui menaçaient de ruiner les fondements de la doctrine catholique». Parmi les fausses opinions, Pie XII dénonçait les vues de certains théologiens «qui se demandent si les anges sont des créatures personnelles.»

En dénonçant cette erreur, Pie XII affirmait implicitement que les anges sont en vérité des créatures personnelles. Il affirmait ainsi que les anges existaient bel et bien et qu'ils n'étaient pas, comme certains le prétendaient, des «volatiles célestes» ou des entités vaporeuses.

Pie XII a aussi rappelé à des voyageurs «qu'il existe aussi un autre monde, un monde invisible mais tout aussi réel que le nôtre. Ce monde invisible qui nous entoure est peuplé d'anges. Ils étaient dans les villes que vous avez visitées... ils étaient constamment vos compagnons de voyage.»

Et Pie XII, s'inspirant de l'Écriture Sainte, des pères de l'Église et de la liturgie, insiste sur le rôle des anges dans nos vies: «Le Christ n'a-t-il pas dit des petits enfants, qui furent toujours si chers à son cœur pur et aimant: "Leurs anges dans le ciel voient sans cesse la face de mon Père qui est dans les cieux". Lorsque les enfants deviennent adultes, leurs anges gardiens les abandonnent-ils? Certainement pas!»

«Chacun, si humble soit-il, a des anges pour veiller sur lui. Ils sont glorieux, purs, splendides, et cependant ils nous ont été donnés comme nos compagnons de route. Ils sont chargés de veiller soigneusement sur nous pour que nous ne nous écartions pas du Christ, leur Seigneur.»

Le pape Jean XXIII avait, lui aussi, une profonde dévotion envers son ange gardien. Il croyait en l'existence des anges et en leur mission auprès des hommes parce qu'elle avait été révélée par Dieu.

Dans un message diffusé à l'occasion du 30ᵉ anniversaire de Radio-Vatican, le 1ᵉʳ octobre 1961, Jean XXIII fait allusion à l'appui mystérieux que les anges procurent aux paroles des prêtres pour aider ceux-ci à pénétrer l'esprit des auditeurs et à toucher leur cœur: «Que les anges de Dieu soient les aimables hérauts de notre voix. Que les anges, pénétrant dans chaque maison, disent notre sollicitude pour l'établissement de la concorde sociale, la pureté des mœurs, la pratique de la charité, la paix entre les nations. Qu'ils incitent enfin les fidèles à prier pour le Concile.»

Jean XXIII ne rappelle pas seulement aux seuls gens d'Église la présence agissante des anges gardiens mais tout spécialement aux parents. Il leur demande d'inculquer à leurs enfants la conviction qu'ils ne sont jamais seuls, qu'ils ont un ange à leur côté et qu'ils apprennent à converser en toute confiance avec lui. «L'ange gardien est un bon conseiller; il intercède auprès de Dieu en notre faveur; il nous aide dans nos besoins; il nous préserve des dangers et des accidents. Le pape aimerait que les fidèles sentent toute la grandeur de cette assistance des anges.»

Jean XXIII, comme Pie XI et Pie XII, croyait vraiment à l'existence des anges et il ne manquait jamais une occasion de rappeler cette vérité à ses auditeurs. «Il ne faut jamais négliger, disait-il, la dévotion spéciale envers l'ange gardien qui se tient à côté de chacun de nous.»

Les anges et l'édification de l'Église

Les pères de l'Église ont maintes fois mentionné la collaboration des anges avec le Christ fondateur et édificateur de l'Église. Dès le début de la construction de l'Église catholique, les anges ont apporté une aide providentielle.

Il suffit de mentionner ce texte provenant du très ancien Pasteur d'Hermas[4]: «La Tour que tu vois construire, c'est moi, l'Église. Elle est construite sur l'eau parce que votre vie a été sauvée par l'eau. Les six jeunes gens sont les saints anges de Dieu, les premiers créés, à qui le Seigneur a confié toute sa création, à développer, à bâtir, à gouverner; c'est par eux donc que sera achevée la construction de la Tour.»

(4)
Hermas était un visionnaire chrétien qui écrivit un livre intitulé *Le Pasteur*. Les historiens placent Hermas 70 ans après saint Paul.

Dans les Actes des Apôtres, les anges participent activement à l'édification de l'Église en libérant les apôtres de prison et en leur indiquant très précisément ce qu'ils doivent faire: «Allez annoncer hardiment au peuple dans le temple tout ce qui concerne cette vie-là», leur dit un ange en ouvrant les portes de leur geôle.

Un ange offre aussi à Pierre, fondement et chef de l'Église, une aide très significative dans la description des Actes. Il le libère non seulement de ses chaînes et le conduit hors de la prison mais il le précède dans les rues de la ville. Pierre pense tout d'abord avoir une vision mais il se rend compte qu'il est guidé et protégé par cet ange envoyé par Dieu: «Maintenant je sais réellement que le Seigneur a envoyé son ange et m'a arraché aux mains d'Hérode et à tout ce qu'attendait le peuple des Juifs.»

D'autres interventions exceptionnelles des anges au début de l'Église sont mises en relief dans le Livre des Actes.

Corneille, un païen, vit un ange se présenter chez lui et lui dire: «Envoie quérir à Joppé Simon, surnommé Pierre; il te dira des paroles qui t'apporteront le salut à toi et à toute ta famille.»

Corneille fut donc le premier païen à être admis officiellement dans la communauté ecclésiale et fut aidé en cela par un ange dont l'apparition correspond à un message de foi et d'espérance. «Tes prières et tes aumônes sont montées devant Dieu et Il s'est souvenu de toi.» Tel fut le message livré à Corneille par le messager céleste.

Les anges ont joué un rôle d'assistance spéciale dans l'édification de l'Église et les nombreux récits d'interventions surnaturelles ne sont certes pas à prendre à la légère.

Paul, l'apôtre des Gentils, avait fait appel à César pour une faute qu'on lui reprochait. S'embarquant pour l'Italie à bord d'un navire, lui et son équipage furent victimes d'une terrible tempête. À bout de force, les marins étaient au désespoir.

Paul s'adressa à son équipage en ces termes: «Je vous invite à avoir bon courage car aucun de vous n'y laissera la vie, seul le navire sera perdu. Un ange du Dieu auquel j'appartiens m'est apparu cette nuit et il m'a dit: "Sois sans crainte, tu dois comparaître devant César et voici que Dieu t'accorde la vie de tous ceux qui naviguent avec toi." Courage, mes amis, je me fie à Dieu de ce qu'il en sera comme il m'a été dit.»

Saint Augustin, un des grands pères de l'Église, nous parle du ministère des anges de cette façon: «C'est avec raison que ces esprits immortels et bienheureux établis dans les demeures célestes se réjouissent de participer à leur Créateur - tenant leur stabilité de son éternité, leur certitude de sa vérité, leur sainteté de sa faveur. Et comme ils nous portent un amour plein de miséricorde, à nous, mortels et malheureux, pour que nous soyons heureux et immortels, ils ne veulent pas que nos sacrifices s'adressent à eux mais à celui dont ils savent qu'ils sont eux-mêmes avec nous le sacrifice. Car nous formons avec eux l'unique cité de Dieu.»

Saint Augustin nous présente donc l'Église comme la «cité de Dieu» dont les anges font partie, ayant reçu de Dieu lui-même la fonction de nous venir en aide.

La doctrine de saint Augustin est limpide et sans faille. Les propos qui suivent expriment bien cette grande lucidité qui le caractérisait: «Pour examiner la cité de Dieu en son entier, il ne faut pas seulement considérer la partie qui durant son pèlerinage sur la terre loue le nom du Seigneur depuis l'aube jusqu'au couchant et chante son cantique nouveau, après être sorti de son vieil état d'esclavage; il faut considérer aussi cette partie qui reste unie pour toujours, dans le ciel, avec son Dieu créateur. Elle existe parmi les saints anges qui vivent dans une béatitude éternelle et, comme il se doit, elle vient en aide à l'autre partie qui est en chemin sur la terre. Ces deux parties, l'Église triomphante et l'Église militante, deviendront un jour une seule chose dans la jouissance de l'éternité et maintenant elles sont une seule chose par le lien de la charité.»

La somme théologique de saint Thomas d'Aquin

Saint Thomas d'Aquin est un théologien italien, docteur de l'Église, qui vécut au XIIIe siècle. Il consacra la troisième section de la première partie de la Somme théologique au gouvernement divin (103-119). Voici quelques extraits éloquents qui traitent de la garde des hommes par les anges.

Article 1: *Grâce au libre arbitre, l'homme peut plus ou moins éviter le mal, mais insuffisamment, car son amour du bien est affaibli par les multiples passions de l'âme. Pareillement, la connaissance universelle de la loi naturelle, qui appartient naturellement à l'homme, le dirige un peu vers le bien, mais insuffisamment; car, en appliquant les principes universels du droit aux actions particulières, il arrive que l'homme dévie de bien des façons. C'est pourquoi la Sagesse dit (Sg 9, 14): «Les pensées des mortels sont timides et nos prévisions sont incertaines.» L'homme a donc besoin d'être gardé par un ange.*

Article 2: *Pour la garde de chaque homme, un ange particulier est désigné. Car la garde des anges accomplit la providence divine à l'égard des hommes. La providence de Dieu est différente selon qu'il s'agit des hommes ou des autres créatures corruptibles, parce qu'ils ont un rapport différent avec l'incorruptibilité. Les hommes ne sont pas seulement incorruptibles selon l'essence commune à l'espèce, mais aussi dans la forme propre à chacun d'eux, l'âme rationnelle. On ne peut pas en dire autant des autres êtres corruptibles. Or, il est évident que la providence de Dieu s'attache à titre premier aux êtres qui demeurent toujours, tandis que les êtres qui passent sont ordonnés par Dieu aux réalités perpétuelles. Ainsi donc, la providence de Dieu se comporte à l'égard de chaque homme comme elle se comporte à l'égard des genres et des espèces des choses corruptibles.*

Article 4: *L'homme, durant cette vie terrestre, est établi comme sur une route pour atteindre la patrie. Sur cette route, de nombreux périls le menacent, du dedans et de dehors, selon le Psaume (142, 4): «Sur la route où je marchais, ils m'ont caché un piège.» Et c'est pourquoi, comme on donne une garde aux hommes qui parcourent une route peu sûre, ainsi tout homme dans l'état de voyageur reçoit la garde d'un ange.*

Article 5: *Certains affirment que l'ange est désigné pour la garde de l'homme depuis son baptême; d'autres dès la naissance. Cette dernière opinion est appuyée par saint Jérôme, et c'est avec raison. Car les bienfaits de Dieu qui sont donnés à l'homme du fait qu'il est chrétien, ne commencent qu'au moment du baptême, comme la réception de l'Eucharistie, etc. Mais les bienfaits destinés par Dieu à l'homme en tant qu'il a une nature rationnelle, lui sont accordés dès que par la naissance il acquiert cette nature. La garde des anges est un de ces bienfaits, comme cela apparaît clairement d'après ce qui précède. C'est pourquoi l'homme reçoit dès la naissance un ange chargé de le garder.*

Article 6: *La garde exercée par l'ange, comme nous l'avons montré, accomplit la providence divine à l'égard des hommes. Mais il est manifeste que ni l'homme ni aucune autre chose ne peuvent échapper totalement à la providence divine. Car, en tant qu'une chose participe de l'être, elle est soumise à la providence universelle à l'égard de tous les êtres. Mais on dit que Dieu abandonne l'homme selon l'ordre de sa providence en tant qu'il permet que l'homme souffre de quelque défaut, de peine ou de péché. De même encore, nous devons dire que l'ange gardien n'abandonne jamais totalement l'homme; mais il l'abandonne parfois partiellement, en ce sens qu'il ne l'empêche pas d'être soumis à quelque épreuve, ou même de tomber dans le péché, selon l'ordination des jugements divins. En ce sens, on dit que Babylone et la maison d'Israël sont abandonnées par les anges car leurs anges gardiens n'ont pas empêché qu'elles subissent des malheurs.*

Dans ce dernier article, il est bon de le souligner, saint Thomas d'Aquin fait référence aux anges qui seraient délégués pour la protection des peuples et des royaumes. Selon les Écritures, les peuples et les royaumes ont leurs anges gardiens particuliers. Le peuple d'Israël avait un ange spécial. Le Seigneur dit dans l'Exode (Ancien Testament): «Voici que j'envoie mon ange devant vous afin qu'il soit votre guide, qu'il vous protège dans le voyage et vous conduise à la terre promise.» Nous savons aussi que Daniel parle d'un ange, le Prince des Perses, et d'un autre, le Prince des Grecs.

Selon saint Basile, chaque fidèle est sous la garde d'un ange, mais d'autres président aux nations.

Il est écrit dans les Actes des Apôtres que Paul reçut la visite d'un Macédonien alors qu'il se trouvait encore en Asie. Suppliant, le Macédonien lui dit: «Passez en Macédoine et venez à notre secours.» Ces paroles, ajoute le texte sacré, donnèrent à l'apôtre la conviction que Dieu l'appelait en ce pays. Selon les interprètes, ce Macédonien était l'ange de cette nation. Il invitait Paul à faire entendre au peuple confié à sa garde la bonne nouvelle de l'Évangile.

LA THÉOLOGIE

La théologie est une science d'une ampleur quasi titanesque et il serait bien prétentieux de notre part de vouloir en faire une analyse un tant soit peu exhaustive. *Le Grand livre des anges* n'étant pas un traité théologique, nous ne nous attarderons que sur une des sections de la théologie qui est spécifiquement consacrée aux messagers divins: les degrés de certitude des vérités théologiques relatives aux anges.

Il existe, selon les théologiens, trois vérités relatives aux anges: la vérité de foi, la vérité certaine et la vérité commune aux théologiens.

Il est une vérité de foi que:

1. Dieu a créé du néant, au commencement des temps, des êtres spirituels (les anges).
2. La nature des anges est spirituelle.
3. Une partie des anges s'est détournée de Dieu et se tient à son égard dans une hostilité éternelle.
4. Les mauvais anges, les démons, ont été créés bons par Dieu; ils sont devenus mauvais par leur propre faute.
5. Les démons possèdent, en raison du péché d'Adam, une certaine domination sur les hommes.
6. La tâche secondaire des saints anges est la protection des hommes et le souci de leur salut.

LES ANGES GARDIENS – J.H.S. Mann (XIXᵉ siècle)

Poème inspiré de l'œuvre

Sur la route des rêves
Les lutins heureux croisent les images
Que les contes rigolos
Façonnent en sourires blancs et doux

De licorne en licorne
De rires glacés en sueurs froides
Les mots se transforment
En images d'enfance

Sur la route des rêves
Sur le chemin de la vie
Au crépuscule annoncé
Jusqu'au dernier souffle d'ici

Contez-moi à jamais les mots et les images
Le sens de l'éveil et du rêve

Contez-moi la vie d'ici et l'autre
Celle où l'espoir et la vérité se rencontrent

Il est une vérité certaine que:

1. Dieu a fixé aux anges une fin surnaturelle, la vision directe de Dieu, et les a ornés de la grâce sanctifiante pour l'atteindre.
2. Les anges ne se propagent pas ou ne s'engendrent pas.
3. La tâche première des saints anges est la glorification et le service de Dieu.
4. Chaque fidèle possède son saint ange gardien particulier.
5. Les anges déchus furent soumis à une épreuve morale.

Il est une vérité commune à presque tous les théologiens que:

1. Les anges sont par nature immortels.
2. Les saints anges furent soumis à une épreuve morale.
3. Tout homme, même infidèle, a, dès sa naissance, son saint ange gardien particulier.

D'une qualité remarquable quant à la précision de la pensée et de la synthèse, l'extrait suivant[5], issu de la théologie, illustre fort bien la position des théologiens sur le phénomène des anges et conclut admirablement bien ce bref regard théologique.

Parmi ces anges, il en est qui sont délégués pour s'occuper de chaque âme en particulier: ce sont les anges gardiens. L'Église, en instituant une fête en leur honneur, a consacré la doctrine traditionnelle des pères, basée d'ailleurs sur des textes de la Sainte Écriture et appuyée sur de solides raisons. Ces raisons se tirent de nos rapports avec Dieu: nous sommes ses enfants, les membres de Jésus-Christ et les temples du Saint-Esprit. «Or, parce que nous sommes ses enfants, il nous donne pour gouverneurs les princes de sa cour, qui se tiennent même bien honorés de cette charge, à cause que nous avons l'honneur de lui appartenir de si près. Parce que nous sommes ses membres, Il veut que ces mêmes esprits qui Le servent soient toujours auprès de nous pour nous rendre mille bons offices. Et parce que nous sommes ses temples, et que Lui-même habite en nous, Il veut que nous ayons des anges qui soient remplis de religion envers Lui, comme ils sont en nos églises; Il veut que là ils soient en hommage perpétuel envers sa grandeur, suppléant à ce que nous sommes obligés de faire, et gémissant souvent pour les irrévérences que nous commettons contre Lui». Il veut aussi par là, relier étroitement l'Église du ciel et celle de la terre. C'est pourquoi Il fait descendre en terre ce corps mystérieux des anges, qui, s'unissant à nous et nous liant à eux, nous mettent ainsi dans leur ordre, pour ne faire qu'un corps de l'Église du ciel et de la terre.

Par notre ange gardien, nous sommes donc en communication permanente avec le ciel, et, pour en mieux profiter, nous ne pouvons mieux faire que de penser souvent à notre ange gardien pour lui exprimer notre vénération, notre confiance et notre amour:

a) *Notre vénération, en le saluant comme un de ceux qui voient sans cesse la face de Dieu, qui sont près de nous les représentants de notre Père céleste; nous ne ferons donc rien qui puisse lui déplaire ou le contrister, mais au contraire nous nous efforcerons de lui témoigner notre respect en imitant sa fidélité au service de Dieu: ce qui est une manière délicate de lui marquer notre estime.*

(5)
Adpolphe Tanquerey, *Précis de théologie ascétique et mystique*, 11e édition, Desclée, Paris, 1958. Chapitre II: Nature de la vie chrétienne, 186 et 187.

b) *Notre confiance, en nous rappelant la puissance qu'il possède pour nous protéger et la bonté qu'il a pour nous qui sommes confiés à sa charge par Dieu lui-même. C'est surtout dans les tentations du démon que nous devons l'invoquer puisqu'il est accoutumé à déjouer les ruses de cet ennemi perfide; comme aussi dans les occasions périlleuses, où leur prévoyance et leur dextérité peuvent si opportunément nous venir en aide; dans la question de la vocation où il peut connaître mieux que personne les desseins de Dieu sur nous. En outre, quand nous avons quelque affaire importante à traiter avec le prochain, il importe de nous adresser aux anges gardiens de nos frères pour qu'ils les préparent à la mission que nous voulons remplir auprès d'eux.*

c) *Notre amour, en nous disant qu'il a toujours été et est encore pour nous un excellent ami qui nous a rendu et est toujours prêt à nous rendre d'excellents services; ce n'est guère qu'au ciel que nous en connaîtrons l'étendue; mais nous pouvons l'entrevoir par la foi, et cela nous suffit pour lui exprimer notre reconnaissance et notre affection. C'est particulièrement lorsque la solitude nous pèse que nous pouvons nous rappeler que nous ne sommes jamais seuls, que nous avons près de nous un ami dévoué et généreux avec qui nous pouvons nous entretenir familièrement. N'oublions pas du reste qu'honorer cet ange c'est honorer Dieu lui-même, dont il est le représentant sur terre, et unissons-nous parfois à lui pour mieux le glorifier.»*

CHAPITRE 4

LES ANGES ET LES SAINTS

 travers l'histoire, les anges sont intervenus et ont secondé un grand nombre de saints de l'Église ainsi que des personnages d'une grande spiritualité. Très inspirés et de facture souventes fois poétique, les récits qui suivent illustrent de façon remarquable la dimension spirituelle qui existait au moment de ces apparitions célestes.

Le cas de Jeanne d'Arc est passablement connu. Fille de paysans et analphabète, la «pucelle d'Orléans» n'a vécu que dix-neuf ans, de 1412 à 1431. Elle est devenue une véritable héroïne et a été canonisée à la suite de circonstances plutôt exceptionnelles.

Les événements qui la rendirent célèbre ne durèrent que deux ans, ce qui renforce la thèse ultérieure selon laquelle Jeanne d'Arc aurait été inspirée directement par des entités célestes.

Très religieuse, Jeanne d'Arc commença à avoir des apparitions vers l'âge de treize ans. Une grande lumière lui apparut et une voix lui dicta ce qu'elle aurait à faire. Elle réussit par la suite à identifier cette voix comme étant celle de l'archange Michel, celui-ci étant accompagné de trois anges. Voici le récit qu'elle en fit :

Quand j'avais treize ans environ, j'ai commencé à entendre la voix de Dieu qui me guidait, et les premières fois, j'ai éprouvé une grande peur. J'ai entendu cette voix, pendant l'été, dans le jardin de mon père, vers midi. Elle provenait de la droite, vers l'église, et une forte lueur située dans la même direction l'accompagnait souvent.

J'ai entendu trois fois la voix et j'ai compris que c'était celle d'un ange. La première fois, j'ai pensé que c'était l'archange Michel et j'ai eu très peur. Après, je l'ai vu de nombreuses fois avant de savoir que c'était vraiment lui. J'ai vu l'archange et les anges de mes yeux, comme je vous vois. Quand ils se sont éloignés, j'ai pleuré parce que j'aurais voulu qu'ils m'emportent avec eux. J'ai dit à la voix que j'étais une pauvre fille et que je ne savais ni monter à cheval ni faire la guerre.

En ce temps-là, la France était en partie occupée par les Anglais qui voulaient conquérir tout le pays. Désorganisées et découragées, les troupes françaises ne parvenaient pas à contenir et à repousser l'envahisseur.

L'ange dit à Jeanne qu'il lui confiait le devoir de redresser sa patrie et lui indiqua comment faire.

Toujours dirigée par les voix, la jeune fille essaya plusieurs fois de rencontrer Charles, futur héritier du trône de France. Celui-ci ignora sa requête à plusieurs reprises.

À force de persévérance, elle fut finalement admise à la cour mais, pour vérifier la légitimité de ce qu'elle affirmait, on lui tendit un piège. Dans la salle des audiences, pleine de gens, Charles se déguisa en courtisan, et une autre personne endossa les habits royaux à sa place.

Le stratagème ne réussit pas et, la jeune fille se tournant spontanément vers l'héritier du trône, lui dit qu'elle était envoyée par Dieu pour lui annoncer qu'il deviendrait le vrai roi de France.

Enhardie par ce premier et prodigieux succès, Jeanne se mit à la tête des commandants et de l'armée française, auxquels elle parvint à redonner courage. Ils libérèrent Reims, là où Charles fut couronné roi.

Les annales de l'époque rapportent que, lors de cette cérémonie, Jeanne vit, comme trente autres personnes, un ange qui portait une couronne.

À la tête d'une armée de gueux, Jeanne d'Arc connut beaucoup de succès sur les champs de bataille contre les Anglais et, devant les signes évidents qu'elle était une élue de Dieu, elle s'attira la confiance et la dévotion du peuple. Elle fut aussi la cible, cependant, de nombreuses intrigues de cour car on la jalousait beaucoup.

En 1430, elle tomba entre les mains des Anglais par l'intermédiaire de leur allié, le duc de Bourgogne. Ces derniers instruisirent contre elle un procès pour sorcellerie, l'accusant précisément d'entendre des voix. Partial, le procès se termina par sa condamnation à mort et elle fut brûlée vive sur la place du marché à Rouen.

Elle fut réhabilitée et canonisée dix-huit ans plus tard.

* * * * *

Une apparition angélique assez souvent répétée est celle où ces esprits bienheureux apportent la sainte communion à des âmes ferventes, avides de ce pain céleste.

Le soldat saint Zozime, martyrisé en Pisidie, sous Trajan, après avoir subi d'horribles tortures, était depuis trois jours dans sa prison sans avoir mangé. Il vit soudainement entrer deux enfants (deux anges), dont l'un portait le pain de l'Eucharistie et l'autre, un vase plein d'eau.

«Prends, lui dirent-ils, le présent que Dieu t'envoie.»

Le martyr prit l'aliment qui lui était offert et dit: «Je vous bénis, Seigneur, s'écria-t-il, parce que vous avez eu pitié de votre serviteur, et que, loin de me délaisser, vous m'avez rassasié de votre céleste nourriture. Je louerai et célébrerai à jamais votre gloire et votre magnificence.»

Le jour venu, le président ordonna qu'on amène saint Zozime devant son tribunal. Ce dernier comparut, le visage joyeux et sans aucune trace de fatigue. Le juge et les bourreaux furent stupéfiés de le voir ainsi car ils s'attendaient à le trouver exténué par les tourments et par la faim.

* * * * *

LA DÉLIVRANCE DE SAINT PIERRE – Piero della Francesca (1410-1492)

Poème inspiré de l'œuvre

Comme une idée
Quand portes fermées
N'ont pas d'usage
Je traverserai fardeaux, lois et cités
Pour détruire ta cage

Comme un vœu qui s'envole
Espérant du secours
C'est vers toi que je vole
Du pays de l'amour

Ne dis jamais
Autre mot qu'espérance
Parle du cœur
D'une voix d'innocence

Car une prière
Est toujours exaucée
Quand un ange
A pour nom liberté

Sainte Thérèse d'Avila vécut en Espagne de 1515 à 1582. Sœur de l'ordre des Carmélites et première femme à être nommée docteur de l'Église, elle eut plusieurs fois des visions et des rencontres avec des anges.

Dans son livre, *Les Saints Patrons*[1], J. Butler écrit que, lors d'une prière, sainte Thérèse d'Avila entendit une voix qui lui disait: «Je ne te ferai pas parler avec les hommes mais avec les anges.»

À partir de cet instant, elle réussit à entendre des voix «...vraiment plus claires et plus intelligibles que celles que les hommes entendent normalement avec leurs oreilles.»

Voici un des témoignages de sainte Thérèse d'Avila qu'a compilés J. Butler dans *Les Saints Patrons*.

Je voyais à côté de moi, sur la gauche, un ange qui semblait avoir un corps. Il était petit et très beau. Son visage passionné lui donnait l'air de faire partie des êtres les plus élevés qui soient, de ceux qui semblent être consumés par l'amour; je les appelle Chérubins parce qu'ils ne m'ont jamais révélé leur nom.

Mais je vois nettement dans le ciel une si grande différence entre certains anges et d'autres, que je ne saurais même pas l'expliquer.

Je voyais donc l'ange qui tenait dans sa main une longue flèche en or, dont l'extrémité en fer paraissait enflammée. J'avais l'impression qu'il l'enfonçait droit dans mon cœur, jusqu'à mes entrailles. Quand il la retirait, on aurait dit qu'il m'enlevait les entrailles avec le fer, me laissant immergée dans un amour infini pour Dieu. La bonté que m'a procurée ce tourment incomparable est si grand que l'âme ne peut pas vouloir qu'il s'achève, ni se contenter d'autre chose que de Dieu. Ce n'est pas une souffrance corporelle, mais plutôt spirituelle.

C'est un échange d'amour si doux entre Dieu et l'âme que je supplie le Seigneur de daigner, dans son infinie bonté, l'étendre à tous ceux qui donneront foi à mes paroles.

* * * * *

Saint Stanislas Kostka reçut une première fois les faveurs angéliques pendant une grave maladie dont il fut victime, à Vienne, dans la maison d'un luthérien.

Deux anges lui apportèrent le saint Viatique[2] qu'il demandait vainement aux hommes. Une autre fois, entre Augsbourg et Dilingue, étant entré dans une église qui se trouvait sur son chemin, pour y entendre la messe et y communier, il ne tarda pas à s'apercevoir qu'il était dans un temple protestant. Il ressentit une douleur extrême de voir les saints mystères profanés par les hérétiques et il en fit à Dieu les plaintes les plus touchantes. Pendant qu'il se plaignait ainsi avec une grande abondance de larmes, il vit venir à lui une troupe d'anges. L'un d'eux, qui tenait l'eucharistie entre ses mains, s'approcha de lui avec un air plein de majesté, le communia, et le laissa comblé de joie dans la possession de Jésus-Christ.

* * * * *

La vénérable mère Agnès de Langeac eut avec son ange gardien les rapports les plus admirables. Voici quelques extraits glanés parmi les écrits qui ont paru à son sujet.

---

(1)
BUTLER (J.), *Les Saints Patrons*, Brépols, 1996.

(2)
Sacrement de l'eucharistie administré à un chrétien en danger de mort.

C'était particulièrement son saint gardien qu'elle voyait, cet ange avec qui elle avait une communication quasi perpétuelle et dont elle recevait toutes sortes de secours à tout moment. Il l'instruisait, il la reprenait, il la consolait, il la servait avec une affection qu'on ne saurait assez admirer.

Très souvent, quand elle avait oublié quelque chose, ce gardien charitable lui rafraîchissait la mémoire; et elle était habituée à s'adresser à lui pour cela, tout simplement. Une fois, par exemple, après s'être confessée, elle ne se souvenait pas de la pénitence que le confesseur lui avait donnée; elle pria le saint ange de lui dire ce que c'était. Et il lui dit, comme il était vrai, qu'on lui avait donné un Ave Maria et trois Jésus-Marie.

Comme elle était toujours fort recueillie en Dieu, il lui arrivait parfois de ne pas entendre la cloche de la porte. Alors, son ange lui disait: «On t'appelle à la porte.» Quand elle n'avait pas entendu le signe de l'office divin, il l'avertissait. Un soir, alors qu'elle devait sonner pour la retraite des sœurs et qu'elle était absorbée en Dieu, son ange la conduisit et lui mit la corde de la cloche en main.

Elle était tellement habituée d'être servie par son bon ange en toute occasion qu'elle le rappelait parfois à ses devoirs: «Eh bien, mon ami, ne me laissez pas; assistez-moi s'il vous plaît!» Mais d'ordinaire, elle n'avait pas besoin de l'appeler, son vigilant gardien était présent.

Cet esprit bienheureux l'enseignait et l'avertissait merveilleusement. Il lui a même appris à dire son bréviaire. Quelquefois, lorsqu'elle ne pouvait le réciter seule, à cause de son indisposition, il venait le dire avec elle, le récitant alternativement, verset par verset. Un jour de communion, alors qu'elle avait oublié son voile, se rendant ainsi au chœur par mégarde, il le lui apporta aussitôt. L'ange de mère Agnès fut d'une assiduité tellement incroyable qu'une bonne sœur qui était affectée à la tour du couvent eut ce mot touchant: «C'est le rapporteur de mère Agnès.» Il est certain qu'il était presque toujours présent en sa compagnie.

Mère Agnès n'eut pas seulement cet ange comme compagnon alors qu'elle était au couvent. Il lui était déjà familier plusieurs années avant qu'elle entre au cloître.

Quand elle sortait de la maison, elle pouvait aller partout où il était nécessaire, sans avoir besoin de penser ni aux lieux où elle allait, ni aux chemins qui y conduisaient, ni à aucune autre chose extérieure. Aussitôt qu'elle sortait pour se rendre quelque part, elle voyait voler devant elle un petit oiseau blanc, semblable à un papillon, qui lui servait de guide jusqu'au lieu où elle désirait se rendre. Sans ce guide, elle n'aurait su s'y rendre tellement son exaltation était profonde en raison de l'intensité de sa spiritualité.

Cette faveur extraordinaire, qui lui a duré huit ans, était faite assurément par le ministère de son ange qui prenait la forme de ce petit oiseau, ou au moins qui le conduisait devant elle, comme un autre ange conduisit autrefois l'étoile devant les Rois mages jusqu'à Bethléem.

Un fait assez remarquable se produisit après la mort de cette grande servante de Dieu: son ange devint celui du fondateur du séminaire et de la société de Saint-Sulpice, M. Olier. C'est M. Olier lui-même qui nous l'apprend dans ses mémoires autographes.

Voilà, écrit-il, qu'un ange fond sur moi du haut du ciel, avec la vitesse et la puissance d'un aigle qui fond sur sa proie, et m'enveloppe de ses ailes, plus grandes mille fois qu'il ne fallait pour me défendre. J'entends alors ces paroles que me dit mon ange gardien qui était avec moi depuis la naissance: «Honore bien l'ange qui est près de toi et qui t'est donné maintenant; c'est un des plus grands qui aient été donnés à créature sur la terre». Je me sentais alors pénétré *de respect. J'avais bien autrefois ressenti, approchant du même lieu où j'allais, pendant qu'on y faisait la mission, quelques caresses et ressentiments de joie du bon ange de la paroisse; mais il ne laissait pas ce respect, ni ensuite un témoignage de sa grandeur comme celui-ci. Cet ange qui m'a été donné par une bonté particulière, et dont je ne puis assez rendre de reconnaissance à Dieu, est un Séraphin, comme on le croit sur des paroles que mère Agnès disait devant sa mort. Je me souviens que, passant par les rues de Paris, peu de temps après, où il y avait grand monde, il me sembla que je voyais les autres anges lui rendre de grands hommages et un grand respect. Or, le jour où j'appris la nouvelle de la mort de mère Agnès, aussitôt tout accablé, je m'en allai devant le saint sacrement faire mes prières à Notre-Seigneur. Je m'adressai même à elle dans le saint sacrement puisque les saints y sont présents. Cette sainte âme, qui avait une grande compassion de la moindre de mes peines, me dit ces paroles, qui partirent du tabernacle et que j'entendis comme dans mon cœur: «Je t'ai laissé mon ange.»*

Depuis ce temps-là, je sens de grands respects en mon âme quand j'invoque cet ange et je ne puis l'invoquer ni l'honorer, ou rendre aucun devoir à Dieu pour lui, qu'il ne me semble absolument que ce ne soit le mien.

C'est une chose admirable que de voir dans les mémoires de cette sainte fille les services qu'elle recevait de son bon ange dans tous ses besoins. Elle le voyait et lui parlait familièrement; et je me souviens que, comme je partais d'auprès d'elle pour m'en aller par des chemins dangereux, pendant la nuit, elle me le donnait pour m'aider à passer le danger; et une fois, ayant passé le péril, il me dit adieu en s'en retournant vers sa bonne âme. Elle le donnait à des personnes qui avaient à faire de longs et difficiles chemins pour Dieu, par où elles n'avaient jamais passé. Et au retour, elles remarquaient qu'elles ne s'étaient fourvoyées ni détournées d'un seul pas.

Cet ange, écrivait encore M. Olier en 1647, plus de douze ans après la mort de mère Agnès, n'est pas mon ange gardien, puisque celui-ci, qui est avec moi depuis la naissance, me dit en parlant de l'autre, au jour où il me fut donné: «Honore bien cet ange qui t'est donné maintenant; c'est un des plus grands qui aient été donnés à créature sur la terre.» C'est celui de la charge et non de la personne; et ses ailes si étendues me faisaient entendre qu'il en couvrirait plusieurs autres qui seraient avec moi.

* * * * *

Sainte Françoise Romaine[3] ne voyait pas son ange avec son âme mais avec ses yeux d'humain. Il la préservait de tout ce qui aurait pu lui nuire. Mariée et maîtresse de maison accomplie, ce n'est qu'après son mariage que sa perfection grandit, pour atteindre toute sa splendeur et sa beauté.

Un matin, Françoise s'éveilla très tôt. Elle leva d'abord les yeux au ciel et offrit son cœur à Dieu. Puis, elle regarda autour d'elle: sa petite fille dormait. Françoise la regardait, pleine d'affection et de tendresse. Soudain, un charmant petit enfant apparut au-dessus d'elle. C'était son dernier fils, Jean-Evangéliste, mort depuis longtemps. Il était comme avant sa mort, mais beaucoup, beaucoup plus beau.

Le petit Jean salua sa mère avec amour et respect. Françoise lui tendit les bras et, la voix brisée par l'émotion, lui dit: «Mon enfant! Tu penses donc encore à moi dans la gloire du ciel?»

(3) Fondatrice des Oblates de Marie (1384-1440), sainte Françoise Romaine est née dans une riche famille romaine. Françoise souhaitait entrer au cloître mais, sur ordre de son père, elle épousa un jeune seigneur romain dont elle aura trois enfants. Elle mena une vie de charité, de prière et surtout de grande simplicité.

Le petit lui répondit avec une touchante douceur: «Bien sûr, comment pourrais-je t'oublier? Ne vois-tu pas, à côté de moi, un autre enfant encore beaucoup plus beau que moi? C'est mon compagnon dans le chœur des Archanges. Je fais partie du chœur des Anges mais lui est beaucoup plus élevé en gloire. Dieu t'envoie cet archange chère maman, pour nous remplacer Agnès et moi, car elle me suivra bientôt au ciel, elle aussi. Cet archange sera à toi, jour et nuit, de sorte que tes yeux de chair pourront le voir; il sera ton consolateur et ne te quittera jamais.»

Puis le petit Jean disparut mais l'archange resta auprès de Françoise. Elle le voyait presque toujours. Quelquefois seulement, quand elle n'avait pas eu assez de repentir de ses imperfections, il disparaissait pour quelque temps à ses yeux mais demeurait toujours auprès d'elle.

* * * * *

Anne Catherine Emmerich vécut en Allemagne de 1774 à 1824. Religieuse augustine, elle eut des visions angéliques dès l'âge de neuf ans, puis, de façon intense, pendant toute sa vie. Elle lisait également dans les pensées et parvenait à léviter. En outre, des stigmates lui apparurent à un certain moment de sa vie.

Elle sortait souvent de son corps et, dans ces occasions, son ange gardien la transportait à des milliers de kilomètres, dans les lieux les plus divers, lui permettant de voir ce qui s'y passait.

Étant donné les moyens de communication restreints qui existaient à cette époque, les nouvelles arrivaient avec un décalage de plusieurs jours, voire de plusieurs semaines ou de plusieurs mois.

Elle dit une fois à son curé qu'elle avait vu le pape qui déposait une couronne sur la tête d'un petit personnage. Quelques jours plus tard, on apprit que Napoléon Bonaparte avait été couronné empereur.

Ces étranges pouvoirs suscitèrent la méfiance des autorités civiles et ecclésiastiques. Ces dernières, suspectant une tromperie, soumirent Catherine à des contrôles répétés et à des vérifications dans des conditions qui ne permettaient aucune tricherie. Les résultats furent toujours négatifs.

Un ecclésiastique a recueilli, dans son livre, les témoignages que Catherine a fournis sur son ange.

Je passais parfois des journées entières avec lui. Il me montrait des personnes que je connaissais et d'autres que je n'avais jamais vues. Avec lui, je traversais les mers à la vitesse de la pensée. Je pouvais voir loin, très loin. Quand il survient pour m'emporter avec lui, je vois habituellement une faible lueur au début, puis il apparaît soudainement devant moi, comme la lumière d'une lanterne qui éclaire les ténèbres.

Mon guide se tient devant moi, parfois à mes côtés, mais je n'ai jamais vu ses pieds se déplacer. Il est silencieux, fait peu de mouvements, mais il accompagne parfois ses brèves réponses d'un geste de la main ou d'une inclination de la tête. Oh! comme il est brillant et transparent! Il a des cheveux soyeux, qui ondulent et qui brillent. Il ne porte rien sur la tête, et son habit est long et d'une blancheur éblouissante. Je lui parle librement, et pourtant, je n'ai jamais pu voir son visage. Je m'incline devant lui et il me guide par différents signes. Je ne lui pose jamais beaucoup de questions parce que la satisfaction que j'éprouve simplement en le sachant à mes côtés m'en empêche. Ses réponses sont toujours très brèves.

Un jour, je me suis perdue dans les champs de Flamske. J'étais terrorisée et j'ai commencé à pleurer et à prier Dieu. Tout à coup, j'ai vu devant moi une lumière, semblable à une flamme, qui s'est changée en mon guide, avec son habit habituel. Sous mes pieds, la terre est devenue sèche et, ni la pluie ni la neige ne m'atteignaient. Je suis revenue chez moi sans même être trempée.

* * * * *

Sœur Marie Lataste vécut de 1822 à 1847. Elle a rassemblé ses méditations et ses expériences dans un grand nombre de cahiers qui ont ensuite été classés par Pascal Darbins[4]. Dans ce témoignage, sœur Marie Lataste donne une description détaillée des fonctions de l'ange gardien. Description qu'elle dit avoir reçue du Christ lui-même.

La plus intime union de l'homme s'effectue avec les anges; elle doit durer toujours, jusqu'à l'éternité. L'union avec une créature matérielle se situe à un niveau très bas puisqu'elle n'est que transitoire et qu'elle s'arrête au seuil de l'éternité. L'union de l'âme avec un ange est la plus forte parce qu'elle n'est pas passive et que c'est une union opérante et pleine d'activité. Entre l'homme et les anges il y a communication, il y a entente; la communication et l'entente deviennent telles que l'homme finit par ressembler à l'ange et à s'élever avec lui.

Les anges ont le pouvoir de créer deux choses chez les hommes. La première est l'illumination de l'intelligence, la seconde, le mouvement de la volonté. Les anges illuminent les hommes de trois façons: en leur annonçant les mystères divins, en les instruisant et en les exhortant. Ils les illuminent en se manifestant à eux de façon visible ou invisible. De façon invisible, quand ils ne se servent d'aucun objet sensible pour se manifester à l'homme, quand ils agissent directement de l'âme sur l'âme, quand ils lui parlent comme d'esprit à esprit, comme d'un ange à un autre ange. Cela se produit aussi bien quand leur interlocuteur est éveillé que quand il est endormi. Ils approchent tous ceux qui s'intéressent à eux et qui se sont adressés aux anges. Le mouvement de la volonté n'est pas comparable à un mouvement que l'on imprime à un objet, quel qu'il soit. La volonté reste toujours libre et, comme elle est libre, ni les anges ni Dieu ne peuvent imposer un mouvement vers le bien si l'âme ne le veut pas. Le mouvement de l'âme est une disposition envers le bien, une attitude, une facilité à faire le bien. Ainsi, les anges retirent, font disparaître ou diminuent les obstacles qui pourraient contrarier la volonté et l'arrêter.

Dieu gouverne, dirige et conduit tout grâce à sa divine providence. Rien ne Lui échappe, parce qu'Il a tout créé. Il conserve tout, veille sur tout et pose son regard sur tout. En outre, Il a voulu confier l'exécution des actes de sa providence aux ministres qu'Il a créés. Ces ministres sont les anges. Dieu a créé l'homme et le leur a confié. Les anges restent toujours à ses côtés, ce sont ses gardiens. Tous les hommes ont un ange gardien parce que telle est la volonté de notre Père, qui agit toujours pour le bien et le salut de l'homme. Les anges gardiens n'ont pas été donnés aux hommes depuis que je suis venue au monde, il existent depuis l'origine. Tous les hommes ont reçu de Dieu un ange qui veille sur eux.

Voilà ce que l'ange gardien fait pour vous et ce que vous devez faire pour lui. L'ange gardien éloigne de tous les maux du corps et de l'âme; il lutte contre vos ennemis, vous incite à faire le bien. Il porte vos prières à Dieu et inscrit toutes vos bonnes actions dans le Livre de la

(4)
DARBINS (Pascal), *Vie et œuvres de sœur Marie Lataste*, Téqui, 1974.

vie; il prie pour vous, vous suit jusqu'à la mort et il vous portera dans le sein de Dieu si vous vivez dans la justice pendant votre passage sur terre. Un rien peut affliger votre corps pour toujours, un accident peut détruire votre âme. Vous n'êtes pas assez préparé pour éviter et éloigner tous les dangers; même si vous l'étiez, vous ne pourriez pas toujours le faire seul.

Ce que vous ne voyez pas, votre ange peut le voir pour vous et ainsi protéger votre corps et votre âme, en éloignant tout ce qui pourrait les affecter. Il le fait sans que vous ne vous en aperceviez. Si vous réfléchissez et que vous vous demandez parfois comment vous avez pu échapper à un accident ou à un malheur, vous toucherez du doigt l'action de votre ange. Enfin, votre ange gardien vous suivra partout, à chaque instant de votre vie, et quand vous devrez retourner à Dieu, l'ange vous conduira à lui.

* * * * *

Thérèse Neumann, une grande mystique, vécut dans un village de Bavière, en Allemagne, de 1898 à 1962.

Fait étonnant, elle cessa complètement de se nourrir et jeûna longtemps jusqu'à sa mort. Ne croyant pas à l'authenticité de cet état de fait, l'Église la soumit à des contrôles très sévères et elle fut auscultée par de nombreux cliniciens de réputation internationale.

Cette mystique avait fréquemment des visions au cours desquelles revenaient souvent des anges. Certaines sont très caractéristiques car il s'agit d'épisodes bibliques reconstitués par elle. Son biographe, Johannes Steiner[5] rapporte quelques visions particulièrement significatives.

La première concerne l'annonce de la future naissance de Jésus que l'archange Gabriel a faite à Marie de Nazareth.

Thérèse a vu une jeune femme, presque encore enfant, dans une petite maison, en train de prier. Soudain, un homme lumineux (selon l'expression de Thérèse Neumann) s'est trouvé devant cette jeune femme: il n'est pas entré dans la maison, il était simplement là. J'ai alors demandé à Thérèse: «Est-ce qu'il avait des ailes?» Elle m'a répondu: «Qu'est-ce que tu crois? Les êtres lumineux n'ont pas besoin d'ailes.»

L'homme lumineux s'est incliné devant la femme effrayée et a parlé. Marie, toujours effrayée, mais avec une expression plus confiante, a regardé la silhouette lumineuse. L'ange lui a dit des choses solennelles. Elle a demandé quelque chose à l'ange et l'ange lui a répondu. Quand l'ange eut fini de parler, la jeune femme a baissé la tête et a prononcé quelques mots. Au même moment, Thérèse a vu une grande lumière qui provenait du haut et qui est entrée dans la jeune femme, tandis que l'ange se baissait et disparaissait.

Dans ce récit, Thérèse Neumann semble revivre avec son imagination un épisode fondamental cité dans les Évangiles, qu'elle devait avoir lu et relu jusqu'à le connaître dans les moindres détails. Toutefois, on ne comprend pas pourquoi elle cite l'existence de dialogues sans nous en dévoiler le contenu.

La deuxième vision concerne l'annonce de la naissance de Jésus à Bethléem faite par les anges aux bergers.

(5)
STEINER (Johannes), *The visions of Teresa Neumann*, Alba House, New York, 1975.

L'ANNONCIATION – Giulo Cesare Procaccini (1570–1625)

Poème inspiré de l'œuvre

Du ciel, sa patrie
Un archange est venu
Annoncer à Marie
Qu'elle était l'élue

Retenez cette histoire
Car c'est bien arrivé
Continuez à y croire
En toute humilité

Quand un ordre des cieux
Est donné aux messagers
C'est grand et merveilleux
Car tout peut arriver

Une demi-heure après minuit, après que Thérèse eut assisté à la naissance du Rédempteur, elle se vit transportée devant une masure située sur la colline, à une vingtaine de minutes de l'étable. Huit bergers étaient en train de se reposer. Soudain, il fit jour et tous les hommes dans la cabane prirent peur. Avec prudence, ils regardèrent à l'extérieur et ils virent un ange à trois mètres de hauteur environ, sur un nuage brillant. C'était un jeune homme à la silhouette lumineuse vêtu d'un habit resplendissant.

C'était le même ange que celui qui avait parlé à Marie. Il avait la main gauche posée sur la poitrine, la main droite levée. Il n'avait pas d'ailes. Tout le paysage alentour était illuminé par la lumière qui rayonnait de l'ange. Pour les rassurer, l'ange parla ensuite aux bergers d'une voix claire, amicale et solennelle. Il leur parla dans leur langue. À deux reprises, il désigna le côté gauche avec sa main droite. Quand il eut terminé de parler, beaucoup d'autres anges apparurent à ses côtés; ils étaient également lumineux et sur des nuages resplendissants. Ils entonnèrent tous ensemble un chant merveilleux que les bergers écoutèrent avec beaucoup d'attention, puis la troupe céleste disparut. Les bergers discutèrent entre eux puis se dirigèrent en direction de Bethléem.

CHAPITRE 5

LES ANGES déchus

epuis que Lucifer a entraîné dans sa révolte et son malheur une grande partie des anges[1], il s'efforce de perdre tous les hommes et de les entraîner avec lui dans l'abîme de l'enfer. Pour nous donner une idée de leur ruse, de leur force, de leur malice et de leur haine implacable, les livres saints les désignent tantôt sous le nom d'ennemis ou d'adversaires, tantôt sous celui de serpents ou de dragons, tantôt sous celui de lions rugissants.

Il paraît certain que le prince des ténèbres délègue à chacun de nous un démon pour nous tenter et nous tendre continuellement des pièges, et que ce démon ne nous perd pas de vue un seul instant. Saint Paul le confirme d'ailleurs lorsqu'il cite qu'un ange de Satan lui a été donné pour le tourmenter[2].

La Bible elle-même ne nous permet pas de douter que les démons aient un pouvoir sur nos corps et sur nos âmes.

C'est le démon qui suscita un vent furieux sur la maison où furent écrasés tous les enfants de Job et le frappa lui-même d'une maladie qui le couvrit de plaies depuis la tête jusqu'aux pieds. Ce fut aussi un démon qui tua les sept premiers maris de Sara. Le Sauveur lui-même eut affaire aux démons lorsque ceux-ci précipitèrent dans la mer un troupeau de pourceaux[3].

De nombreux témoignages de possessions du démon et les exorcismes de l'Église employés avec succès pour les chasser du corps des possédés en sont une nouvelle preuve.

Des auteurs dignes de foi assurent qu'un grand nombre de maladies ou d'infirmités survenues contre toute attente n'avaient d'autre cause que l'opération et la malice du démon. Ceux qui sont atteints de ces maladies par le démon le sont parfois en punition des péchés qu'ils ont commis.

Le pouvoir des démons s'étend aussi sur nos âmes. Ces anges déchus troublent l'esprit par de mauvaises pensées et remplissent l'imagination de fantômes. Cet ennemi qui nous suit partout et que chacun de nous doit combattre est d'autant plus redoutable qu'il est invisible. Il est conséquemment très difficile de se mettre à l'abri de ses tentations. Il est d'ailleurs si

---

(1)
Ap 12,7 - Alors, il y eut une bataille dans le ciel: Michel et ses Anges combattirent le Dragon. Et le Dragon riposta, avec ses Anges, mais ils eurent le dessous et furent chassés du ciel.

(2)
II Co 12,7 - Et pour que l'excellence même de ces révélations ne m'enorgueillisse pas, il m'a été mis une écharde en la chair, un ange de Satan chargé de me souffleter - pour que je ne m'enorgueillisse pas!

(3)
Mt 8,29-32 - Les voilà qui se mirent à crier: «Que nous veux-tu, Fils de Dieu? Es-tu venu ici pour nous tourmenter avant le temps?»
Or il y avait, à une certaine distance, un gros troupeau de porcs en train de paître.

Et les démons suppliaient Jésus: «Si tu nous expulses, envoie-nous dans ce troupeau de porcs.»
«Allez», leur dit-il. Sortant alors, ils s'en allèrent dans les porcs, et voilà que tout le troupeau se précipita du haut de l'escarpement dans la mer et périt dans les eaux.

puissant que personne ne pourrait parvenir à lui résister si Dieu lui permettait d'user constamment de toute sa puissance, ce qui arrive quelquefois en punition des péchés.

Ses artifices et ses ruses sont redoutables, car il est tout esprit et son esprit n'est que malice! Sans aucune trève, il a fait la guerre aux hommes depuis six mille ans, parfois, malheureusement, avec beaucoup trop de succès. Il est infatigable et ne se repose ni le jour ni la nuit. S'il n'a pu nous vaincre dès le premier assaut, il recourt à de nouvelles attaques jusqu'à ce que notre foi l'emporte ou que notre faiblesse devant ses attaques nous fasse succomber. Il est cruel et impitoyable. L'éternité des supplices auxquels il est condamné ne fait qu'accroître sa rage. Il semble parfois cesser de nous tenter: c'est un artifice qu'il utilise pour mieux nous surprendre lorsque nous sommes moins vigilants. Cette ruse et cet acharnement à poursuivre les hommes ont sans doute provoqué la chute inopinée de plusieurs personnages bibliques tels David, Salomon et saint Pierre.

Plus terrible encore, nous avons souvent à combattre non seulement contre un seul de ces ennemis redoutables mais contre plusieurs. Il y avait une légion de démons dans le corps du possédé qui fut délivré par Jésus,[4] et il y en avait sept dans le corps de Marie-Madeleine. Leur nombre est si grand qu'un des pères de l'Église assure que, s'ils avaient des corps, ils nous déroberaient la lumière du soleil tellement l'air en serait obscurci.

Malheureusement, nous ne sommes que faiblesse, autant de l'âme que du corps. Nos forces sont bien insuffisantes pour pouvoir vaincre, seuls, ces puissances maléfiques.

Depuis la chute d'Adam et Ève, notre âme éprouve un tel penchant pour satisfaire ses passions (qui se joignent aux démons et secondent leurs efforts) qu'il est utopique de songer qu'on puisse les affronter sans aide. En ce qui concerne notre corps, nos sens sont sujets à tellement d'illusions dangereuses qui peuvent nous entraîner vers la corruption que les dangers de succomber aux tentations du Malin s'en trouvent accentués. Un des apôtres a d'ailleurs déjà dit que nous ne sommes pas capables d'avoir une seule bonne pensée de nous-mêmes. Nous sommes donc bien faibles pour pouvoir éviter, seuls, de courir à notre perte face à des ennemis d'une telle opiniâtreté et d'une telle puissance.

De toute évidence, nous avons besoin d'une aide puissante pour résister au démon et pour éviter de sombrer dans le malheur où sa cruelle tyrannie tente de nous attirer. Ce secours puissant et tant nécessaire, c'est dans la protection des saints anges que nous le trouverons.

Il est vrai que Dieu, s'il le voulait, pourrait nous donner directement les forces nécessaires pour résister au démon mais sa sagesse en a disposé autrement. Il était dans l'ordre de sa providence que les anges des ténèbres soient opposés aux anges de lumière et que les anges prévaricateurs soient combattus et bafoués par les anges fidèles.

Dieu, par un seul acte de sa volonté, aurait pu endiguer l'insolence des anges rebelles et les réduire à l'impuissance mais Il a voulu que saint Michel et les bons anges les combattent eux-mêmes, et remportent sur eux une victoire éclatante, pour nous apprendre ainsi que dans l'ordre de sa providence, Il les destinait à nous procurer tous les secours nécessaires pour vaincre les forces du mal.

Ne pas avoir recours aux saints anges dans un combat contre les démons nous expose à succomber et à partager leur sort pendant toute l'éternité.

(4)
Mc 5,9 - Et il l'interrogeait: «Quel est ton nom?» Il dit: «Légion est mon nom, car nous sommes beaucoup.»

SAINT MICHEL TERRASSANT LE DÉMON – Raphaël (1483–1520)

Poème inspiré de l'œuvre

Vents mauvais
Et jours tristes
Larmes d'enfant
Guerres et supplices

Vous êtes heureux
Au dos de l'homme
Bien agrippés
Aux moments sombres

Vents de l'enfer
Sourires heureux
Gare à demain
Quand viendra Dieu

COMMENT ET POURQUOI LES ANGES SE MANIFESTENT-ILS?

 i les chapitres précédents s'appliquaient à ne considérer que l'aspect historique du monde angélique, c'était uniquement pour des raisons de commodité. Il nous apparaissait primordial d'établir clairement que ceux-ci n'étaient pas une «invention contemporaine» pour exalter l'imagination mais bien une société spirituelle, réelle, créée par Dieu Lui-même.

Nous ne sommes pas tous destinés à être touchés par la grâce divine mais, à chacun de nous, un ange est assigné. Il suffit de se souvenir de ces paroles de Jésus-Christ pour s'en convaincre: «Gardez-vous de mépriser aucun de ces petits; car, je vous le dis, leurs anges aux cieux se tiennent constamment en présence de mon Père qui est aux cieux.»

À des fins de compréhension, il serait utile ici de faire un court résumé de la société des anges: ce qu'ils sont, comment nous les connaissons et ce que nous savons d'eux.

QUI SONT LES ANGES?

Les anges sont de purs esprits qui ne sont pas, comme notre corps, unis à des âmes. Dieu les a créés pour l'adorer et le servir.

Parce que Dieu les envoie pour exécuter ses ordres, leur nom signifie «envoyé», «messager». Les anges se manifestent parfois aux hommes sous des corps d'emprunt mais leur nature est toute spirituelle et supérieure à celle de l'homme. Ils sont munis d'une intelligence, d'une volonté, d'une puissance et d'une beauté qui surpassent tout ce qui se trouve de plus parfait parmi les hommes.

COMMENT CONNAISSONS-NOUS L'EXISTENCE DES ANGES?

Nous connaissons l'existence des anges grâce à leurs nombreuses intercessions racontées dans l'Ancien et dans le Nouveau Testament. C'est une vérité de foi basée sur l'enseignement de Moïse, des prophètes, des apôtres et principalement sur la parole même de Jésus-Christ. L'Église a fait de leur existence un dogme catholique lors du quatrième concile de Latran (1215) et lors du concile du Vatican en 1870. Le rejet de cette croyance serait donc considéré comme hérétique.

Que savons-nous sur les anges?

Nous savons qu'ils furent créés avant l'homme, dans un état de sainteté et de bonheur. Après les avoir créés justes et saints, Dieu les a mis à l'épreuve, comme l'homme dans le Paradis terrestre. Ayant à leur tête Lucifer, un certain nombre d'entre eux (probablement un tiers), désobéirent à Dieu par orgueil. En punition à leur révolte, celui-ci les précipita dans l'abîme de l'enfer.

Les anges fidèles furent confirmés dans la grâce et dans la gloire. Ils jouissent de la vue de Dieu, ne peuvent plus pécher et leur occupation est de le louer et d'exécuter ses ordres.

Nous savons aussi que les bons anges sont très nombreux. Les prophètes, en particulier Daniel et saint Jean, aperçurent des milliers et des milliards d'anges au pied du trône de Dieu.

Tous ne sont pas égaux. Se basant sur des passages des Saintes Écritures, les pères de l'Église, notamment saint Grégoire et saint Denis l'Aréopagite, admettent que les anges sont partagés en trois hiérarchies[1] dont chacune se subdivise en trois chœurs; ce qui fait en tout, neuf chœurs d'anges.

La première hiérarchie comprend le chœur des Séraphins, des Chérubins et des Trônes.

La seconde hiérarchie est constituée des Dominations, des Vertus et des Puissances.

La troisième hiérarchie est composée des Principautés, des Archanges et des Anges.

Parmi les anges, nous connaissons trois archanges: saint Michel dont le nom signifie «Qui est comme Dieu», saint Gabriel dont le nom signifie «Force de Dieu» et, finalement, saint Raphaël dont le nom signifie «Remède de Dieu».

L'ange gardien

L'ange gardien est un bon ange que Dieu a donné à chacun d'entre nous pour notre protection et notre garde. Parmi les anges qui lui sont demeurés fidèles, il en est donc que Dieu a spécifiquement chargés de nous protéger et de nous aider.

La mission des anges gardiens est de présenter à Dieu nos prières et nos bonnes œuvres; de veiller sur nous en nous inspirant de bonnes pensées et en nous aidant à accomplir le bien; de nous protéger contre les accidents et les dangers corporels tout en défendant nos âmes contre les tentations et les embûches du démon; de ne pas nous abandonner lorsque nous avons péché mais plutôt de nous conduire à la pénitence. Selon les docteurs de l'Église, les anges ont aussi pour mission de nous consoler et de nous soulager si notre vie terrestre nous a menés jusqu'au purgatoire. Ils nous quittent ensuite après nous avoir accompagnés au ciel.

En retour de ces bienfaits, nous devons, selon saint Bernard, leur manifester du respect pour leur présence et craindre de leur déplaire par le péché; leur témoigner de la dévotion pour leur sollicitude et exprimer celle-ci par une vive reconnaissance et une grande fidélité à recueillir leurs inspirations; et leur accorder une entière confiance quant à leur intercession.

LE GRAND LIVRE DES ANGES

[1] Les écrits divergent quant à l'appellation de la hiérarchie des anges. Certains parlent des hiérarchies des anges et d'autres de la hiérarchie des anges. Dans un sens ou dans l'autre, il s'agit des neufs chœurs des anges formant cette entité.

SCULPTURE DE L'ARCHANGE RAPHAËL – Giovanni Battista (Naples, fin du XVIe siècle)

Poème inspiré de l'œuvre

Rivière en tête
Et ciel au cœur
Je joins mes mains
Pour te parler

Je suis d'ici
Et toi d'ailleurs
Et elle est là
L'éternité

Ange de Dieu
Ange éternel
Dis-moi sans fin
La route belle

Indique-moi le lieu béni
Prends-moi la main
Et je te suis

Rivière en tête
Et ciel au cœur
J'ai compagnon
Au paradis

Que savons-nous sur les démons?

Nous savons qu'après leur chute, les démons ou mauvais anges ont été condamnés pour toujours aux supplices de l'enfer. Avec la permission de Dieu, un grand nombre d'entre eux se sont dispersés dans le monde où ils portent l'enfer avec eux. Animés d'envie à notre sujet et de haine envers Dieu, ils emploient deux moyens que le Créateur leur permet pour nous perdre et nous faire tomber avec eux dans l'abîme de l'enfer:

1. Ils soumettent notre âme à diverses tentations en se servant de notre mauvaise nature.
2. Ils peuvent prendre possession de notre corps. Ces possessions sont toutefois plus rares aujourd'hui parce que l'empire de Lucifer a été détruit par Jésus-Christ.

Toutefois, bien que la puissance du démon soit redoutable, nous avons toujours la possibilité de triompher par la prière, par notre vigilance, par le recours à Marie et par l'intercession de notre ange gardien. Il est spécialement salutaire de donner à notre ange gardien un témoignage quotidien de souvenir et de reconnaissance lors des prières du matin et du soir.

Cette courte invocation peut être très bénéfique: Ange de Dieu, mon fidèle gardien, toi que la bonté divine a chargé de ma conduite pendant ce jour (ou cette nuit), éclaire-moi, garde-moi, dirige-moi et gouverne-moi.

Comment se manifestent-ils?

Les anges se manifestent de trois façons: intellectuelle, imaginaire ou corporelle. Chaque personne est susceptible de recevoir l'assistance d'un ange sous l'une ou l'autre de ces manifestations, peu importe sa condition ou son statut.

Il n'est évidemment pas donné à tous d'être touché par la grâce divine, chacun ayant son destin. Notre vision étant limitée, il n'est pas facile de pouvoir reconnaître qui d'entre nous est une personne extraordinaire. Il suffit de se rappeler que nous sommes tous extraordinaires aux yeux de Dieu. Les saints étaient tous, d'une certaine façon, des gens ordinaires. Ils sont devenus de «grandes âmes» grâce à leurs valeurs morales et ont été choisis pour le devenir selon un dessein que Dieu seul connaît. Jésus-Christ n'a d'ailleurs jamais glorifié les rois, les puissants, les grands prêtres et les docteurs. Il les a souvent bafoués et condamnés, les jugeant non pas par ce qu'ils étaient mais par ce qu'ils faisaient.

Une intervention angélique peut survenir à n'importe quel moment et à n'importe qui. Il est toutefois plus fréquent qu'un ange se manifeste auprès de quelqu'un qui démontre une certaine ouverture spirituelle et un intérêt pour les choses célestes. Dans la majorité des cas, l'intercession d'un ange survient à la suite d'une demande qui lui est adressée par la prière.

Il n'est bien sûr pas nécessaire d'être attiré vers une vocation mystique particulière ou de se retirer dans un couvent pour être protégé ou guidé par un ange. On peut mener une vie tout à fait ordinaire, avec une famille et un travail, et pratiquer sa foi en toute humilité.

D'un autre côté, il n'est pas dit que celui qui n'a jamais vu d'ange soit moins avancé spirituellement, qu'il ait moins de foi ou encore qu'il prie avec moins de conviction.[2]

(2)
Jn 3,8 - «Le vent souffle où il veut et tu entends sa voix, mais tu ne sais pas d'où il vient ni où il va. Ainsi en est-il de quiconque est né de l'Esprit. »

71

Comment et pourquoi...

La manifestation intellectuelle

Les anges peuvent incontestablement se manifester intellectuellement car cette sorte de vision est plus près de leur immatérialité. Elle se produit toutefois moins souvent que les deux autres, la vision imaginaire et la vision corporelle, car celles-ci conviennent mieux à la nature de l'homme. Il y a cependant plus d'un exemple de ce genre de manifestation accordée par les anges. Le Sauveur Jésus et sa très sainte Mère apparaissent rarement sans cette escorte des anges. Sainte Thérèse rapporte qu'elle vit autour de la bienheureuse Vierge une multitude de ces esprits célestes lorsque Marie lui apparut. Ils n'étaient pas visibles sous une forme sensible mais par un simple regard de l'esprit. «Leur vision était intellectuelle», nous dit-elle.

La manifestation imaginaire

Après la manifestation intellectuelle, celle qui est la plus appropriée à la nature des anges s'accomplit par l'imagination. Tant que les anges ne revêtent que des formes idéales dans notre esprit, il semble qu'ils ne perdent pas leur pureté spirituelle.

L'échelle mystérieuse montrée à Jacob[3] pendant son sommeil, le long de laquelle les anges de Dieu montaient et descendaient, est le premier et le plus mémorable exemple d'apparition imaginaire accomplie par les anges qui soit mentionné dans la Bible. Il n'est cependant pas le seul. À nombreuses reprises, on y voit les esprits célestes venir annoncer les volontés divines aux hommes. Soit à Élie qui, fuyant la colère de Jézabel et s'endormant découragé dans le désert, fut réveillé à deux reprises par un ange. Soit en simple vision ainsi qu'il arriva à plusieurs prophètes, en particulier à Daniel, à Zacharie ou à saint Joseph, quatre fois averti par un ange des desseins de Dieu.

Les faits de ce genre se comptent aussi par centaines dans l'histoire des saints. À ce sujet, en voici deux qui sont très éloquents.

La bienheureuse Colette[4] eut un jour une vision semblable à celle de Jacob. Les habitants d'une noble maison faisaient de larges aumônes à la communauté: la sainte et ses compagnes y répondaient par de ferventes prières. Or l'humble servante de Dieu vit une fois, vers le milieu de la nuit, une grande lumière resplendir sur cette maison, et une multitude d'anges qui la défendaient contre les incursions des esprits malfaisants; puis une échelle d'or allant de cette maison au ciel, et les anges qui montaient et descendaient, présentant à Dieu les prières de la bienheureuse et les aumônes que ces bienfaiteurs faisaient à elle et à ses religieuses. Colette appela une de ses sœurs pour lui montrer cette douce vision; mais celle-ci ne parvint à l'apercevoir qu'après que sa sainte mère eut demandé pour elle cette grâce.

Tandis que saint Thomas d'Aquin, à peine âgé de vingt ans, était enfermé dans un donjon par la tyrannie de ses frères qui prétendaient le détourner de la vie religieuse, on introduisit dans sa prison une créature d'une perfide beauté, ayant toutes les audaces du mal, et qui reçut la hideuse mission de vaincre, par tous les moyens, la constance du magnanime jeune homme. Mais lui, qui déjà avait juré n'avoir d'autre épouse que la divine Sagesse, dès qu'il vit ce suppôt du démon, quoique ému d'abord dans ses sens d'un trouble jusqu'alors inconnu, s'arma d'un tison, et, plein d'une noble colère, pourchassa l'infâme hors de sa cellule. Puis, marquant

(3)
Gn 28,12 - Il eut un songe : Voilà qu'une échelle était dressée sur la terre et que son sommet atteignait le ciel, et des anges de Dieu y montaient et descendaient.

(4)
(Et. De Juliers. BB. 6 mart., t.7, p.559, n.88)

une croix sur la muraille au moyen du tison, il se prosterna et demanda à Dieu avec larmes la grâce d'une perpétuelle vigilance. Tandis qu'il mêlait ainsi ses pleurs à sa prière, il s'endormit, et, durant son sommeil, vit deux anges descendre du ciel, attacher à ses reins une ceinture mystérieuse en lui disant: «De la part de Dieu, nous te ceignons, ainsi que tu l'as demandé, du cordon de la chasteté qu'aucun effort du démon ne pourra vaincre désormais; ce que la vertu humaine ne saurait mériter, la bonté divine te l'accorde en pur don.» À partir de ce moment, le docteur de l'Église ne connaîtra plus les révoltes de la chair.

LA MANIFESTATION CORPORELLE

Même si la forme corporelle est opposée à leur nature de purs esprits, les anges se manifestent très souvent sous la forme humaine, celle-ci étant plus près de la nature de l'homme.

Les anges se manifestent ainsi de multiples façons: avec des ailes et des auréoles tels qu'immortalisés par les peintres et les sculpteurs; comme des sphères ou des amas de lumière; comme des personnes tout à fait ordinaires qu'on rencontre tous les jours dans la rue ou encore sous forme animale. Dans ce dernier cas, il est toutefois difficile de discerner s'il s'agit bien d'une apparition véritable.

Les anges apparaissent au moment où ils décident de se montrer et sous la forme qu'ils désirent. Très souvent, ils demeurent invisibles et se manifestent d'abord en s'immisçant dans une pensée, par l'intermédiaire d'une voix, d'une intuition ou grâce à une intervention physique en agissant sur des objets près de nous. Dans tous les cas, les personnes «visitées» perçoivent une présence et ont le sentiment que quelqu'un s'occupe d'eux.

Ces expériences ne sont pas nécessairement théâtrales ou dramatiques. Il s'agit parfois d'histoires simples qui peuvent, à première vue, n'avoir aucune signification particulière. Les motifs et les intentions des diverses interventions angéliques sont évidemment difficiles à comprendre pour le commun des mortels. En raison de notre nature humaine, nous ne sommes naturellement pas capables de les expliquer.

Souventes fois, l'intervention des anges a pour but de sauver une vie ou de venir au secours d'une personne dans une situation tragique.

Voici une histoire vraie[5], recueillie par une équipe de chercheurs, qui illustre bien dans quelle situation un ange peut intervenir.

Kerry C., une jeune mère au foyer, venait de donner naissance à une petite fille. Elle commençait à s'habituer à plusieurs situations nouvelles pour elle, par exemple aller faire les courses avec un landau.

J'étais dans la rue avec une amie, raconte-t-elle, et nous regardions la vitrine d'un magasin; j'ai quitté des yeux pendant un instant le landau qui contenait les courses et mon bébé qui dormait.

Vous pouvez imaginer ma frayeur quand, en me retournant, j'ai vu le landau qui commençait à dévaler la pente et qui allait finir sa course au beau milieu de la route pleine de voitures.

(5)
PRICE, H. (Angeli Custodi), Éd. Armenia, Milan, 1994

Il n'y avait aucun passant en vue et Kerry tenta désespérément de courir après le landau. Elle fut stupéfaite en voyant un homme grand, avec un manteau marron, qui apparut soudainement devant le landau et qui le stoppa net. Les premiers mots prononcés par Kerry furent: «Dieu soit loué!».

L'homme répliqua doucement: «Oui, vraiment!» Kerry ajoute:

Je m'attendais à ce qu'il me reproche ma négligence mais il ne l'a pas fait. Je me suis tournée pendant un instant vers mon amie, en tremblant de soulagement et de joie. Quand je me suis retournée, l'homme n'était plus là. J'ai regardé autour de moi mais il avait disparu.

La rencontre avec un ange est une expérience véritable, authentique. Un très grand nombre de personnes ont vécu ce genre d'expérience et beaucoup de chercheurs sérieux ont colligé des témoignages. On parle d'expérience véritable parce qu'elle déclenche à chaque fois un changement radical dans la façon de vivre ou de penser de la personne qui l'a vécue.

Il importe peu, pour le moment, d'expliquer cette expérience selon les paramètres de la science. Il est très valorisant de parvenir à établir une communication avec son ange, celui qui est destiné à nous secourir personnellement.

La rencontre avec un ange est une expérience entièrement personnelle. Au début, on peut éprouver une sorte de gêne à communiquer cette expérience avec son entourage puisque les chances d'être pris au sérieux sont infimes. On risque davantage d'être considéré comme un visionnaire ou, pire encore, comme un imposteur un peu exalté.

Étonnamment, croire en Dieu ne surprend personne, pas même un athée, mais exprimer sa foi dans l'existence des anges peut entraîner des quiproquos et amener les autres à nous considérer comme un naïf ou un être irrationnel.

Il se peut que l'ange soit absent au moment où on le désire ou qu'on l'invoque. Il se peut également qu'il apparaisse quand on ne le cherche pas ou qu'on ne pense pas à lui.

Il y a des moments où l'ange communique régulièrement en se manifestant par des signaux qu'il faut savoir interpréter. Dans certains cas, on n'arrive pas à identifier ces signaux et on les attribue au hasard. C'est dans ce genre de situation qu'une manifestation angélique peut devenir tellement spectaculaire qu'on ne peut plus l'ignorer.

L'histoire suivante[6] illustre bien l'aspect indéniable que peut avoir l'intervention d'un ange.

David M. devait se rendre du Texas en Caroline du Nord, et un de ses amis, Henry, lui proposa de l'y conduire avec son avion, un Cessna 180. C'était la première fois que David montait dans un avion de tourisme mais il s'y habitua rapidement et profita du panorama qui s'étendait sous ses yeux.

Cependant, tandis qu'ils survolaient Greenville, en Caroline du Sud, le brouillard, qui avait été jusque-là plutôt léger, se transforma en une masse de plus en plus dense formant un véritable mur blanc. Inquiet, Henry contacta par radio l'aéroport d'Asheville pour obtenir des instructions.

.(6)
Récit extrait de *Par la grâce des anges gardiens*, de Joan Wester Anderson.

«La piste est fermée à cause du brouillard, lui répondit le contrôleur de la navigation aérienne, et nous ne sommes pas équipés pour les atterrissages en pilotage automatique. Retournez à Greenville et atterrissez.»

«Mais nous ne pouvons pas, répondit le pilote, nous n'avons plus assez de carburant pour retourner à Greenville.» Après quelques instants de silence, la voix de la radio reprit: «Ok, nous allons préparer le personnel au sol. Vous allez effectuer un atterrissage d'urgence.»

Ils volaient à travers un manteau gris et épais, et la tour de contrôle d'Asheville ne pouvait absolument pas les voir. Comment feraient-ils pour atterrir? Après avoir jeté un bref coup d'oeil à la carte, le pilote commença son atterrissage à l'aveugle. La piste devait en principe se trouver sous eux; mais si ce n'était pas le cas?

Soudain, ils entendirent une voix à la radio qui disait: «Reprenez de l'altitude! Reprenez de l'altitude!»

Henry fit immédiatement remonter l'avion et il se mit littéralement à trembler en regardant en dessous: «au lieu de la piste d'atterrissage, nous étions en train de survoler l'autoroute qui était traversée un peu plus loin par un pont contre lequel nous nous serions certainement écrasés.» L'aiguille de la jauge à carburant était sur le zéro et Henry tenta encore une fois de descendre mais il effleura la cime des arbres et dut remonter rapidement. Il semblait qu'il n'y avait plus rien à faire. Mais la radio se fit à nouveau entendre: «Perdez un peu d'altitude. Maintenant virez à droite. Descendez encore un peu...» Ce vol tournait au cauchemar sans fin.

«Maintenant, reprenez de l'altitude. Cela ne va pas comme ça, vous êtes trop à gauche...» Henry exécutait les instructions comme un automate. D'un seul coup, la voix de la radio dit: «Voilà, vous êtes au-dessus de la piste: atterrissez!»

L'avion est encore descendu lentement, jusqu'à ce qu'ils virent la piste, délimitée par des feux.

Quand ils sortirent de l'avion, Henry courut voir le contrôleur aérien: «Merci, vous nous avez sauvé la vie!» Sa réponse laissa les deux hommes sans voix: «Qu'est-ce que vous dites? Nous avons perdu le contact radio avec vous juste après vous avoir dit de retourner à Greenville.»

«Comment?» répliqua Henry, incrédule. «Oui, nous ne vous entendions plus depuis longtemps. Nous avons été interloqués quand vous avez atterri au milieu du brouillard!»

Que pouvons-nous en déduire sinon que les anges peuvent se manifester dans n'importe quelle situation, de la façon qu'ils désirent et sous la forme qu'ils désirent?

Mais, lorsqu'ils empruntent une apparence humaine en tous points semblable à la nôtre, nous devons être conscients qu'il n'est pas toujours possible, sur le moment, de nous rendre compte que nous avons affaire à un ange. Souventes fois, c'est par des interrogations ultérieures que nous arriverons à cette conclusion. Ce n'est pas toujours son apparence qui nous fait nous interroger mais plutôt quelque chose qu'il a dit, fait, provoqué ou évité. Mais, quel que soit le contact que nous aurons eu avec notre ange gardien, ou avec n'importe quel autre ange, nous saurons que nous avons eu un contact privilégié car notre vie s'en trouvera modifiée.

Halos et cercles de lumière

Les anges ont-ils vraiment des halos ou des cercles de lumière autour de la tête quand ils se manifestent à nous?

Pas toujours, comme nous l'avons vu mais beaucoup de témoignages de gens ayant eu des rencontres avec des anges confirment ce fait. Dans de nombreux cas, des personnes ont parlé d'êtres desquels émanait une incandescence si forte qu'ils n'avaient pu, dans un premier temps, les regarder en face. Ces témoins les ont décrits comme une lumière très brillante, blanche, mais beaucoup plus brillante et blanche que tout ce qu'ils avaient vu auparavant: «un rose doré qui s'estompait vers les côtés jusqu'à un blanc argenté qui semblait danser sans cesse». D'autres ont affirmé qu'ils n'avaient pu fixer l'ange avant un certain temps, jusqu'à ce que leurs yeux se soient habitués à cette lumière.

Le langage des anges

Sous la vision corporelle, spécifiquement quand ils empruntent un corps humain, les anges utilisent notre langage car leur essence même leur inculque une habileté à communiquer parfaitement avec nous afin de nous permettre de modifier le cours de notre vie.

Ils peuvent aussi, par contre, communiquer avec nous dans un langage différent de celui que nous pouvons comprendre. Il ressort des expériences vécues par de nombreuses personnes qui ont été touchées par un ange, que ceux-ci peuvent aussi communiquer avec nous par télépathie, d'esprit à esprit, sans qu'il y ait usage de la voix.

Recrudescence

Nous assistons depuis quelques années à une recrudescence de témoignages de personnes qui attestent avoir été visitées par leur ange gardien ou par un autre ange.

Pourquoi ces manifestations angéliques sont-elles de plus en plus fréquentes?

Si les anges semblent se manifester davantage depuis quelques années, c'est probablement en raison d'un état d'esprit différent. Il y avait sûrement autant d'intercessions angéliques auparavant mais celles-ci étaient moins rapportées car les gens avaient une certaine gêne à en parler. Depuis, les mentalités ont évolué et les témoins de ces phénomènes surnaturels n'hésitent plus à se manifester.

Pour les personnes en quête de spiritualité, la présence, l'aide et le message des anges ont une incidence très importante sur la vie des humains. Ces êtres ont été créés bien avant l'homme et une des fonctions que Dieu leur a attribuées est d'intervenir pour pallier notre grande faiblesse humaine, surtout devant les tentations incessantes du démon.

Leurs visites, indiscutablement, surviennent quand nous avons besoin d'eux. C'est à ce moment-là qu'ils interviennent, qu'ils prennent une des formes décrites dans de nombreux témoignages. Ils nous apportent l'aide dont nous avons besoin ou tout simplement un moment de réconfort dans une situation précise de notre vie.

Quels que soient les gestes qu'ils accomplissent ou les paroles qu'ils nous disent, leur but est de nous apporter le soutien et l'aide dont nous avons besoin pour évoluer et pour nous élever vers Dieu.

Lorsque les choses vont bien dans nos vies, les anges se tiennent à l'écart. C'est d'ailleurs ce que confirment la majorité des gens qui ont reçu la visite d'un ange. C'est au moment où des ennuis importants survenaient dans leur existence qu'un ange s'est manifesté.

Il ne serait d'ailleurs pas surprenant de constater que les manifestations angéliques aient pris de l'essor depuis quelque temps. La vie moderne avec son lot de stress, d'anxiété et de conflits de toutes sortes reliés à une moralité qui s'est étiolée justifierait amplement ce surcroît d'intercessions angéliques. Sans oublier les nombreux pays qui guerroient actuellement sur notre planète.

Par leurs manifestations, les anges nous offrent l'occasion de grandir, d'évoluer. Non seulement de façon personnelle mais aussi en tant qu'humain, en tant «qu'œuvre divine». Ils veulent nous faire prendre conscience que nous sommes liés au Créateur, pas seulement des individus épars vivant sur une même planète.

Par leurs intercessions, ils nous offrent la possibilité de devenir meilleurs et nous incitent à suivre cette voie pour transformer le monde et le rendre propice au bonheur de tous.

La croyance

Dans l'histoire récente de l'humanité, les périodes intenses de spiritualité ont toujours été précédées de périodes de matérialisme débridé. En se référant aux dernières décennies, on s'aperçoit que les années cinquante, précédées par la seconde Guerre mondiale, ont été marquées par le matérialisme. Les années soixante ont connu un retour vers la spiritualité, les jeunes y revendiquaient notamment le «peace and love» ou le «flower power». Les générations suivantes vécurent dans une permissivité jamais atteinte dans l'histoire du monde. Et, en ce début du troisième millénaire, des millions d'hommes et de femmes, des millions de jeunes et de gens plus âgés, manifestent de plus en plus ouvertement leur besoin de spiritualité. Ils cherchent des réponses aux questions qu'ils se posent, des questions essentielles, voire existentielles. Ils cherchent à trouver ces réponses non seulement dans les structures traditionnelles de l'Église et de la foi chrétienne mais aussi à travers les nouvelles tendances observées depuis quelques années.

Réaliser qu'il y a plus que le pouvoir, le prestige, le travail et l'accumulation de biens matériels est le premier pas pour favoriser la venue d'un ange, de s'instruire de ses conseils et de bénéficier de son aide. Les anges, par leurs intercessions, viennent nous dire que le ciel est peut-être plus près que nous le croyons. Les anges se manifestent à nous pour entrouvrir cette porte qui conduit à la vie éternelle que le Créateur nous destine. Croire au ministère des anges, c'est accepter et admettre qu'ils ont été créés pour nous mener vers cette «vie après la vie».

Aimer et comprendre

Il est vrai que les anges se manifestent davantage au moment où nous avons des problèmes et qu'ils se tiennent plutôt à l'écart lorsque nous avons un certain contrôle sur notre vie.

La plupart des manifestations angéliques surviennent lors de périodes critiques mais les anges peuvent aussi se manifester pendant des périodes de grandes joies ou d'exaltation. Ils veulent ainsi nous signifier et nous faire prendre conscience que Dieu est toujours en nous; leur présence nous rappelle que nous ne sommes pas seuls.

Nous traversons actuellement une période où nous avons, en tant qu'humains, de plus en plus peur de la vie. Le stress, l'anxiété, l'inquiétude et la banalisation de la vie humaine font partie de notre réalité quotidienne. Nous nous sentons complètement dépersonnalisés, nous sommes devenus des numéros, des statistiques. Nous avons perdu le contrôle de notre environnement et perdons aussi de plus en plus le contrôle de notre propre vie. Notre société s'est éloignée d'une saine moralité et nous n'arrivons plus à nous retrouver tels que nous sommes, tels que nous devrions être.

Si la vie est devenue une source d'inquiétude pour la majorité d'entre nous, cela est aussi vrai pour la société. Nous faisons face à des problèmes d'une ampleur jamais égalée: pollution, déforestation, pluies acides, armes chimiques et biologiques, armes nucléaires, guerres de religion, guerres de races, famines, etc. Alors qu'elle ne devrait être qu'un instrument pour améliorer la vie en général, la technologie a peu à peu pris la place d'un dieu. Elle oriente de plus en plus notre vie et nous éloigne des valeurs fondamentales.

Il faut reprendre le contrôle de notre planète, de notre monde. Ce monde nous a été donné par Dieu, non pas pour le dominer arbitrairement et pour le détruire, mais plutôt pour en prendre soin et le maintenir vivable pour ceux qui viendront après nous.

Une des missions des anges n'est-elle pas de nous guider? Laissons-les nous aider à reconstruire notre planète et en faire un endroit où il fait bon vivre. Laissons-les nous guider dans notre vie personnelle pour nous donner la possibilité de participer à l'élaboration de ce monde meilleur que nous espérons tous.

Le message des anges est un message d'amour et d'espoir. Un message que Dieu nous envoie, par leur intermédiaire, pour nous aider à aimer et à comprendre ce pour quoi nous avons été créés.

CHANGER

Une des raisons pour lesquelles les anges se manifestent de plus en plus fréquemment aujourd'hui est certainement pour nous apprendre à grandir et à devenir meilleurs pour évoluer dans le monde qui nous entoure.

Les anges communiquent avec nous et interviennent auprès de nous non seulement pour nous aider dans notre vie personnelle, mais aussi pour nous faire prendre conscience que nous devons être réceptifs à la sagesse et à la connaissance qu'ils nous transmettent.

Les transformations profondes dont l'humanité a besoin pour reprendre le contrôle de son destin ne peuvent se faire sans l'intercession du ministère des anges de Dieu.

Il ne fait aucun doute que les anges sont parmi nous pour nous aider à transformer notre monde mais ce sera à nous de faire en sorte que cette transformation en profondeur se réalise. Leur présence a certainement pour but de nous apprendre l'amour véritable de Dieu et ce sera à nous de développer cet amour pour qu'il devienne la pierre angulaire du renouveau.

Il nous sera impossible de changer le monde si nous ne parvenons pas à nous changer nous-mêmes et à rayer de nos vies tout ce qui nuit à cette ultime réalisation.

Les anges se manifestent à nous sous des formes qu'il est difficile de prévoir. Ils sont les messagers de l'espoir et de la connaissance qu'il nous faut acquérir. Nous nous devons d'être vigilants pour reconnaître les signes par lesquels ils se manifestent et être prêts à écouter les messages qu'ils nous transmettent.

chapitre 7

Comment communiquer avec son ange

n peut supposer que notre ange gardien est continuellement à côté de nous, à tous les moments de la journée. Il est là quand nous travaillons, quand nous nous reposons, quand nous sommes en voyage ou chez nous. Il nous accompagne dans nos moments de solitude, quand nous sommes en compagnie d'autres personnes ou encore quand nous dormons. Nous ne pouvons évidemment pas toujours le voir car c'est un être immatériel, une entité vibrante d'énergie bienfaisante.

Il est pourtant là, beaucoup plus près de nous que nous pourrions le penser, toujours prévenant, attentif, amical.

Celui qui croit à cette présence éprouve inévitablement un grand réconfort à l'idée de ne pas être seul. Il sait qu'il y a toujours près de lui quelqu'un qui l'aime. Quelqu'un qui, ayant reçu le mandat divin de s'occuper exclusivement de lui, ne lésine pas sur les moyens pour l'aider, surtout s'il est sollicité.

Mais comment faire pour entrer en contact avec son ange? Comment parvenir à lui parler, à se faire entendre? Comment lui exprimer nos besoins, nos désirs? Comment écouter ce qu'il a à nous dire?

Comment établir le contact si on considère que les humains et les anges vivent dans deux sphères existentielles différentes? Comment un être vivant dans un monde matériel peut-il entrer en contact avec un pur esprit? Bref, comment peut-on rencontrer son ange?

Il existe plusieurs méthodes pour tenter de favoriser une rencontre avec son ange. Il est toutefois important de préciser qu'il n'est pas certain que cette rencontre puisse se produire car cela ne dépend pas exclusivement de nous. Il se peut aussi que cette rencontre n'ait pas lieu de la façon que nous espérions.

Il arrive fréquemment que le contact avec son ange s'établisse durant le sommeil. Cette période est très favorable à la transmission de messages, d'illuminations, de pensées ou de suggestions qui finissent par influencer notre comportement. Cette faveur ne dépend pas uniquement de nous, elle peut être le résultat d'une intercession angélique.

Les anges peuvent apparaître sans que nous puissions les reconnaître immédiatement. Ils peuvent apparaître sous la forme d'une personne ou même d'un animal et agir d'une certaine façon sur nos actions ou notre comportement.

Il faut souligner que plusieurs personnes ont vécu toute leur vie sans jamais rencontrer leur ange ou sans jamais s'être vraiment rendu compte de sa présence. Il ne suffit pas de se sentir prêt ou de penser l'être pour rencontrer son ange. On pense parfois être dans de bonnes conditions pour ce faire mais les conditions ne sont pas nécessairement idéales. En outre, il faut être deux à souhaiter cette rencontre pour qu'elle ait lieu. Il se peut aussi que notre ange n'ait pas l'intention de se rendre visible ou qu'il n'ait tout simplement pas de raisons suffisantes pour apparaître aussi concrètement qu'on le souhaiterait.

La qualité première à développer est la patience et, la deuxième, l'humilité.

Il ne faut pas oublier que nous devons un profond respect à notre ange et, bien qu'il soit à notre service en vertu de la mission que Dieu lui a conférée, il n'est pas obligé de se manifester comme nous le souhaitons. Lui seul connaît les plans de Dieu à notre égard et lui seul sait s'il doit ou non intervenir de façon concrète auprès de nous.

La recherche d'un contact avec son ange n'est pas un jeu ou une simple distraction. Il faut en outre savoir développer ses qualités personnelles. Si nous voulons parvenir à entrer en contact avec son ange, il est évident que le cours de notre existence doit suivre la voie propice à cette réalisation. Nous devons être décidés à rayer l'égoïsme de notre vie et résolus à dispenser davantage d'amour aux autres. Nous devons parvenir à un état de sérénité exemplaire et surtout être capables de considérer les choses matérielles pour ce qu'elles sont, c'est-à-dire utiles à notre bien-être mais dangereuses si elles deviennent des moyens d'assouvir de vaines ambitions matérialistes.

Cette nouvelle mentalité à acquérir n'est certes pas l'exercice le plus facile à accomplir car il implique un bouleversement profond et radical de notre mode de vie. Comme il est écrit dans la Bible, il faut abandonner ce qu'on est pour «naître de nouveau». Il ne faut plus désirer «avoir» mais «être».

Il est utopique de penser que nous pouvons entrer en communication avec le monde spirituel si nous ne réussissons pas à «être», c'est-à-dire disponibles envers les autres et ouverts sur le monde.

Notre mode de vie est important car, pour communiquer avec notre ange, nous devons essayer d'être maître de nous-mêmes, maître de nos émotions et de nos impulsions. Dans notre vie quotidienne, efforçons-nous de nous réserver de longs moments de tranquillité, de détente et surtout de silence, de silence intérieur.

Tenter d'établir un contact avec son ange exige une foi inflexible, un amour absolu de lui et une disponibilité constante. Une attitude froide et méfiante est évidemment à proscrire.

Naturellement, cette recherche de rencontre ne sera pas motivée par une curiosité futile ou un besoin de vivre des sensations fortes, mais inspirée du besoin de développer véritablement une croissance intérieure.

LA PRIÈRE

La prière constitue certainement un moyen privilégié pour communiquer avec son ange et celle-ci doit lui être adressée personnellement.

Il existe de nombreuses prières créées par l'Église catholique qui s'adressent aux différents anges de la hiérarchie et qui s'appliquent à toutes les nécessités ou les circonstances de la vie. En voici une qui est certes connue de beaucoup d'entre nous.

DÉTAIL DE L'ÉDUCATION DE LA VIERGE – Giovanni Battista (1696-1770)

Poème inspiré de l'œuvre

Apprendre de ta vie
Apprendre de ton Fils
Apprendre à l'infini
Apprendre le sacrifice

Apprendre comment aimer
Apprendre à être aimé
Apprendre à pardonner
Apprendre à oublier

Apprendre à espérer
Apprendre la vérité
Apprendre la voie de Dieu
Apprendre à être heureux

Apprendre de ta vie
Apprendre de toi Marie
Apprendre à te prier
Apprendre à te remercier

PRIÈRE À L'ANGE GARDIEN

Ange de Dieu

qui es mon gardien,

illumine, garde,

soutiens et gouverne-moi,

moi qui t'ai été confié

par la piété céleste.

Amen.

Bien que la valeur de cette prière soit incontestable, il est quand même préférable d'en créer une soi-même de façon spontanée. Une prière qui vient directement de notre cœur nous engage davantage dans notre démarche qu'une formulation impersonnelle.

Peu importe que les mots choisis semblent inappropriés, que la syntaxe soit un peu tordue ou que l'invocation semble banale. Y mettre tout son cœur est la qualité première.

Il faut considérer que notre ange est un ami, un guide délégué par le Créateur pour nous aider dans notre vie. Il faut donc nous situer dans un esprit amical, fraternel et familier. On pourrait presque dire un «esprit de complicité».

Certaines personnes favorisent des rencontres en groupe pour établir une communication avec les anges. En général constituées de peu de personnes, ces rencontres où l'on prie et médite produisent une quantité considérable d'énergie et aident chacun des participants à cheminer vers une croissance intérieure accrue. La durée de ces rencontres n'a pas d'importance en soi, l'intensité devant en être le préalable.

Les membres du groupe doivent d'abord se consulter pour établir les finalités vers lesquelles sera dirigé le flux d'énergie qu'ils vont produire. Ils doivent ensuite se recueillir en méditant silencieusement et en essayant, individuellement, d'entrer en contact avec leur ange. Ils lui adressent alors des prières en lui demandant d'intervenir auprès d'eux. La réunion se termine par une prière commune, celle-ci étant reliée à un cadre plus large du culte des anges.

Il existe un culte très ancien dédié à des divinités domestiques qui suivaient et guidaient les familles à tous les moments de leur existence. Le culte de ces divinités, les lares et les pénates[1], est semblable au culte que l'on voue aujourd'hui aux anges.

Ces êtres protecteurs étaient vénérés par les anciens et ces derniers leur réservaient un petit autel dans un coin de la maison. Ils leur adressaient des prières le matin et le soir, buvaient à leur santé pendant les repas et leur offraient les premiers fruits et les premières fleurs. Lors d'un déménagement, ils installaient avant toute chose l'autel domestique avec beaucoup de sincérité et de solennité.

Beaucoup de traditions affirment que les créatures célestes aiment se sentir accueillies par les hommes dont elles ont la garde. Il est donc conseillé de réserver à l'intérieur de sa maison un endroit spécifique à son ange. Pour favoriser une meilleure concentration, une image évoquant cet ange est tout à fait indiquée. Il n'est pas nécessaire que cette évocation soit «physique», c'est-à-dire qu'elle le représente avec un visage et un corps. On peut tout aussi bien

(1)
Le lare, dans la mythologie romaine, était un dieu protecteur du foyer domestique et les pénates étaient des divinités du foyer représentées par des statues et des effigies.

se contenter d'une plante ou d'une fleur que l'on change régulièrement pour qu'elle soit toujours fraîche. Ce qui importe, c'est que l'objet évocatoire soit consacré à son ange seulement.

À la pensée qu'un endroit lui est exclusivement réservé dans la maison, l'ange sait qu'on est disponible, qu'on l'aime et qu'on a l'ardent désir de le rencontrer. À ces conditions, il ne décevra pas celui qui le recherche.

Dès le matin, avant de commencer sa journée, ou le soir avant de se coucher, il faut consacrer quelques instants à son ange et lui réciter une prière en pensant fortement à lui.

L'intensité de bons offices et la ferveur de la prière établissent un courant d'énergie positive entre l'ange et celui qui l'invoque. Cette énergie peut ensuite être utilisée pour soi-même ou pour des personnnes qui nous tiennent à cœur ou qui en ont le plus grand besoin.

La «désidentification»

On peut aussi parvenir à voir son ange et à connaître sa physionomie mais c'est un exercice difficile qui demande beaucoup d'engagement, de disponibilité et, bien sûr, de patience.

Pour ce faire, on doit s'inspirer des traditions qui existent dans ce domaine, notamment la «désidentification».

À chaque moment de notre vie, notre cœur, notre esprit et tout notre être sont occupés par des milliers de pensées qui proviennent de l'imagination, des sentiments et des sensations. Certaines de ces pensées font plaisir et flattent notre ego; notamment l'idée d'être le meilleur, le plus intelligent, le plus beau. Par contre, d'autres pensées sont négatives. Elles proviennent d'un trop grand attachement aux choses et d'une importance démesurée qu'on accorde aux événements quotidiens. Ce sont aussi des douleurs, des préoccupations, des angoisses, tout ce qui procure de la souffrance. Dans certaines situations, notre être est entraîné dans des réalités qui ne lui appartiennent pas, qui proviennent de l'extérieur. Il s'agit en l'occurrence de banalités qui nous envahissent, nous affaiblissent et nous rabaissent. Ceux qui, par exemple, sont sous l'emprise de la télévision sont victimes de cette condition. Tous ces éléments sont des obstacles que nous plaçons autour de nous et qui, non seulement modifient et mortifient notre «moi» profond, mais nous empêchent de nous rapprocher et de prendre contact avec d'autres dimensions que la nôtre.

À la fois simple et complexe, la désidentification peut pallier cette situation.

Nous devrions consacrer au moins un quart d'heure par jour (préférablement en fin de journée) à nous retrouver nous-mêmes, dans notre «moi» le plus authentique. Pendant ces moments, il est préférable de se couper de tout ce qui nous relie à la réalité environnante.

Plongé dans la pénombre, il faut se réfugier dans un endroit silencieux propre à favoriser le recueillement dans la solitude.

Assoyez-vous dans une position confortable, sans aucune tension, le buste droit et les muscles relâchés. Le corps doit être à l'aise car l'esprit sera distrait si on adopte une position incommodante. Bien sûr, une position confortable ne signifie pas se tenir n'importe comment. Les pieds doivent être résolument appuyés sur le sol afin de bénéficier des forces qui proviennent de la terre. Le buste doit être droit parce que la position verticale facilite la canalisation des énergies qui proviennent d'en haut. Les yeux fermés, on écoute sa respiration. Des milliers de pensées peuvent traverser l'esprit, il faut les ignorer totalement. Dans ces conditions, les tensions qui nous habitent s'en vont une à une et, peu à peu, des espaces vides se forment.

Quand ce stade de recueillement est atteint, le travail incessant de l'esprit est bloqué et les préoccupations sont expulsées. C'est durant ces moments que nous sommes prédisposés à connaître d'autres réalités, d'autres dimensions.

Bien sûr, les choses ne sont pas aussi simples et il n'est pas certain qu'un ange ou que notre ange se présentera dès les premiers essais. Il s'agit cependant d'une expérience qui est toujours très particulière et bénéfique.

Même s'il n'est absolument pas assuré que cette expérience soit couronnée de succès, créer des conditions favorables ne peut certes pas nuire.

Il a été démontré scientifiquement que chaque être humain est entouré d'une aura. Celle-ci délimite l'individu comme un champ de force et cette figure énergétique demeure intacte même si le corps subit une mutilation.

Selon les états d'âme, les émotions et les pensées qui nous traversent, l'aura prend des colorations et adopte des aspects différents. Que ce soit en état de veille ou de sommeil, elle se modifie constamment mais elle est toujours présente.

Selon certains spécialistes, le contact avec les anges s'effectue quand les couleurs, exprimant des états d'énergie différents, entrent en harmonie avec eux.

Toujours selon ces spécialistes, c'est par cette expression chromatique que certains individus sont reconnus comme étant fondamentalement prédisposés à irradier des énergies, des intuitions et des savoirs sur la terre.

La désidentification permet d'éliminer toutes les choses nuisibles, inutiles, souvent très douloureuses qui encombrent notre «moi». Elle crée un vide à l'intérieur de soi.

Mais il faut maintenant remplir ce vide d'attentes, de confiance et de sérénité. Ce «remplissage» est la définition même de la méditation.

Dans un livre paru en 1989, Acharya Rajneesh nous donne des indications extrêmement précises sur l'apprentissage de la méditation:

La méditation n'est pas de la concentration. Dans la concentration, il y a un moi qui se concentre et un objet sur lequel il se concentre. Il existe une dualité. Dans la méditation, il n'existe personne à l'intérieur et rien à l'extérieur. L'intérieur continue à s'écouler vers l'extérieur, l'extérieur continue à s'écouler vers l'intérieur. La ligne de démarcation n'existe plus. L'intérieur est l'extérieur et l'extérieur est l'intérieur: c'est une conception qui n'est pas dualiste. La concentration est une conception dualiste et c'est pour cela qu'elle produit de la fatigue: on est fatigué quand on se concentre.

La méditation est un état de non-esprit. La méditation est un état de pure conscience, sans contenu. En général, la conscience est surchargée de résidus et ressemble à un miroir recouvert de poussière. L'esprit est un mouvement perpétuel, un courant de pensées, de désirs, de souvenirs, d'ambitions exténuants: c'est un mouvement que l'on ne peut pas arrêter!

C'est un état non-méditatif. La méditation est exactement l'inverse. Quand le mouvement s'est arrêté et que la pensée a cessé, quand plus aucune pensée ne bouge, il n'y a plus aucune agitation et on est dans le silence total: ce silence est méditation. C'est dans ce silence que l'on connaît la vérité, jamais avant. La méditation est un état de non-esprit.

La méditation est immédiateté. On ne peut pas méditer mais seulement être dans un état de méditation.

Avoir appris à vider notre «moi» et connaître les secrets d'une bonne méditation constituent certes un grand progrès mais ce n'est pas tout. Il y a aussi d'autres moyens qui permettent d'établir un contact avec un ange.

La visualisation

Outre la prière dont nous avons parlé précédemment, la visualisation est un exercice fondamental pour développer les richesses humaines au-delà de son «moi». Il s'agit de faire évacuer l'inconscient en utilisant le pouvoir de l'esprit. Par la pratique de la visualisation, de nombreux éléments viennent automatiquement à l'esprit par la voie de l'imagination automatique.

Spécialiste de la visualisation, Roberto Assagioli, dans son livre *Psychosynthèse: Principes et techniques*, explique ainsi:

L'imagination, évocatrice précise et créatrice d'images, est une des fonctions les plus importantes et les plus spontanément actives, dans tous ses aspects, conscient et inconscient. Le but de la visualisation est d'offrir un point de départ et une incitation à l'imagination créative.

La différence entre imagination reproductive et imagination créative est importante. On a d'une part la visualisation d'une image choisie de façon consciente et volontaire, et, d'autre part, une fonction imaginative spontanée, créative, qui opère principalement aux niveaux inconscients et qui fait ressortir dans la conscience le produit ou le résultat de son activité.

Il faut toutefois faire une mise en garde concernant les exercices de visualisation car ceux-ci ne doivent pas être effectués à la légère. Quand ils réussissent, ils peuvent entraîner des états de consciences modifiés et, pour un néophyte, il peut être difficile de revenir dans un état de conscience normal.

Il est donc conseillé, surtout au début, de se faire suivre par un psychologue transpersonnel ou un par guide spirituel ayant une bonne expérience dans ce domaine.

Voici deux exercices de visualisation. Vous pourrez à loisir et, selon vos goûts, vous en inventer d'autres par la suite.

Premier exercice de visualisation

Imaginez que vous êtes au milieu d'un champ, par une belle nuit d'été, et que vous observez un ciel rempli d'étoiles de toutes les dimensions. Cet exercice doit se dérouler presque spontanément, sans efforts de concentration imaginative exagérés car, en raison d'un travail de l'esprit, vous vous retrouverez dans votre condition habituelle de vigilance et d'attention. Les étoiles que vous visualisez auront probablement tendance à disparaître. Pour maintenir le contact, tentez d'en compter quelques-unes. Par la suite, votre attention doit se concentrer sur une seule de ces étoiles. Laissez-vous guider par votre instinct pour faire ce choix et regardez-la attentivement. Subtilement, elle va commencer à se diriger vers vous. D'un simple point lumineux qu'elle était au départ, elle va grossir progressivement jusqu'à devenir une sphère de lumière de plus en plus grande et de plus en plus près de vous, jusqu'à ce qu'elle paraisse être devant vous. Vous ne ressentirez aucune crainte en sa présence. Vous vous sentirez plutôt comme enveloppé de sa clarté bienfaisante, celle-ci vous transmettant des sensations de grande sérénité, de joie et d'amour. En observant sereinement la sphère lumineuse, vous verrez peu à peu une silhouette prendre forme: c'est votre ange. Tentez de bien vous souvenir de ses traits pour pouvoir le reconnaître quand il se présentera de nouveau à vous. Tentez de lui parler en le remerciant de sa présence. Demandez-lui aide et protection en lui faisant sentir que vous l'aimez. Profitez de sa présence car il s'estompera peu à peu. Mais pas pour toujours. Ce premier contact vous permet de bien ancrer les traits de votre ange dans votre conscience et vous pourrez, dans le futur, le retrouver facilement quand vous le rechercherez.

Deuxième exercice de visualisation

Ce deuxième exercice a l'eau comme base. Informe, changeante, mystérieuse mais bien réelle, l'eau sert de miroir et est parfaitement adaptée pour nous renvoyer les images que nous projetons; avec d'autres, imprévues, qui nous parviennent d'un ailleurs indéfini. Pour cette raison, l'eau constitue donc un élément très suggestif.

Installez-vous confortablement, les yeux fermés et les pieds au contact du sol. Faites quelques profondes inspirations, ce qui favorisera une bonne relaxation. Imaginez que vous êtes dans un grand parc ondoyant par une belle journée de printemps. Des arbres, des clairières et des fleurs de toutes sortes sont autour de vous. Écoutez attentivement le bruissement des feuilles dans les arbres et le chant harmonieux des oiseaux. Vous vous sentez heureux, parfaitement serein et vous laissez monter en vous un sentiment de liberté qui vous libère de toute entrave. Lentement, vous avancez dans le parc en marchant dans l'herbe qui vous semble comme un tapis moelleux. Derrière une barrière d'arbustes, vous vous trouvez devant un plan d'eau limpide et calme. Loin de craindre cette eau, vous vous sentez apaisé et détendu. Vous avancez lentement, vous vous arrêtez aux limites de ce plan d'eau et vous regardez vers le bas, devant vous. La surface tranquille de l'eau vous renvoie votre image, celle que vous avez déjà observée des milliers de fois devant votre miroir. Concentrez-vous sur cette image en essayant d'y découvrir votre être intime, ce que vous êtes vraiment. À un certain moment, vous allez apercevoir une autre image réfléchie dans l'eau qui se rapproche lentement et qui se place à côté de vous. C'est une image amicale et protectrice: c'est votre ange. Celui que vous avez tant cherché. Observez-le attentivement en essayant de bien enregistrer cette image dans votre mémoire, pour le reconnaître quand il se présentera à vous de nouveau. Demeurez ainsi, en contemplation, jusqu'à ce que la vision s'estompe. Peu à peu, envahi d'une grande paix intérieure, vous retournez à la dimension qui est la vôtre.

Avec ces deux exercices, vous avez réussi à prendre possession de l'image de votre ange. Au cours des prochaines fois, quand vous désirerez le rencontrer à nouveau, vous parviendrez plus rapidement à le visualiser sans avoir besoin de recommencer tout le parcours.

Se découvrir soi-même

Savoir qui l'on est exactement n'est certes pas une mince tâche mais c'est essentiel si nous désirons apprendre à communiquer avec notre ange gardien. Celui-ci nous connaît de façon beaucoup plus intime que nous. Contrairement à nous, il se souvient des moindres instants de notre vie.

Voici un autre exercice qui, joint à une prière, vous aidera à communiquer avec votre ange gardien.

Exercice de découverte de soi

À l'instar des deux exercices précédents, vous devez vous accorder du temps. Pour réussir cette introspection, vous devez vous détendre et vous placer dans un état de sérénité. Idéalement, il est préférable de faire cet exercice à un moment du jour ou de la nuit où votre énergie mentale est à son point culminant car cet exercice de volonté exige beaucoup d'énergie psychique.

Installez-vous dans une pièce tranquille ou un endroit à l'extérieur qui soit à l'écart pour vous assurer de ne pas être dérangé. N'écoutez pas de musique lors de cet exercice, cela pourrait vous distraire. Tenez-vous bien droit dans un fauteuil ou une chaise et assurez-vous de demeurer alerte et de garder toute votre attention sur ce que vous êtes en train de faire.

Prenez quelques minutes pour vous habituer à cet environnement et profitez de cette période pour faire le vide dans votre esprit. Ensuite, récitez la prière qui suit:

Jésus, je vous demande humblement de m'aider à savoir ce que je dois savoir sur moi-même; qui je suis, d'où je viens, où je vais, et ce que je dois faire durant mon passage, ici, sur cette terre.

Je demande votre aide et votre lumière pour comprendre ce que cela veut dire être humain, ce que je représente dans votre plan d'amour.

Je vous remercie pour la sagesse et pour la lumière que vous me procurerez pour accomplir ma tâche.

Demeurez assis encore quelques minutes en vous demandant qui vous êtes exactement et tentez de répondre avec le plus de détails possible. Il n'existe évidemment pas de bonne ou de mauvaise réponse car vous êtes ce que vous êtes.

Vous devez dire tout ce qui vous passe par la tête vous concernant et cette description doit être le plus détaillée possible. Ne vous préoccupez pas de la cohérence ou de la chronologie des faits.

Prenez tout votre temps car cet exercice ne devra être fait qu'une fois, mais avec beaucoup d'attention. Cela peut durer des heures et même se prolonger sur plusieurs sessions. Il n'est pas nécessaire de fixer un laps de temps.

Lorsque vous aurez terminé, vous devriez avoir prononcé des dizaines, voire des centaines d'affirmations sur ce que vous êtes, sur ce que vous voulez être. Vous réaliserez, à ce moment-là, comment vous pouvez être complexe et comment vous avez, parfois, influencé la vie des gens qui ont croisé votre chemin.

La conscience de ce que vous êtes est un premier pas vers une transformation complète et une étape importante pour pouvoir entrer en communication avec votre ange gardien par la suite.

Exercice de communication langagière

Être apte à comprendre le langage qu'utilisent les anges pour communiquer ne dépend pas seulement de notre état de conscience et de notre niveau de compréhension mais aussi et surtout de notre volonté véritable de connaître Dieu, source de la vie, notre Père à tous et de tous les anges. SI NOUS NE SOMMES PAS PRÊTS À RECEVOIR SON AMOUR, IL NOUS SERA EXTRÊMEMENT DIFFICILE D'ÉTABLIR UNE VÉRITABLE COMMUNICATION AVEC NOTRE ANGE.

Les anges sont les créatures de Dieu et ils ont été créés par Lui pour témoigner de sa gloire, surveiller et guider sa création. Leur rôle est fondamentalement de réaliser ses desseins. Les anges parlent le langage de l'amour, celui de Dieu, et, si nous voulons entrer en contact avec notre ange ou avec n'importe quel ange, nous devons utiliser ce langage d'amour.

Cet exercice de communication langagière nécessite la même préparation et les mêmes conditions que l'exercice de découverte de soi. Toutefois, votre évocation sera plutôt dirigée vers Dieu car le but de cet exercice est de vous faire prendre conscience du degré d'évolution de votre vie spirituelle et du type de relation que vous avez avec Dieu.

Lorsque votre préparation sera terminée, récitez une prière qui vous vient spontanément. Encore une fois, utilisez les mots qui vous viennent à l'esprit et ne tenez pas compte de la syntaxe, Dieu vous comprendra.

Ensuite, dites à haute voix, calmement et sereinement, les idées qui vous viennent à l'esprit et qui concernent Dieu.

Lorsque vous aurez terminé, peu importe le temps qui se sera écoulé ou le nombre de sessions qui vous auront été nécessaires, vous saurez indubitablement qui est Dieu et ce qu'Il représente pour vous. Répétez cet exercice chaque fois que vous tenterez de communiquer avec votre ange par la parole et la prière.

Vous êtes maintenant prêt à tenter de communiquer avec votre ange. Encore une fois, des conditions optimales sont nécessaires pour y parvenir.

Trouvez-vous un endroit tranquille dans la maison à l'abri du dérangement. Vous devez vous retrouver dans un silence total, plonger la pièce dans la pénombre et allumer une veilleuse ou, préférablement, un chandelle blanche.

Prenez place sur une chaise, dans la même position et dans les mêmes conditions expliquées précédemment, et, lorsque vous vous sentirez prêt, fixez la lueur de la veilleuse ou de la chandelle. Vous devez vous efforcer de vous détacher de l'espace physique. Après avoir fait le vide autour de vous, faites le vide en vous. Pour y arriver, fermez les yeux et laissez défiler les images mentales qui peuvent apparaître.

Vous êtes alors dans des conditions idéales pour accueillir votre ange gardien s'il désire se manifester. Il est toutefois possible que cela ne se produise pas à chaque fois que vous le désirerez. Souvenez-vous que votre ange sait parfaitement le moment où il est préférable qu'il entre en contact avec vous et que sa visite n'est pas totalement tributaire de votre volonté.

LES PRIÈRES AUX ANGES

rier régulièrement les anges est certes une excellente façon de demeurer en contact avec eux. Ils sont les intermédiaires entre Dieu et nous et une de leurs tâches est de lui communiquer ce que nous désirons Lui faire savoir par la voie de nos prières.

Comme nous l'avons vu dans les chapitres précédents, un ange peut, dans certains cas, accompagner son protégé pendant toute la vie de ce dernier. Dans d'autres cas, l'ange ne le visitera qu'en quelques occasions spécifiques que lui seul décide. La visite d'un ange peut par ailleurs être provoquée par une prière qui lui est adressée ou par voie d'exercices de méditation, de visualisation ou autres.

Il existe un nombre considérable de prières[1] dont on peut se servir pour demeurer en contact avec son ange mais rien ne nous empêche d'en créer soi-même. En effet, le contact qu'on veut établir avec lui est personnel et, à ce titre, il est tout à fait raisonnable de croire que l'ange acceptera d'emblée une évocation qui a été composée spécialement et spécifiquement pour lui.

Par contre, certaines prières qui ont été créées pour des cas spécifiques ont reçu l'imprimatur de l'Église elle-même. C'est le cas, par exemple, des prières de guérison que nous verrons au chapitre suivant.

Nous devons nous souvenir que notre ange nous a été attribué par Dieu pour toute notre vie et qu'il est extrêmement important de conserver un contact avec lui par tous les moyens dont nous disposons.

Voici un texte de Bossuet[2] qui illustre admirablement bien le caractère des anges et leur ardent désir de nous seconder conformément à la mission que Dieu leur a confiée.

Mon cher frère, ma chère sœur, je veux te le dire pour te consoler: quand tu souffres si cruellement ou dans ton corps ou dans ton cœur, il y a un ange près de toi qui tient compte de ta souffrance, qui regarde tes douleurs avec respect, avec jalousie, comme de sacrés caractères qui te rendent semblable à un Dieu souffrant. Oui, avec une sorte de jalousie; car ce corps, qui nous accable de maux, nous donne pourtant cet avantage au-dessus des anges, de pouvoir souf-

---

(1)
Voir la troisième partie du livre.
.

(2)
BOSSUET (Jacques Bénigne), prélat, prédicateur et écrivain français (Dijon 1627 - Paris 1704). Célèbre dès 1659 pour ses prédications, évêque de Condom (1669), il fut choisi comme précepteur du Dauphin pour qui il écrivit le *Discours* *sur l'histoire universelle*. Évêque de Meaux en 1681, il soutint la politique religieuse de Louis XIV en combattant les protestants (*Histoire des variations des Églises protestantes*, 1688), en inspirant en 1682 la déclaration sur les libertés gallicanes et en faisant condamner le quiétisme de Fénélon. Son œuvre oratoire, qui comprend des Sermons (*Sur la mort, Sur l'éminente dignité des pauvres*) et des Oraisons funèbres, fait de lui un des grands écrivains classiques. (Acad. fr.)

frir pour l'amour de Dieu, et de représenter en nous la croix du Sauveur. Ces esprits immortels peuvent être compagnons de sa gloire, ils ne peuvent l'être de ses souffrances. Oui, si la charité le permettait, ils verraient en nous avec jalousie ces cicatrices qui brilleront comme des pierreries pendant toutes les éternités. Mais enfin, ne pouvant avoir l'honneur de porter eux-mêmes la croix, d'offrir à Dieu leurs propres souffrances, oh! qu'ils sont heureux d'emprunter les nôtres et de se faire auprès de Dieu les messagers de ceux qui souffrent. Voyez-les rendre compte à Dieu avec empressement de la patience et de la résignation de Job! Comme ils sont ravis d'avoir à entretenir le Seigneur d'un juste qui souffre en bénissant avec amour la main qui le frappe.

Les anges sont là, prêts à nous venir en aide et à intervenir de façon concrète si la situation l'exige.

Voici le témoignage éloquent d'un homme, Pierre H., qui, durant toute sa vie, n'avait jamais eu besoin de qui que ce soit. Enfin, c'est ce qu'il affirmait. Il ne croyait qu'en lui et affirmait que le monde spirituel était une fabulation de l'esprit.

Dès mon jeune âge, j'ai rejeté tout ce que je ne voyais pas. Mon crédo était simple: ce qu'on ne voit pas n'existe pas! Je n'assistais presque jamais à la messe du dimanche car j'allais me cacher quelque part à l'abri des regards. Quand je voyais tous ces gens qui se rendaient à l'église pour assister à la messe, ça me rendait malade. Je les voyais s'entasser par centaines dans cet endroit en écoutant des mots qu'ils ne comprenaient pas à moitié.

Toutes ces belles paroles, je les avais apprises ou entendues durant des années lors de mes études primaires. Tout ça me semblait tellement obscur et si peu digne d'intérêt que j'avais rejeté tout ce qui s'y rattachait. Je ne croyais qu'en une seule personne: moi. J'avais de l'ambition et je me disais qu'avec de la ténacité dans mon travail, je parviendrais assez facilement à réaliser tout ce que je désirais.

Je me souviens de ma meilleure amie, Carole, qui était complètement dédiée aux «choses» de la religion. Elle croyait fermement en Dieu et, disait-elle, «J'ai mon ange gardien qui me guide. Je l'écoute, le reçois dans mon coeur, et tout va bien. Quand j'ai besoin d'aide, je lui demande de m'aider et il le fait presque à chaque fois. Il est là et je le sens très bien.»

Je n'arrivais pas à comprendre comment elle pouvait parvenir à croire qu'un esprit, venant de quelque part, puisse être près d'elle. Elle ne l'avait jamais vu de sa vie, et pourtant, elle croyait inflexiblement qu'il était là.

Tout pour elle était relié au monde de Dieu, de Jésus et des anges. Chaque décision importante qu'elle avait à prendre dans sa vie était aussitôt soumise à son ange et, après consultation avec celui-ci, elle prenait la direction qu'il avait indiquée.

Elle fut pourtant atteinte d'un cancer à un âge relativement jeune. Elle avait à peine 32 ans quand la mort l'emporta. Son agonie dura presque deux mois. Sa mort m'affecta beaucoup et j'eus peine à m'en remettre.

Je lui avais rendu visite à l'hôpital presque tous les jours et je ne l'avais jamais vue en proie à la panique que la mort suscite normalement chez un être humain. Elle était empreinte d'une sérénité étonnante. Cette horrible maladie la faisait dépérir de jour en jour mais elle continuait à dire que son ange était près d'elle et que tout irait bien. Même près de la mort, elle ne décrochait pas. Je me disais que, finalement, c'était mieux ainsi. Après tout, cet ange qu'elle affirmait sentir en elle ou près d'elle, ne lui faisait certes pas de tort puisqu'elle affrontait la mort avec courage.

Je n'oublierai jamais son sourire quand, à bout de force, elle s'éteignit en me disant: «Souviens-toi de mon ange.» Je ne savais pas alors que je la reverrais quelques années plus tard...

Comme je l'avais prévu lorsque j'étais plus jeune, j'avais bien réussi ma vie et j'étais devenu propriétaire d'une entreprise florissante. J'avais deux enfants, une femme merveilleuse et tout allait très bien. J'avais le contrôle de ma vie et les quelques problèmes qui surgissaient parfois étaient réglés en moins de deux. Le bonheur parfait quoi!

Mon fils de 12 ans était tout simplement merveilleux. Il était un sportif accompli, un très bon élève et il était respectueux envers ses parents. Quant à ma fille, elle avait 14 ans. Très jolie et féminine, on pouvait d'ores et déjà deviner qu'elle deviendrait une femme équilibrée. Sans parler de ma femme que j'adorais plus que tout. Pourtant, un jour, tout a bousculé.

Un samedi matin, ma femme conduisit mon fils à l'aréna près de notre domicile comme elle le faisait chaque semaine. Très bonne conductrice automobile et d'une prudence extrême, elle ne s'aventurait jamais à faire des manœuvres qui auraient pu mettre sa vie en danger et, surtout, de ceux qui l'accompagnaient. Pourtant...

Parvenue à un feu de circulation tout près de l'aréna, elle accéléra soudainement au feu jaune sachant très bien qu'elle risquait un accident. Une auto percuta la sienne du côté droit et tua notre fils sur le coup.

Elle m'a conté cette histoire des dizaines de fois. En pleurs, elle me suppliait de lui pardonner car elle savait que je tenais à mon fils comme à la prunelle de mes yeux. Plus elle me racontait cette histoire et plus je m'éloignais d'elle et de la vie. Je ne parvenais plus à reprendre le contrôle de moi.

Nous qui étions si liés auparavant étions maintenant comme deux inconnus. Plus elle tentait de se rapprocher de moi, plus je m'en éloignais. Même ma fille qui m'avait toujours témoigné une grès grande affection s'éloignait de moi. Je n'arrivais plus à communiquer avec elles comme j'aurais dû.

Évidemment, cet état d'âme a eu des conséquences désastreuses sur mon entreprise. J'étais devenu incapable de prendre les bonnes décisions. J'étais de plus en plus acariâtre, les relations avec mes employés et mes clients se détériorèrent au point où je fus dans l'obligation de déclarer faillite.

Moi qui m'étais toujours tenu loin de l'alcool, je devins alcoolique. Depuis la mort de mon fils, je m'étais réfugié dans cette substance maudite. Seuls ces moments où je m'imbibais d'alcool parvenaient à me faire oublier sa mort. Chaque soir, je m'inventais des histoires. Sous l'influence de l'alcool, j'arrivais à me faire croire que mon fils n'était pas mort, qu'il reviendrait le lendemain matin. Que tout ça n'était qu'un mauvais rêve.

Bien sûr, il n'y avait personne le lendemain matin. Il n'y avait qu'un grand vide, une absence trop difficile à supporter. Je voyais bien ma femme et ma fille qui tentaient de reprendre contact, sachant dans quel état j'étais, mais c'était peine perdue, je refusais toute communication. Et, il arriva ce qui devait arriver: le divorce.

J'ai continué à boire de plus en plus et j'ai tout perdu ce qui me restait. Sans le sou, j'ai eu recours à l'assistance sociale. Je buvais jusqu'à ce que je m'endorme. C'était pour moi le moment ultime, le moment où tout s'arrêtait enfin. Le lendemain, je recommençais. De combines en combines, je réussissais toujours à trouver suffisamment d'argent pour parvenir à me procurer la seule chose qui m'intéressait alors: l'alcool. En quantité suffisante pour geler la vérité et m'entraîner dans un sommeil le plus long possible.

Cette situation dura environ trois ans. Trois longues années de fuite où j'atteignis maintes fois ce qu'on appelle «l'enfer sur terre».

Un matin, alors que je tentais tant bien que mal de reprendre mes esprits en raison d'une autre cuite, je sentis une présence près de moi. Je ne voyais personne mais je pressentis qu'il y avait quelqu'un. L'opinion que j'avais toujours eue d'un pseudo-monde spirituel était demeurée inchangée et j'attribuai cette impression à la cuite de la veille. Je me suis dit qu'il était normal de devenir complètement cinglé considérant tout ce qui m'était arrivé depuis la mort de mon fils et compte tenu de la quantité d'alcool que j'ingurgitais jour après jour.

Mais cette présence ne me quittait plus. Même si je tentais de la conjurer, je la sentais bien présente à côté de moi.

Curieusement, mes cuites s'espacèrent. Il m'arrivait de demeurer deux ou trois jours sans boire. Couché la plupart du temps, je demeurais chez moi et je pensais à tout ce qui m'était arrivé depuis la mort de mon fils. Je parvenais de plus en plus à retrouver une certaine sérénité sans l'aide de l'alcool.

Un après-midi, alors que j'étais couché, je sentis la présence s'intensifier et j'aperçus soudainement Carole. Elle était là, je la voyais distinctement. Pourtant, elle était bien morte puisque je l'avais moi-même assistée lors de ses derniers moments. Je n'arrivais pas à le croire, Carole était là!

Revoyant ce sourire qu'elle avait au moment de son décès, je me levai hardiment et lui dit: «Carole, d'où viens-tu? Es-tu vraiment là ou c'est moi qui déraille? Dis-moi quelque chose!»

Je n'eus jamais de réponse. Elle disparut lentement, me laissant en pleurs, me demandant ce qui venait de se passer.

Alternant entre ma non-croyance et l'espoir que je sentais poindre, je cherchais quoi faire. Je voulais absolument revoir Carole mais je ne savais pas comment y arriver. Soudainement, je me suis souvenu de ses dernières paroles: «Souviens-toi de mon ange».

Du coup, je laissai tomber mes appréhensions envers Dieu, Jésus et les anges et me mis à prier. Je priais, j'implorais un ange, peu importe lequel. De toute façon, je ne savais pas qui prier mais je sentais que je devais prier.

J'avais complètement cessé de boire et, chaque jour, j'adressais une prière. Parfois à Carole, parfois à Dieu, le plus souvent à mon ange gardien. Je me suis souvenu que Carole insistait beaucoup à l'époque sur le fait qu'il faille prier son ange gardien. «Il est là pour toi, seulement pour toi, disait-elle.»

Un jour de printemps, alors que la température était splendide, je me rendis dans un parc près de chez moi et m'assis sur un banc pour profiter de cette superbe journée.

Les yeux fermés, je goûtais les chauds rayons du soleil quand je sentis tout à coup une présence près de moi. C'était un homme d'une cinquantaine d'années, grand, au visage paisible.

Belle journée pour revivre n'est-ce-pas? me dit-il.

Que voulez-vous dire? lui dis-je.

Le printemps, n'est-ce pas le renouveau, la renaissance, l'instant où tout redevient possible?

Vous avez bien raison, lui répondis-je.

Il cessa de parler et regardait droit devant lui.

Bien qu'il ne m'ait jamais regardé depuis qu'il s'était installé à côté de moi, j'avais l'impression de connaître son visage. Je sentais qu'il m'était familier. Pourtant, je n'aurais jamais pu décrire ce visage de façon précise. Je ne le voyais que de l'intérieur. Il me dit tout à coup:

«Carole et ton fils sont bien maintenant. Ne les cherche pas inutilement, ils sont en toi. Ils ont toujours été là mais tu ne les voyais pas.»

C'était lui, c'était mon ange gardien, j'en étais convaincu. Je le priais depuis des semaines, je l'implorais de me donner une réponse à toutes mes questions et voilà qu'il était là. Comme Carole me l'avait déjà affirmé!

Mais pourquoi sont-ils morts? Pourquoi cet enfer que Dieu m'avait réservé? Pourquoi n'ai-je pu être capable de conserver la force qui m'avait toujours animé? Pourquoi tout ça?

Ton enfer, comme tu dis, est terminé maintenant car je suis là. Tu m'as appelé, je suis venu. Je serai toujours là pour toi maintenant. Ne sens-tu pas que ton fils est en toi? Ne sens-tu pas que Carole est toujours l'amie de ton cœur? Ne sens-tu pas l'appel de ta femme et de ta fille? Va vers elles maintenant, je te guiderai dans tes actions. Elles t'aiment toujours et attendent ton retour. Je les ai visitées dans leur sommeil et j'ai sondé leurs cœurs. Elles espèrent te revoir tel que tu étais avant. Va.

Ces événements se sont déroulés il y a douze ans, jour pour jour. Je n'ai jamais revu mon ange gardien mais je sais maintenant qu'il existe et qu'il guide mes pas.

Je désirais ardemment livrer ce témoignage car je sais au fond de mon cœur qu'il aidera d'autres personnes à réaliser que le monde spirituel des anges de Dieu existe vraiment. Ce monde, créé par Lui, nous guide et nous dirige vers la seule voie possible: celle de l'amour. Depuis le jour où j'ai rencontré mon ange gardien, je sais qu'il est vain d'essayer de comprendre l'œuvre de Dieu avec notre nature humaine. Depuis ce jour, je ne connais qu'une seule voie, celle de mon cœur.

Les secours que nous pouvons recevoir des anges ou de notre ange gardien par la prière sont multiples. La foi chrétienne nous enseigne que Dieu a donné à chacun un ange pour le protéger et plusieurs pensent que même les hérétiques et les infidèles peuvent recevoir les mêmes faveurs. Dieu n'a-t-il pas commandé à ses anges de veiller sur tous les hommes?

Les anges sont des guides éclairés, des gardiens fidèles, des protecteurs puissants et des amis sincères. Ils nous aident lorsque l'infortune ou nos péchés nous jettent dans le désespoir et font renaître l'espoir en nos cœurs. Ils nous inspirent du dégoût pour les plaisirs immoraux et nous font sentir l'inutilité d'acquérir des biens matériels. Ils nous font courir avec enthousiasme vers le chemin de la justice et présentent nos vœux et nos prières à Dieu.

Même s'ils sont principalement mandatés pour avoir soin de nos âmes, ils étendent leur sollicitude jusqu'aux besoins de nos corps, à la conservation de notre vie et de notre santé. Les interventions auprès des hommes sont tellement nombreuses qu'aucun être humain ne peut parvenir à imaginer ce nombre.

C'est aussi au moment de notre mort que nos charitables guides nous donnent les plus grandes preuves de leur ardeur pour notre salut car c'est à ce moment-là que les démons redoublent d'ardeur pour nous perdre. C'est de ce moment-là que dépend notre éternité heureuse ou malheureuse. Certains affirment même que notre ange invite alors plusieurs autres anges à s'unir à lui pour nous secourir lors de ces derniers moments.

Le zèle des anges ne se borne pas au temps de la vie présente. Les messagers célestes nous secourent même après la mort.

Lorsque nos âmes sont condamnées à passer quelque temps au purgatoire, ils nous soutiennent par leur visite et nous apportent des paroles qui nous consolent. Ils inspirent à nos parents et à nos amis de prier pour nous. Nul doute que c'est à leur charité qu'on doit attribuer certains avertissements que plusieurs personnes ont reçus en songe ou par d'autres moyens pour les inciter à prier pour la délivrance d'êtres qui leur sont chers.

Saint Bernard, un docteur de l'Église[3], exprime bien, par le texte qui suit, la vénération qu'il avait pour les anges et la mission que Dieu leur a confiée.

Ô condescendance admirable! Ô excès de bonté et d'amour! Il a ordonné à ses anges d'avoir soin de vous. Qui est Celui qui a donné cet ordre? À qui? En faveur de qui l'a-t-Il donné? Quel en est enfin l'objet? Considérons attentivement ce mystère et tâchons d'en bien saisir toutes les parties. Qui est Celui qui a donné cet ordre? C'est le Seigneur tout-puissant, le souverain des anges. Oui, le Dieu suprême a commandé à ses anges, à ces sublimes intelligences, à ces bienheureux esprits, qui sont placés si près de son trône de vous garder, de prendre soin de vous. Qui êtes-vous donc, ô misérables enfants d'Adam, pour avoir été ainsi l'objet d'une aussi tendre sollicitude de la part du Créateur de toutes choses? Quoi! l'homme est-il donc autre chose qu'un amas de corruption? Ne doit-il pas être un jour la pâture des vers? Encore une fois, quel a donc pu être l'objet d'un tel commandement de la part du Dieu vivant? Là sera quelque grand mystère caché. Il a ordonné à ses anges de vous diriger dans toutes vos voies; et ils ne s'en tiendront pas là car ils nous porteront pour ainsi dire en leurs mains, de peur que nous n'allions heurter du pied contre la pierre. Ah! les choses étant ainsi, pourrions-nous donc ne pas louer et remercier une telle bonté!

Comme nous pouvons le constater, saint Bernard attribue aux anges la mission de nous diriger et de veiller sur nous dans toutes les phases de notre vie, mortelle et immortelle: «Il a ordonné à ses anges de vous diriger dans toutes vos voies; et ils ne s'en tiendront pas là car ils nous porteront pour ainsi dire en leurs mains, de peur que nous n'allions heurter du pied contre la pierre.»

La mort est différente selon les divers états des créatures humaines. Les anges, en vertu de leur mission, nous accompagnent lors des moments qui précèdent la mort pour nous laisser entrevoir le sort qui nous attend quand notre âme se sera séparée de notre corps.

Certaines âmes devront expier leurs fautes et seront accompagnées par leur ange au purgatoire pour racheter celles-ci et ainsi satisfaire la justice divine. Sachant les joies de la délivrance qu'aura cet âme soumise à ce séjour, l'ange n'aura de cesse de veiller sur elle et de la consoler dans la dernière épreuve précédant sa venue au ciel.

(3)
BERNARD de Clairvaux (saint), docteur de l'Église (Fontaine-lès-Dijon 1090 - Clairvaux 1153). Moine de Cîteaux (1112), berceau des bénédictins réformés, ou cisterciens, il fonda l'abbaye de Clairvaux (1115), et prêcha la 2e croisade. Mystique, adversaire du rationalisme d'Abélard, promoteur de la dévotion à la Vierge, il fut le conseiller des rois et des papes.

APPARITION DU SACRÉ CŒUR À SAINTE MARGUERITE MARIE ALACOQUE – Carlo Muccioli (1857–1933)

Poème inspiré de l'œuvre

Miraculeux silence
Où les voix se taisent et s'entendent
Miraculeux moments
Où les voies du cœur
Se cherchent et se trouvent

Instants suprêmes
Où l'amour enfin s'illumine
Moments si doux
Où mes mots vers toi s'acheminent

Je dis «je t'aime»
Avec toute ma volonté
Tu dis «je t'aime»
Et je sens Ta vérité

C'est par le bon office de cet ange que parviennent les prières que nous adressons aux âmes du purgatoire.

Selon saint Augustin[4] «c'est une consolation pour le bon ange d'apprendre à son protégé les bonnes œuvres que les vivants font pour lui. Tel un ami qui recueille des offrandes pour la délivrance de son ami captif, l'ange sollicite des suffrages, donne de saintes inspirations, envoie des songes aux amis, aux parents, aux personnes pieuses et, grâce à son initiative, il s'élève en faveur de l'âme au purgatoire des satisfactions inattendues qu'il ne mérite autrement que par notre foi à la communion des saints et notre zèle à obéir sur la terre à des inspirations semblables.»

Saint Jean Chrysostome[5], quant à lui, nous représente les anges autour de l'auteur du Sacrifice semblables à un essaim d'abeilles sur un arbre en fleurs: «Dès que le Saint Sacrifice est achevé, ils s'envolent pour faire ouvrir les prisons du purgatoire et pour exécuter tout ce qu'il a plu à Dieu d'accorder, pendant ce temps précieux, aux prières des fidèles et aux mérites de son Fils.»

Sainte Françoise Romaine assure «avoir vu des anges aux ailes brillantes transporter d'une région dans une autre, avec les manières les plus gracieuses et la charité la plus compatissante, les âmes à mesure qu'elles se trouvaient en état de purification plus avancé: douce consolation pour les captives désolées qui éprouvent, dans ces apparitions célestes, un avant-goût des réalités de la patrie. Quelle n'est pas la joie des bons anges quand il leur est permis de faire entrevoir à l'âme, toute lointaine qu'elle puisse être, l'aurore de la délivrance!»

Chaque fois que sainte Françoise parlait de cette joie des anges, le souvenir de leur multitude, la douceur inexprimable de leurs chants, son visage devenait tout feu et son cœur se fondait comme la cire aux rayons du soleil.

Job, dans la vivacité de sa foi, s'exprima en ces termes: «Un jour, cette poussière disséminée sans gloire parmi les substances terrestres, reposera toute entière dans la main des anges, dans la main surtout de notre ange gardien; puis avec le regard attendri d'une mère qui revêt son enfant aimé des habits de fête, ils feront revenir cette poussière à l'état de chair telle qu'elle est à présent, et si nous sommes morts dans le Christ, nous ouvrirons ces mêmes yeux et nous contemplerons notre bon ange, nous nous relèverons sur nos genoux, et sa douce bénédiction sera le sacrement de la vie glorieuse.»

La hiérarchie des anges

Ce serait une erreur de croire que Dieu n'emploie que nos anges gardiens pour nous venir en aide. Les anges gardiens font partie du dernier chœur de la hiérarchie des anges qui en compte neuf et les chœurs supérieurs de la hiérarchie des Anges seraient aussi nos protecteurs.

L'unanimité en ce qui concerne la succession et le nombre d'anges connus dans la hiérarchie céleste ne fut pas facile à établir au sein de l'Église[6]. Leur fonction, par contre, était claire pour tous: ces chœurs de la hiérarchie des anges servaient à évaluer la connaissance de Dieu jusqu'au niveau humain de façon à ce que l'homme puisse les prendre comme échelle pour arriver à sentir l'absolu. La succession finalement adoptée comme officielle fut la suivante:

(4)
AUGUSTIN (saint), docteur de l'Église latine (Tagaste, aujourd'hui Souq-Aqras, 354 - Hippone 430).

(5)
JEAN Chrysostome (saint), Père de l'Église grecque (Antioche v. 344 - 407), évêque de Constantinople; son éloquence lui a valu le surnom de Chrysostome («Bouche d'or»). Sa rigueur et son zèle réformateur le firent envoyer en exil, où il mourut.

(6)
La classification établie par Denys l'Aréopagite et le pape saint Grégoire est aujourd'hui la référence au sein de l'Église.

Les trois premiers chœurs comprennent les Séraphins, les Chérubins et les Trônes.

Les trois chœurs suivants sont les Dominations, les Vertus et les Puissances.

Les trois derniers chœurs sont composés des Principautés, des Archanges et des Anges.

Selon Louis Abelly (1603-1691), évêque de Rodez, «Il est vrai que la dévotion envers les saints anges gardiens, qui s'est quelque peu renouvelée en ce dernier siècle, ne nous peut être que très salutaire; mais elle ne nous doit pas détourner de rendre nos devoirs aux autres esprits bienheureux qui remplissent tous les chœurs des hiérarchies célestes. Ils sont presque infinis en nombre, et la multiplication des intercesseurs, selon le sentiment de l'Église, nous peut beaucoup aider pour obtenir de Dieu l'entérinement de nos prières. La plupart d'entre eux tiennent les premiers rangs dans le ciel, et possèdent les plus hauts degrés de la gloire, ce qui les rend plus puissants auprès de Dieu, et plus remplis de charité pour nous, et par conséquent plus capables de nous bien faire, et plus disposés à nous secourir ; et ce serait nous priver d'un avantage que nous ne saurions assez estimer, si nous négligions de faire ce qui est requis de notre part pour nous les rendre propices et favorables. Il faut donc voir par quels moyens nous nous procurerons la bienveillance de ces bienheureux esprits, par quels services nous nous rendrons dignes de leur spéciale protection, et puisque tout ce que nous pouvons faire en leur honneur, ou attendre de leur charité, suppose que nous ayons quelque connaissance de ce qu'ils sont et de ce qu'ils peuvent, il est nécessaire que nous recherchions en premier lieu ce que l'Écriture et les pères de l'Église nous enseignent à ce sujet.»

Il paraît donc certain que les anges des chœurs et des hiérarchies supérieures s'intéressent aussi à notre bonheur et qu'ils intercèdent également auprès de nous. À l'instar des anges gardiens, ils sont aussi les dispensateurs des grâces de Dieu et des autres secours que nous recevons de sa bonté.

Voici la description des fonctions des neufs chœurs des anges des trois hiérarchies:

Première hiérarchie

Les séraphins:

L'ordre le plus élevé de la plus haute hiérarchie. Ces êtres célestes dont on dit qu'ils entourent le trône de Dieu chantent la musique des chœurs et orientent le mouvement des cieux au moment où il émane de Dieu.

Les chérubins:

Ils sont les gardiens de la lumière et des étoiles. Loin de notre plan de réalité, la lumière qu'ils filtrent à travers les cieux atteint toutefois nos vies.

Les trônes:

Ils sont les gardiens des planètes et du cœur des hommes. Ils veillent sur les âmes fidèles et leur donnent la force de combattre les obstacles qui pourraient les éloigner du saint cœur de Dieu.

Deuxième hiérarchie

Les dominations:

Ils gouvernent les activités de tous les groupes angéliques qui leur sont inférieurs. Divins bureaucrates, ils œuvrent aussi à l'intégration des mondes spirituel et matériel.

Les vertus:

Ils ont le pouvoir de diffuser massivement l'énergie divine sur la terre. Ils sont les gardiens des peuples terrestres et peuvent émettre une énergie spirituelle capable d'endiguer les pires catastrophes.

Les puissances:

Ils sont porteurs de la conscience de toute l'humanité, les gardiens de notre histoire collective. Capables de s'imprégner et de conserver l'énergie du plan divin, ils éclairent la terre de cette grande sagesse.

Troisième hiérarchie

Les principautés:

Ils sont les gardiens de toutes les grandes communautés telles que les nations et les villes. Ils sont désignés comme les anges unificateurs et un grand nombre d'entre eux sont intimement liés à notre planète.

Les archanges:

Ils veillent à la réalisation des plus grands projets humains. Gabriel, Michel et Raphaël étant les trois archanges spécifiquement désignés dans les textes sacrés.

Les anges:

Ils sont les plus proches de l'humanité et les plus concernés par les affaires humaines. Il en existe de nombreuses catégories avec des fonctions différentes, les plus connus étant les anges gardiens. Ils sont les guides qui apportent aux humains une conscience sans cesse plus étendue.

Prières aux différents chœurs des anges

L'archange Michel, un des anges de la hiérarchie des Archanges, apparut un jour à Antonia de Astonac, une religieuse carmélite du Portugal. Lors de cette apparition, il lui mentionna qu'il voulait être vénéré par neuf invocations, en souvenir des neuf chœurs des anges.

Chaque invocation devait s'adresser, en plus de la sienne, à un chœur angélique de la hiérarchie des anges ainsi que la récitation d'un «Pater» et de trois «Ave Maria».

L'archange Michel a promis que celui qui le vénérerait en récitant ces invocations serait accompagné jusqu'à la sainte table par un ange appartenant à chacun des neuf chœurs. Il a également promis à tous ceux qui réciteraient ces prières de leur apporter tous les jours, pendant leur vie et après leur mort, son assistance particulière et permanente ainsi que celle de ses anges.

Première invocation

Par l'intercession de saint Michel et du chœur céleste des Séraphins, que le Seigneur nous rende digne de la flamme de la charité parfaite.

Deuxième invocation

Par l'intercession de saint Michel et du chœur céleste des Chérubins, que le Seigneur veuille nous donner la grâce d'abandonner notre vie de péché et de nous diriger vers la perfection chrétienne.

Troisième invocation

Par l'intercession de saint Michel et du chœur sacré des Trônes, que le Seigneur imprime dans nos cœurs l'esprit de véritable et sincère humilité.

Quatrième invocation

Par l'intercession de saint Michel et du chœur céleste des Dominations, que le Seigneur nous donne la grâce de dominer nos sens et de corriger nos passions corrompues.

Cinquième invocation

Par l'intercession de saint Michel et du chœur des admirables Vertus célestes, que le Seigneur nous éloigne des tentations et nous délivre du mal.

SIXIÈME INVOCATION

Par l'intercession de saint Michel et du chœur céleste des Puissances, que le Seigneur daigne protéger nos âmes des pièges et des tentations du démon.

SEPTIÈME INVOCATION

Par l'intercession de saint Michel et du chœur céleste des Principautés, que Dieu remplisse nos âmes de l'esprit de véritable et sincère obéissance.

HUITIÈME INVOCATION

Par l'intercession de saint Michel et du chœur céleste des Archanges, que le Seigneur nous accorde le don de la persévérance dans la foi et dans les bonnes œuvres.

NEUVIÈME INVOCATION

Par l'intercession de saint Michel et du chœur céleste de tous les Anges, que le Seigneur nous accorde d'être gardés par eux dans la vie présente puis introduits dans la gloire des cieux.

À LA FIN

Tout-Puissant, Dieu éternel, qui, avec ta prodigieuse bonté et miséricorde, pour le salut des hommes, a élu à la tête de ton Église le glorieux saint Michel, accorde-nous, grâce à ta protection bienfaisante, d'être libérés de tous nos ennemis spirituels.

À l'heure de notre mort, que notre ancien adversaire ne nous tourmente pas, mais que ce soit ton archange Michel qui nous conduise en présence de ta divine Majesté.

Amen.

CONCLUSION

Les prières qu'on adresse aux anges sont d'une extrême importance. Même si le rôle de ces derniers a clairement été établi et que leur mission fondamentale est de veiller sur nous, nous devons faire des efforts pour recevoir leurs bons offices.

Le royaume de Dieu ne nous sera pas donné sans efforts et nous devons, si nous voulons y accéder, modifier notre mode de vie pour qu'il satisfasse les exigences divines.

Les démons, connaissant la pauvre nature humaine, sont constamment aux aguets et ils cherchent à nous faire pécher par tous les moyens. Seuls, nous ne pouvons rien contre eux et, sans l'aide des anges dont Dieu nous a favorisés, nous sommes condamnés à partager le sort de Lucifer et de sa horde diabolique.

Par la prière et une vie conforme aux lois divines, ce terrible destin nous sera épargné.

Les anges sont là pour nous, délégués par Dieu lui-même. Nos prières à leur endroit nous apporteront toute l'aide dont nous avons besoin pour connaître une vie terrestre pleine de bonheur et de satisfactions ainsi que la vie éternelle après notre mort.

CHAPITRE 9

LES PRIÈRES DE GUÉRISON

 e désir du bonheur est profondément ancré au cœur de l'homme et ce désir a toujours été accompagné de la libération de la maladie. Chacun d'entre nous est susceptible de souffrir de plusieurs maladies au cours de sa vie et il est normal de vouloir recouvrer la santé le plus tôt possible.

En cas de maladie, le recours à la médecine est bien sûr la première chose à faire car il est impensable de ne pas profiter des immenses progrès accomplis par la science médicale au cours des dernières décennies. Mais la science ne peut pas tout faire. Il y a parfois des cas où il est bon de demander l'aide de son ange.

Qui n'a pas entendu parler de guérisons quasi miraculeuses dont ont bénéficié certaines personnes? Dans plusieurs cas, les médecins étaient complètement désarmés et ne pouvaient rien faire pour guérir le malade. Et dans la plupart de ces cas, personne n'a pu expliquer scientifiquement comment ces guérisons ont pu survenir. Scientifiquement, ces personnes étaient irrémédiablement condamnées à mourir.

Y eut-il un secours divin derrière ces guérisons?

POURQUOI LA MALADIE?

Depuis la faute d'Adam et Ève, l'humanité est soumise à sa condition mortelle et, parmi toutes les souffrances que l'homme doit subir en vertu de cette faute, la maladie est celle qui semble la plus répandue.

Il ne faut pas croire cependant qu'elle est la conséquence d'une faute spécifique et que les fervents croyants en sont exempts.

Dans une lettre apostolique[1], Jean Paul II a déclaré: «S'il est vrai que la souffrance a un sens comme punition lorsqu'elle est liée à la faute, il n'est pas vrai, au contraire, que toute souffrance soit une conséquence de la faute et ait un caractère de punition.»

La maladie est certes une souffrance mais elle peut aussi prendre un sens positif. Le

(1)
JEAN PAUL II, *Lettre apostolique Savifici doloris*, n. 19, AAS, 76 (1984), p. 212.

pécheur peut être amené à se corriger et à marcher sur les chemins de la conversion alors que le juste peut prendre conscience que Dieu l'éprouve dans sa fidélité.

Les desseins de Dieu sont impénétrables et il est inutile pour un humain d'essayer d'en saisir le sens. Il est toutefois possible de recourir aux anges pour nous réconforter ou pour nous aider dans les épreuves de la vie, notamment lorsque la maladie frappe.

Il est indéniable que nous mourrons tous un jour, que nous aurons tous de nombreux moments de joie et que nous aurons tous aussi de nombreux moments de souffrance. Les anges n'ont pas été exclusivement créés par Dieu pour nous guérir de nos maux mais également pour nous assister au cours de notre vie et nous montrer le chemin à suivre vers la vie éternelle.

Les anges peuvent guérir, c'est irréfutable. Mais ils peuvent aussi nous assister et nous réconforter lorsque la maladie survient et que celle-ci s'avère une épreuve que Dieu nous envoie pour nous faire prendre conscience qu'Il est là, près de nous, par l'entremise de son ange.

Diane L. a vécu ce genre d'expérience et l'histoire qui suit a été rendue publique dernièrement.

Je crois aux anges depuis longtemps et je ne doute aucunement qu'ils soient là, quelque part, pour nous assister au besoin ou pour nous diriger dans notre vie lorsqu'on a besoin d'eux. Je prie souvent mon ange gardien pour qu'il m'assiste dans la vie et je suis certaine qu'il m'écoute. Je ne l'ai jamais vu mais j'ai le sentiment véritable qu'il est là près de moi.

J'ai été victime, il y a quelques années, d'une étrange maladie. Je me suis réveillée un matin avec d'horribles crampes à l'estomac. C'était extrêmement douloureux. Croyant qu'il s'agissait de troubles passagers, j'ai téléphoné au bureau où je travaille pour les aviser que je devais prendre une journée de maladie et que je serais sans doute de retour dès le lendemain matin.

Je suis demeurée chez moi, couchée durant toute la journée, mais les douleurs persistaient. Le lendemain matin, la situation étant inchangée, j'ai aussitôt pris la décision de me rendre à la clinique médicale près de chez moi.

Après un examen sommaire, le médecin m'avisa qu'il s'agissait sans doute de symptômes reliés à un léger empoisonnement alimentaire. D'ici quelques jours, dit-il, les troubles disparaîtraient progressivement.

Une semaine plus tard, j'étais aussi mal en point. Étant célibataire, je demeurais seule et il m'était de plus en plus difficile de subvenir à mes besoins, même les plus primaires comme celui de me nourrir convenablement.

J'aurais pu faire appel à ma mère qui demeurait à une demi-heure de chez moi mais nous étions en brouille depuis des années et il était hors de question que je lui téléphone. «Plutôt mourir», me disais-je.

Les relations que j'ai eues avec ma mère ont toujours été difficiles. Bien que nous ayions essayé l'une et l'autre de nous comprendre, rien n'y faisait, nous étions toujours à couteaux tirés et il semblait bien que ce serait toujours le cas. De plus, j'étais fille unique et mon père était décédé alors que j'avais à peine 10 ans.

Cela dit, j'étais bien mal en point et les médicaments prescrits par le médecin depuis quelques jours étaient inopérants. Cette étrange maladie perdurait. De plus, les résultats des tests auxquels je m'étais soumise étaient négatifs. Je n'avais rien mais j'avais mal!

J'ai alors fait ce que je fais depuis des années. J'ai prié mon ange gardien pour qu'il me vienne en aide. Je n'avais pas peur car j'avais le sentiment que cette maladie soudaine n'était pas mortelle, mais j'avais besoin d'aide et je ne voyais pas qui pouvait m'aider à part mon ange.

Le lendemain matin, le téléphone sonna. C'était ma mère. «Écoute Diane, j'ai eu une étrange impression pendant la nuit. Est-ce que ça va bien toi? C'est fou mais je pense que ça ne va pas bien du tout. Je crois que tu as besoin de moi.»

Je lui répondis que je n'étais pas tellement en forme mais que ça devrait bien aller d'ici quelques jours. Je ne voulais surtout pas l'inquiéter et, pour être franche, je ne désirais surtout pas la voir arriver chez moi. Je n'allais pas bien du tout et sa présence, je le croyais, n'arrangerait sûrement pas les choses. «Écoute Diane, je n'ai rien à faire aujourd'hui, je vais passer chez toi et nous en discuterons.»

Elle raccrocha le combiné avant même que j'aie le temps de la dissuader de venir chez moi. Je n'avais plus le choix, elle venait ici et je devrais l'endurer. Ou plutôt, nous devrions nous endurer l'une et l'autre, encore une fois...

Au moment même où j'ouvris la porte à ma mère, je sentis une bouffée d'air chaud pénétrer dans l'appartement. Comme un vent doux de printemps qui nous réconforte lorsque nous en humons les premières manifestations.

À peine entrée, elle me dit: «Ne t'en fais pas, je suis là. Tout va bien aller maintenant.»

Elle me prit alors les mains et je sentis encore une fois cette bouffée d'air chaud m'envelopper le visage. Dès cet instant, j'ai su que c'était mon ange gardien. Je l'avais prié de m'aider et il était venu.

Une heure après l'arrivée de ma mère, je me sentais déjà beaucoup mieux. Les douleurs étaient presque entièrement disparues et je savais dès lors que cette étrange maladie était un prétexte pour que je me rapproche de ma mère; que je fasse tous les efforts possibles pour que nous nous réconcilions une fois pour toutes.

Ma mère m'a d'ailleurs confirmé cette impression. La nuit précédant son appel téléphonique, elle avait rêvé qu'elle était près de moi en train de me soigner. Dans son rêve, elle me touchait les mains et mon mal disparaissait. Nous discutions, nous riions ensemble et un ange se tenait près de nous.

Comme elle me l'a mentionné, elle ressentit un besoin irrésistible de me téléphoner dès le lendemain matin car elle avait senti que le moment de la réconciliation était venu.

Bien sûr, et je le crois fermement, c'est mon ange gardien qui avait orchestré tout ça. Son message était clair: même si ma vie était pour ainsi dire sans reproches, je devais me rapprocher de ma mère. Tel était le désir divin et telle était la mission de mon ange gardien.

C'est le Nouveau Testament qui nous apprend pourquoi la maladie frappe aussi les fidèles. Les contacts avec les malades sont omniprésents dans la vie publique de Jésus et il en guérit beaucoup[2]. Ces guérisons traduisent la victoire du règne de Dieu sur le mal et deviennent les symboles de la guérison de l'humanité toute entière, corps et âme. Elles servent à démontrer que Jésus a le pouvoir de remettre les péchés.

(2)
Mt 9,35-38 - Jésus parcourait toutes les villes et les villages, enseignant dans leurs synagogues, proclamant la Bonne Nouvelle du Royaume et guérissant toute maladie et toute langueur.
À la vue des foules il en eut pitié, car ces gens étaient las et prostrés comme des brebis sans berger.
Alors il dit à ses disciples: «La moisson est abondante, mais les ouvriers peu nombreux;
priez donc le Maître de la moisson d'envoyer des ouvriers à sa moisson.»

La victoire du Christ sur la maladie et sur les souffrances humaines ne survient pas seulement avec des guérisons miraculeuses mais aussi par la souffrance volontaire de celui-ci dans la Passion. En fait, le Christ lui-même, qui est sans péché, souffrit durant sa passion de tourments variés et il prit sur lui les douleurs de tous les hommes.

LE DÉSIR DE GUÉRIR ET LA PRIÈRE POUR L'OBTENIR

Le désir du malade d'obtenir la guérison est profondément humain, surtout quand ce désir se traduit par une prière adressée à Dieu par l'intermédiaire de son ange comme en témoigne ce cantique d'Ezéchias, roi de Juda, lors de la maladie dont il fut guéri: «Comme l'hirondelle, je pépie, je gémis comme la colombe, mes yeux faiblissent à regarder en haut. Seigneur je suis accablé, viens à mon aide. Comment parlerai-je et que lui dirai-je? Car c'est lui qui agit. Je m'avancerai toutes mes années durant dans l'amertume de mon âme. Le Seigneur est sur eux, ils vivent et tout ce qui est en eux est vie de son esprit. Tu me guériras, fais-moi vivre. Voici que mon amertume se change en bien-être. C'est toi qui as préservé mon âme de la fosse du néant, tu as jeté derrière toi tous mes péchés.»

Pendant sa vie publique, Jésus accueille plusieurs malades qui le sollicitent pour obtenir le rétablissement de leur santé. Il accueille toutes ces demandes et aucun exemple n'est cité dans les Évangiles à l'effet qu'il aurait blâmé les fidèles qui faisaient appel à lui.

L'Église elle-même, dans sa liturgie, demande au Seigneur la santé des malades. L'onction des malades[3] est un sacrement «spécialement destiné à réconforter ceux qui sont éprouvés par la maladie. Par la prière des prêtres et cette onction sacrée, «c'est l'Église toute entière qui recommande les malades au Seigneur souffrant et glorifié pour qu'il les soulage et les sauve.» Peu avant la bénéfiction de l'huile sacrée, cette prière est effectuée par le prêtre: «Envoie sur elle ton Esprit qui sanctifie. Qu'elle devienne, par ta bénédiction, l'huile sainte que nous recevons de Toi. Qu'elle serve ainsi à l'onction des malades qui va être donnée à (nom de la personne), notre frère (ou notre sœur), pour soulager son corps, son âme et son esprit, de toute souffrance et maladie[4].»

Ensuite, après l'onction, on demande encore la guérison du malade parce que le sacrement de l'onction des malades est signe de promesse du règne futur annonçant la résurrection quand «de mort, il n'y aura plus; de pleurs, de cri et de peine, il n'y aura plus, car l'ancien monde s'en est allé (Apocalypse 21,4).»

Évidemment, la prière n'est pas une panacée. Il serait faux de prétendre qu'une personne n'a qu'à prier son ange gardien pour que celui-ci intervienne immédiatement et la guérisse comme par magie. L'intervention de la médecine est une nécessité. L'Église encourage d'ailleurs les fidèles à prendre soin de leur corps et aussi à prendre soin des malades en leur apportant du soulagement dans le corps et l'esprit. Il est certainement dans les plans de Dieu que l'homme lutte intensément contre la maladie, qu'il entretienne ce bien qu'est la bonne santé afin de pouvoir faire face à ses devoirs dans la société et dans l'Église.

Comme nous l'avons vu dans le témoignage de Diane, il est dans l'ordre des choses que les anges puissent intervenir en cas de maladie. Il est aussi dans l'ordre des choses de donner à notre corps toute l'attention dont il a besoin pour conserver sa santé.

(3)
L'onction, dans la liturgie chrétienne, est l'application d'huile sainte sur une personne pour la consacrer à Dieu, lui conférer la grâce de lutter contre le mal ou contre la maladie.

(4)
Extrait du catéchisme.

LA GUÉRISON DU PARALYTIQUE – Giovanni Antonio Pellegrini (1675-1741)

Poème inspiré de l'œuvre

Intense douleur
Tu n'es rien
Ton masque d'horreur
Ne vaut rien

Viens à nous si tu veux
Nous guérirons demain
Tu n'es juste qu'un peu
D'eau de pluie dans les yeux

Intense douleur
Tu n'es rien
Quand Jésus est au cœur
Du chemin

Intense douleur
Tu ne le fus rien qu'une fois
Quand Il s'est sacrifié
Pour nous sur la croix

Les desseins de Dieu en ce qui concerne l'humanité sont certes immuables mais, à titre individuel, nous conservons quand même un libre arbitre qui nous octroie une certaine liberté dans le cours de notre vie. Le but ultime de cette vie est, nous le savons, la vie éternelle auprès de Jésus-Christ, de Dieu et de sa cour céleste.

Outre l'assistance des prêtres de l'Église pour nous aider à guérir par les prières et les sacrements de la liturgie, nous possédons un bien précieux qui nous a été donné par Dieu, les anges, et dont nous devons à tout prix faire usage pour nous aider à vivre une vie inspirée des connaissances et des conseils qu'eux seuls peuvent nous apporter ici-bas.

Il est très important d'établir une communication avec son ange et de faire en sorte que celle-ci soit la plus constante possible (voir chapitre 7, *Comment communiquer avec son ange*). Il ne faut pas oublier que, grâce à une relation soutenue, notre ange, en nous guidant, pourra nous éviter d'avoir à affronter une maladie qui peut devenir très sérieuse.

Les prières de guérison, au même titre que les autres prières que l'on adresse à son ange, ont une utilité indéniable et il est fortement recommandé de les utiliser pour obtenir la guérison; personne n'étant à l'abri d'une épreuve de cette sorte. Mais pourquoi subir une épreuve alors que notre ange peut nous l'épargner?

En effet, il y a lieu de se demander combien de maladies graves les anges ont évitées à leur protégé par leur intercession. Il ne s'agit évidemment pas de quantifier ces interventions mais de prendre conscience de la nécessité de la prévention. Ne soyons pas pieux seulement quand la maladie ou le malheur nous frappe.

Il est primordial de garder le contact avec son ange par la prière, d'entretenir notre foi en Dieu et en Jésus-Christ, de vivre selon les principes et les lois divines et de se comporter vis-à-vis des autres comme notre Créateur le désire.

LES GUÉRISONS MIRACULEUSES

De nombreuses guérisons miraculeuses ont eu lieu à travers l'histoire de l'humanité et, à n'en pas douter, de nombreuses autres surviendront dans l'avenir grâce aux prières que nous adressons directement à Dieu, à ses anges ou encore à un intermédiaire choisi par Lui et à qui il a octroyé un pouvoir angélique.

Outre les temps apostoliques, l'histoire de l'Église ne manque pas de saints ou de personnages qui ont collaboré à des guérisons miraculeuses. Et, bien sûr, l'histoire contemporaine abonde en cas de ce genre. En voici un qui illustre bien ce propos.

Hellen Katty Flores Gallo, une péruvienne de onze ans, est une petite fille sportive, enthousiaste et en pleine forme quand elle se sent soudainement mal.

Elle est l'aînée de quatre enfants. Sa mère, Elena Gallo de Flores, est employée dans l'entreprise de services d'égouts de Piura, et son père, Enrique Flores, est sous-officier de la Force aérienne du Pérou (FAP).

En 1994, Hellen Katty allait à l'école primaire du centre éducatif de la Cité des sous-officiers FAP de Piura, où elle habite. Un jour, Elena remarqua que l'enfant avait une démangeaison persistante à la jambe. S'approchant pour mieux le constater, elle se rendit compte qu'elle avait quelques petits points rouges; elle pensa qu'il s'agissait d'une allergie banale et que, par conséquent, cela disparaîtrait rapidement. L'enfant alla se coucher, mais

Elena qui, au fond, était préoccupée, se leva la nuit pour la voir, sans la réveiller, afin de ne pas l'effrayer. Elle s'aperçut alors que l'oreiller d'Hellen était taché de sang qui lui sortait de la bouche et de la tête.

Le lendemain, son époux amena la fillette au dispensaire de la FAP. Le docteur lui dit qu'il s'agissait d'une fragilité capillaire et lui recommanda immédiatement une analyse de sang. Le résultat des examens ne fut pas satisfaisant: l'enfant avait un faible taux de plaquettes et, par conséquent, son sang ne coagulait pas normalement. Enrique revint chez lui soucieux. Avec son épouse, ils décidèrent de transporter l'enfant à l'hôpital de la FAP à Lima. Elena demanda la permission de s'absenter de son travail et put faire le voyage avec Hellen Katty.

À leur arrivée à l'hôpital, le docteur Consuelo Astete les attendait à la salle d'urgence. Elle examina la fillette et, étant donné la gravité de la situation, ordonna son hospitalisation.

Le docteur Jorge Vargas, qui prit aussitôt en charge Hellen Katty, prescrivit de nouvelles analyses et constata la diminution continue du taux de plaquettes qui atteignait un niveau inférieur aux limites physiologiques. Les spécialistes diagnostiquèrent une forme grave de «purpura thrombopénique idiopathique». Le docteur Vargas informa Elena de l'état grave de l'enfant et lui demanda d'appeler son époux à Piura pour qu'il vienne à Lima. Cette nuit-là, Elena la passa à veiller. Le médecin lui avait demandé de veiller sur Hellen car elle s'affaiblissait de plus en plus.

Les nouveaux examens que l'on fit alarmèrent de nouveau le médecin. Quand, vers 11 heures du matin, il alla voir l'enfant, il se tourna vers sa mère et lui remit une image du bienheureux Josémaria Escriva[5] que le docteur Consuelo Astete lui avait envoyée deux jours auparavant et qu'il avait oublié de donner à Elena.

Dès qu'elle reçut l'image du bienheureux Josémaria, Elena se mit à réciter la prière avec insistance et beaucoup de ferveur, en demandant que sa fille soit sauvée. De temps en temps, elle plaçait l'image sous l'oreiller d'Hellen. Bien que ne connaissant pas le bienheureux Josémaria, en le regardant, elle sentit que sa foi s'éveillait.

D'après les souvenirs d'Elena, l'enfant était préparée et on s'attendait à ce qu'elle meure ce jour-là. Le matin on fit un autre examen, et à 3 heures de l'après-midi de ce même jour, jeudi 22 septembre, le docteur Vargas revint avec les résultats de l'examen. Il avait de bonnes nouvelles. En voyant Elena, il lui dit: «Madame, votre foi a sauvé votre fille; le taux de plaquettes a remonté à 140 000. Dites au docteur Astete que la récitation de la prière de l'image a obtenu le miracle.»

Il ne s'agissait pas d'une simple augmentation de plaquettes mais de la guérison subite et totale. La fillette n'a eu besoin d'aucun traitement ultérieur, car elle était complètement guérie.

Elena, sa mère, assure depuis ce moment que la guérison est due à l'intercession du bienheureux Josémaria. Elle n'en a jamais douté; au contraire, elle a toujours démontré sa reconnaissance en rendant témoignage de ce qui était arrivé. Avant de revenir à Piura, elle a conduit sa fille à la messe pour remercier Dieu de la guérison.

Hellen Katty a maintenant 17 ans. Le docteur Cannata lui fait périodiquement des analyses de sang mais ses plaquettes ont un niveau normal. Elle se prépare à entrer à l'université

(5) Le bienheureux Josémaria Escriva de Balaguer est né à Barbastro, en Espagne, le 9 janvier 1902. Il a reçu l'ordination sacerdotale à Saragosse, le 28 mars 1925.
Le 2 octobre 1928 il fonde, à Madrid, par inspiration divine, l'Opus Dei, qui a ouvert aux fidèles un nouveau chemin de sanctification au milieu du monde à travers l'exercice du travail professionnel ordinaire et dans l'accomplissement des devoirs personnels, familiaux et sociaux, constituant ainsi un ferment d'intense vie chrétienne dans tous les milieux. Le 14 février 1930, le bienheureux Josémaria Escriva comprend, avec la grâce de Dieu, que l'Opus Dei doit également réaliser un apostolat parmi les femmes; et le 14 février 1943, il fonde la Société Sacerdotale de la Sainte Croix, inséparablement unie à l'Opus Dei. L'Opus Dei reçoit l'approbation définitive du Saint Siège le 16 juin 1950; il est érigé le 28 novembre 1982 en prélature personnelle; forme juridique désirée et prévue par le bienheureux Josémaria Escriva.

nationale de Piura: elle veut faire des études d'informatique. Depuis qu'elle est sortie de l'hôpital elle porte toujours avec elle dans son sac à dos l'image qu'elle appelle «l'image du miracle». Elle l'emporte partout et raconte l'histoire à ses amis. Elle demande au bienheureux Josémaria de l'aider dans ses examens et dans beaucoup d'autres choses.

Elena assure qu'elle vit à présent avec la grande joie d'avoir reçu cette faveur. Même si elle a des ennuis d'argent, elle est heureuse d'avoir compris l'importance d'autres sortes de valeurs que celles qui sont purement matérielles.

Tout fidèle est susceptible de recevoir l'assistance de son ange gardien ou d'un autre ange des hiérarchies célestes en cas de maladie ou autres. La façon dont surviendra cette intervention, s'il y a intervention, ne dépend pas exclusivement de nous mais il importe de savoir et de croire que les plans de Dieu à notre égard sont réels et que les anges en sont les exécuteurs en vertu de la mission qui leur a été conférée.

Bien que l'intervention miraculeuse dans le témoignage précédent ait été accomplie, dans les faits, par un bienheureux, il faut considérer ce dernier comme un ange puisque Dieu en avait décidé ainsi.

LES PRIÈRES DE GUÉRISON DESTINÉES À AUTRUI

L'intervention d'un ange en cas de maladie ne se limite pas seulement à son protégé mais aussi à ses proches, à ceux qu'il aime. Notre ange gardien ou un autre ange peut intervenir lorsque nous le prions pour qu'un de nos proches recouvre la santé.

Notre ange gardien ou les anges des hiérarchies célestes veillent à notre bonheur selon les desseins de Dieu qui nous concernent individuellement et si la maladie frappe une des personnes que nous chérissons, nos prières seront certainement entendues.

Les anges veillent sur nous pour tout ce qui nous concerne personnellement. Ils sont là à chaque moment de notre vie et sont désireux de nous venir en aide au moment où nous avons besoin d'eux; que ce soit strictement pour nous ou pour une personne chère.

Quand ils nous contactent, leur voix est l'écho de la voix de Dieu. Quand ils nous aident, leur intervention est une intention de Dieu. Quand ils nous guident, le chemin est la direction des cieux et l'amour qu'ils ont pour nous est né du Cœur divin.

CONCLUSION

Des prodromes de l'univers à aujourd'hui, les anges font partie intégrante des plans de Dieu à l'égard de l'humanité toute entière. À l'instar de Moïse, d'Abraham, de Jacob ou de sainte Françoise Romaine, nous sommes tous l'œuvre de sa création et, à ce titre, les anges veilleront sur nous et nous protégeront tout au cours de notre vie.

L'enseignement reçu de la Bible et des pères de l'Église est LE guide pour avoir accès à la vie éternelle après la mort et c'est cet enseignement qui sert de balises pour nous diriger vers le chemin de la vérité.

Ce chemin n'est certes pas facile à suivre car nombreuses sont les tentations qui nous incitent à y déroger. Tout au cours de notre vie, nous aurons à subir les assauts des démons et notre nature humaine ne peut, à elle seule, parvenir à vaincre tous les pièges qui nous sont tendus par Lucifer et ses suppôts.

Heureusement, Dieu, dans sa grande sagesse, nous a donné des protecteurs qui nous sont dévoués et dont la mission est de nous protéger.

Leur puissance est incommensurable et leur amour pour nous transcende tout ce que nous pouvons imaginer.

Du premier souffle d'Adam jusqu'au jugement dernier, Dieu leur a confié une mission: celle de nous venir en aide.

PRIÈRE DE GUÉRISON

La prière de guérison suivante a été écrite comme prélude aux invocations personnelles. Le ton poétique utilisé incite à la méditation et favorise la communication avec son ange.

Après une première récitation à voix haute, joignez les mains, concentrez-vous sur le message personnel que vous désirez adresser à votre ange et débutez votre prière par cette introduction.

À noter que des prières de guérison spécifiques vous sont proposées au chapitre 17, notamment aux pages 266 et 269.

ANGE GUÉRISSEUR

D'un cœur de chair aux ambitions célestes
Un cri s'envole à ta recherche
D'ailes fragiles, fait de douleur
Il cherche abri en ta demeure

Ange de Dieu, toi guérisseur
Abrège sa route d'un répit
Entends ce cri et ma douleur
Fais-moi un signe du paradis

De cette foi qui m'alimente
Qui guide ma voie dans la tourmente
Je sais que tu es là, présent
Aussi vrai que mon doute, absent

Ange de Dieu, ange guérisseur
D'un premier cri tu es venu
Je sens l'odeur du paradis
Je sens que tu m'as entendu

(Vous pouvez maintenant débuter votre prière personnelle)

Selon des études menées récemment aux États-Unis, la prière stimulerait le système immunitaire et pourrait même guérir des maladies graves comme le cancer et les troubles cardiaques.

Il appert qu'une prière adressée aux anges, par exemple, provoquerait une stimulation de l'hypothalamus, une partie du cerveau qui joue un rôle primordial pour le rythme cardiaque, la pression artérielle et le fonctionnement du système immunitaire.

M. Andrew Newberg, directeur de la clinique nucléaire de l'Université de Pennsylvanie, affirme même que «prier est excellent pour la santé.»

Peu importe l'âge, le sexe ou la race d'une personne, la prière aurait une influence sur sa santé si l'on en croit ces études. Selon les résultats obtenus, l'espérance de vie s'accroîtrait de 29% pour les personnes qui ont la foi et qui pratiquent leur religion.

Toujours selon ces études, les gens qui prient quotidiennement font moins d'hypertension que les autres et sont moins susceptibles d'être victimes de pneumonie ou de crise cardiaque, entre autres maladies.

Dans le même ordre d'idée, un programme spécial a été mis sur pied dans 10 hôpitaux américains pour vérifier la valeur de la prière à distance.

«Quelques minutes avant une intervention chirurgicale, un courriel mentionnant le nom, l'âge et l'état de santé d'un patient est envoyé à des groupes de prière leur demandant de prier pour cette personne, explique le Dr Mitchell Krucoff, du centre médical de l'Université Duke, en Caroline du Nord. Nous procédons ensuite à l'opération.» Fait à noter, les personnes composant ces groupes de prière sont parfaitement inconnues du malade.

Des résultats très positifs ont déjà été obtenus grâce à ce programme. Réalisé auprès de 150 patients, le programme-pilote a démontré que les patients qui ont bénéficié des prières à distance ont trois fois moins souffert de complications postopératoires telles que des arrêts cardiaques, des pneumonies, etc.

VISAGES D'ANGES

Avant d'entreprendre la seconde partie du livre, nous vous suggérons de jeter un regard attentif sur des œuvres magistrales inspirées par les anges.

Triés sur le volet, ces trésors artistiques démontrent jusqu'à quel point le talent humain peut devenir grandiose lorsque le monde céleste intervient.

Nous vous invitons donc à admirer ces chefs-d'œuvre, reflets d'un monde personnifié par quelques grands maîtres de l'histoire.

Les anges musiciens – William-Adolphe Bouguereau (1825–1905)

A – Le Christ donnant les clés du
paradis à St-Pierre (détail)
Giovanni Battista Pittoni
(1687-1767)

B – Cupidons et guirlandes de
fleurs (détail)
Carlo Maratti (1625-1713)

La vision d'Ézéchiel – Raphaël (1483-1520)

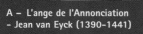

124

A – L'ange de l'Annonciation
- Jean van Eyck (1390-1441)

B – Le printemps
- William-Adolphe
Bouguereau (1825-1905)

C – Le ravissement de Psyché
- William-Adolphe
Bouguereau (1825-1905)

D – La femme et le Chérubin
- William-Adolphe
Bouguereau (1825-1905)

L'ange de l'Annonciation - Melozzo da Forli (1438-1494)

A – Un ange réveille le prophète
Élie – Juan Antonio Escalante
(XVIIe siècle)

B – L'ange porte-candélabre
– Marbre de Michel-Ange
(1475-1564)

C – Abraham et les trois anges
– Giovanni Battista (1696-1770)

D – L'Annonciation
– Hans Memling
(1433-1494)

L'archange saint Michel précipite l'ange déchu dans le néant – Luca Giordano (1634–1705)

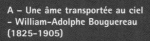

A – Une âme transportée au ciel
– William-Adolphe Bouguereau
(1825–1905)

B – Le sacrifice d'Isaac
– Jacob Jordaens (1593–1678)

C – La nuit des noces de Tobie et
Sara – Eustache Le Sueur
(1616–1655)

DEUXIÈME PARTIE

LA KABBALE ET LES ANGES DE LA KABBALE

Avant-propos

ne mise en garde est nécessaire quand on aborde un sujet à caractère ésotérique comme l'est la kabbale et les anges qui y sont associés. Mais peut-on vraiment parler d'ésotérisme quand un sujet est aussi largement diffusé? Le proscrire serait plutôt faire preuve d'obscurantisme, une attitude contraire au but du *Grand livre des anges* qui est d'instruire le lecteur le plus complètement possible.

Dans cet ordre d'idée, vous constaterez que la kabbale est d'un intérêt indéniable. Bien que son approche soit différente de la tradition, son assise demeure tout de même la foi. La foi envers les anges et la mission que Dieu leur a confiée.

Nous vous invitons donc à découvrir cet aspect particulier du phénomène des anges en vous réitérant qu'il est de bon ton de conserver une certaine rationalité.

Qu'est-ce que la kabbale?

 e mot moderne «kabbale» provient de kaballah, qui veut dire littéralement «tradition» dans le sens de «tradition ésotérique reçue». La kabbale est la voie sacrée par laquelle les doctrines de la mystique juive les plus profondes s'expriment.

Cette tradition juive rapporte que Moïse, après avoir reçu de Dieu les tables de la Loi, en préserva une partie des enseignements. Ne pouvant les livrer au peuple, il les aurait transmis de vive voix à ceux en qui il avait confiance. C'est la raison pour laquelle cette révélation ne s'est faite, en partie, que de bouche à oreille sous le couvert du secret initiatique. En partie seulement car il fut quand même nécessaire d'écrire ces enseignements pour qu'ils puissent être conservés et parvenir jusqu'à nous.

Les racines de la kabbale sont reliées à une ancienne doctrine secrète juive et ce n'est qu'au XIe siècle que le mot «kaballah» apparut véritablement.

Le midi de la France était animé par de très fortes tensions culturelles et religieuses entre 1150 et 1220. Dans le Languedoc[1], des contacts s'établirent entre la culture islamique et celle de la Chevalerie chrétienne. La mystique d'amour des troubadours se développait et le christianisme s'estompait devant la religion dualiste des Cathares[2]. Ce cadre de renouveau mystique permit à la kabbale de prendre de l'expansion dans certains milieux juifs et eut rapidement une très grande influence sur les esprits ésotériques. Le terme «kaballah» s'est tout d'abord appliqué à un ensemble d'ouvrages ésotériques réunissant les doctrines mystiques dont les principaux textes sont: le sepher ha Bahir ou le livre de la Clarté, le sepher Yetsirah ou le livre de la Formation et le sepher ha Zohar ou le livre de la Splendeur.

Le mot «kaballah» désigna ensuite une doctrine unique qui s'étendit en de nombreuses expressions. La kabbale est originaire du sud de la France mais c'est en Espagne qu'elle atteignit le sommet de sa popularité au cours du XIIIe siècle. Théorique et mystique chez les juifs de Provence au XIIe siècle puis chez ceux d'Espagne au cours du XIIIe siècle, elle portait essentiellement sur la nature du monde spirituel dans le but de mettre en relief les rapports entre l'homme et Dieu.

[1]
Le Languedoc est le pays du sud-ouest de l'ancienne France qui correspond aux territoires ayant fait partie du comté de Toulouse.

[2]
Adeptes d'une secte religieuse manichéenne du Moyen Âge répandue notamment dans le sud-ouest de la France. Le manichéisme est une religion fondée sur un strict dualisme opposant les principes du bien et du mal.

Le mot «kabbalah» est issu de l'hébreu QaBaLaH qui réunit deux sens profonds: la Tradition et l'Acceptation.

La Tradition car la kabbale est le véhicule de la tradition ésotérique. Ce mot est associé à la transmission orale qui s'est effectuée de génération en génération. C'est la chaîne de la Tradition (Shachelet ha Kabbalah), la tradition initiatique, transmissible seulement de maître à disciple, la chaîne dont les différentes composantes unissent l'homme à son dieu.

L'Acceptation fait référence à un passage du livre Bahir, le texte fondamental de la kabbale, où les mystiques sont dits «acceptés devant Dieu» (Meqbalim lifne ha Shem). C'est la raison pour laquelle les kabbalistes furent tout d'abord appelés Meqbalim (les acceptés). La kabbale fut ensuite définie comme l'acceptation du joug du royaume céleste. La tradition veut que Moïse, en face (Qabel) de Dieu, reçut (Qibel) la Loi.

La kaballe est en fait «recevoir directement en contemplant sans intermédiaire». En hébreu, Qibel est le verbe «recevoir» alors que Qabel se traduit par «en face de». Il y a donc une idée de contemplation associée à une réceptivité. C'est d'ailleurs sous ce rapport que la kabbale prend tout son sens. À l'image de la révélation que Moïse a reçue sur le mont Sinaï, la kabbale est la réception directe des énergies spirituelles. Elle libère une connaissance spontanée des lois de la nature et le but du kabbaliste est de s'ouvrir au flux divin.

La Connaissance du kabbaliste est constituée des points suivants:

a) La Connaissance de Dieu, de l'Être universel, de la Conscience cosmique à l'origine de tout.

b) La Connaissance de l'univers, science du macrocosme[3].

c) La Connaissance de la Vie, son origine et sa raison.

d) La Connaissance de la Nature, principe premier, la Maîtresse des lois régissant le tout.

Et des quatre principes fondamentaux qui l'animent:

a) La Connaissance des Astres et les relations qu'ils entretiennent avec l'ensemble.

b) La Connaissance de la Terre, mère nourricière de l'humanité, sa place dans l'univers et dans les cycles d'évolution.

c) La Connaissance des Mythes, les enseignements cachés qu'ils enferment et les agrégats inconscients qu'ils décrivent.

d) La Connaissance de l'Homme, l'étude du microcosme. Son identité avec l'univers. L'homme en tant que contenant et expression des éléments ci-dessus.

La doctrine kabbalistique a les règles suivantes comme base d'étude:

1. Un principe unique et éternel, seule Réalité, est la Cause éternelle de tout ce qui est, qui fut, ou sera jamais.

(3)
Le macrocosme est l'univers extérieur dans sa relation analogique avec l'homme (microcosme) dans la tradition ésotérique et alchimique.

2. Ce principe s'équilibre par trois manifestations: deux s'opposent et se complètent, une troisième les équilibre.

3. Ces trois tendances se développent en une multitude d'autres à l'infini.

4. Le plan de manifestation de cette multitude est le cosmos entier.

5. L'homme est à l'image du cosmos: ce qui est en bas est comme ce qui est en haut.

6. L'homme est soumis, comme le cosmos, à la loi d'évolution et d'involution.

Une des caractéristiques profondes de la kabbale est l'absolue liberté de recevoir ou de rejeter, de comprendre ou de se fermer. Elle ne comprend pas de dogmes et n'est pas soumise à l'arbitraire. Elle est, somme toute, à l'image des forces divines dont elle tente d'expliquer les lois. Elle se propose à ceux qui veulent l'accepter ou se refuse selon un principe fort simple: «celui qui est plein de lui-même n'a plus de place pour Dieu».

La kabbale est une doctrine fort complète et de nombreux ouvrages tels le Talmud de Jérusalem et le Talmud de Babylone, pour ne nommer que ceux-là, y traitent le sujet plus en profondeur que nous le ferons ici, notre intérêt étant fixé sur les anges de la kabbale plus spécifiquement.

LES ANGES DE LA KABBALE

elon la tradition kabbalistique, la hiérarchie angélique est constituée de trois chœurs regroupant chacun trois groupes d'anges distincts, totalisant ainsi neuf chœurs. Ce sont, dans l'ordre d'importance, les Séraphins, les Chérubins et les Trônes pour le premier des trois chœurs; les Dominations, les Puissances et les Vertus pour le deuxième chœur; et les Principautés, les Archanges et les Anges pour le dernier des chœurs de la hiérarchie. De plus, chaque chœur des anges comprend huit anges spécifiques, ce qui fait en tout 72 anges dans la hiérarchie angélique.

Toujours selon la tradition, connaître son ange, ses vertus et ses pouvoirs amène non seulement l'être humain à mieux se connaître mais lui offre également la possibilité de réaliser de grandes choses. Selon les spécialistes en angéologie, il y a peu de chances que notre ange se manifeste si nous ne le sollicitons pas en premier lieu. En d'autres mots, il ne vient pas à nous si nous n'allons pas à lui. Bien qu'il puisse se manifester sous plusieurs formes comme nous l'avons vu dans les chapitres précédents, sa présence se concrétise surtout sous forme d'énergie, on le «pressent» en soi.

Bien sûr, nous ne pouvons solliciter un ange sans une préparation sérieuse. La première règle à observer est la détente. Il faut se débarrasser de toutes les tensions qui nous habitent, s'apaiser et se déconnecter du monde extérieur. À cet effet, la relaxation est un exercice idéal, propice à la sollicitation de notre ange[1].

Toujours selon les spécialistes en angéologie, les anges ne sont pas en dehors de nous mais font partie intégrante de chacun de nous. C'est notre ignorance et notre nature humaine qui étoufferaient en nous leur énergie et leurs vertus.

Lorsqu'un degré acceptable de relaxation est atteint, nous pouvons appeler notre ange. Il suffit de l'implorer de tout son cœur à l'aide d'un petit texte, d'une lettre à son intention ou d'une prière. Il est préférable de l'appeler par son prénom et de ne pas craindre de le tutoyer. Si vous tentez d'entrer en contact avec votre ange pour la première fois, il est probable que vous deviez répéter votre invocation pendant une période de sept jours. Il est tout à fait normal qu'il ne se manifeste pas immédiatement.

(1)
Voir les exercices proposés au chapitre 7, *Comment communiquer avec son ange.*

Une mise en garde cependant, nous pouvons demander beaucoup de choses à notre ange mais il ne faut quand même pas abuser. Au début, mieux vaut ne rien attendre de lui: parlez-lui de vous, de votre situation, de votre vie, de vos aspirations, etc. C'est un allié et un protecteur mais il n'est évidemment pas disponible pour combler vos petits caprices. Progressivement, vous obtiendrez probablement ce que vous attendez de lui, mais il faut quand même être patient. Une autre règle à observer: ne lui demandez qu'une chose à la fois et n'oubliez surtout pas de le remercier pour ses bons offices.

Il faut aussi prendre conscience que nous devons accepter tous nos défauts et ne pas hésiter à nous remettre en question car c'est un travail sur nous-mêmes qui favorisera l'accès aux vertus angéliques. En plus de nous aider, notre ange est là pour nous faire évoluer en tant qu'humain.

Chaque ange a son domaine de prédilection. Par contre, rien ne nous empêche de solliciter un ange différent de celui qui nous est attribué. Nous pouvons, en effet, intégrer les 72 vertus angéliques.

Si vous désirez, cependant, invoquer un autre ange que le vôtre, vous devrez le faire par l'intermédiaire de votre ange. En d'autres mots, vous devrez d'abord entrer en contact avec votre ange et lui demander d'intercéder auprès de l'ange que vous désirez solliciter.

Il se peut que votre ange ne se manifeste pas quand vous l'invoquez. Deux raisons sont possibles à cet état de fait: il juge que le moment n'est pas propice, soyez patient, ou il est aussi possible que vous lui en demandiez trop. Ce n'est pas un magicien de foire, il ne vous apportera certes pas le bonheur instantané par un simple claquement de doigts.

Pour vous donner un aperçu du rôle qu'occupent les anges dans la hiérarchie céleste, voici un résumé de leurs spécificités.

La classification de la hiérarchie des anges selon la kabbale

Les Séraphins

Ce sont les plus élevés de la hiérarchie, ils sont les anges de l'amour. Ils proclament constamment la sainteté de Dieu. Ils sont également responsables de la vocation d'Isaïe. Leur nom signifie «grand guérisseur». Dans la vision d'Isaïe, ils apparaissent flamboyants et ayant chacun six ailes; deux leur servant à se cacher la face, deux à se voiler le corps et deux autres à voler. Chantant les louanges du Seigneur, «leur voix faisait trembler les portes sur leur pivot».

Les Chérubins

Ne pas les confondre avec l'imagerie populaire les montrant affublés d'une couche et d'un arc ou comme des bébés grassouillets. Ces êtres célestes dont le nom vient de l'hébreu «keroubim» désigne des entités ailées au corps de fauve et à la face humaine de la statuaire assyro-babylonienne. Dans la Bible, les Chérubins apparaissent comme les plus proches serviteurs de Dieu. Ils gardent son domaine et l'entourent dans son Sanctuaire: postés à l'entrée du Jardin d'Éden, ils interdisent l'accès à l'arbre de la connaissance. On voit même le Seigneur chevaucher l'un d'eux pour descendre sur terre. On retrouve aussi la représentation des Chérubins sculptée sur l'Arche de l'Alliance.

Les Trônes

Associés aux Chérubins dans la vision d'Ezéchiel[2], ils font partie intégrante de la vision qu'il rapporta. Nous les connaissons fort peu et une forme d'inertie est associée à ces anges.

Les Dominations

Ils sont responsables du travail des anges qui le suivent dans la hiérarchie. Ils symbolisent l'autorité et on les associe également aux visions et aux inspirations divines.

Les Puissances

Ce sont les protecteurs de notre âme contre le mal et des tentations dont il nous assaille. Ils luttent contre les démons de l'enfer pour les empêcher de conquérir le monde des humains.

Les Vertus

Ce sont eux qui accomplissent les miracles au nom de l'entité divine. Dans certains textes assyro-babyloniens, on voit les Vertus se regrouper pour enlever et élever une âme en difficulté. Il ne s'agit pas de mort mais plutôt de récompense, d'un bref voyage pour réconforter l'âme du sujet.

Les Principautés

Leurs principales tâches sont de veiller aux choses terrestres, particulièrement en ce qui concerne les nations et les religions. Ce sont les anges de la diplomatie qui surveillent, mais ils interviennent peu.

Les Archanges

Leur nom provient du mot grec «arkhê» qui signifie «commandement». Ce sont eux qui supervisent les anges. Ils sont très souvent associés au chiffre 7 et on leur attribue le rôle de champions de la lutte éternelle contre le mal. Le mot «archange» désigne aussi l'ange anonyme dont la voix donne le signal de la vue du Seigneur lors du jugement dernier. Dans quelques textes apocryphes[3] (le Livre d'Esdras, le Livre d'Hénoch), on les présente comme les chefs de l'armée céleste.

Les Anges

Les Anges sont la classe inférieure, les envoyés et les messagers de Dieu. Ce sont eux qui transmettent et exécutent les volontés divines. Leur assistance auprès des hommes, leur principale mission, est souvent affirmée dans divers écrits reconnus par la religion. C'est dans ce chœur de la hiérarchie angélique que se trouvent les anges gardiens de l'imagerie populaire. Ils sont probablement les plus accessibles pour l'homme dans la hiérarchie.

---

(2)
Ez 1,10-11 - Quant à la forme de leurs faces, ils avaient une face d'homme, et tous les quatre avaient une face de lion à droite, et tous les quatre avaient une face de taureau à gauche, et tous les quatre avaient une face d'aigle.

Leurs ailes étaient déployées vers le haut; chacun avait deux ailes se joignant et deux ailes lui couvrant le corps;

(3)
Livres qui, se présentant comme inspirés par Dieu, ne font pas partie du canon biblique juif ou chrétien.

chapitre 12

Les séphiras

 e chapitre s'adresse à tous ceux qui cherchent à transcender leur propre essence et à se dépasser spirituellement dans tous les aspects de leur vie quotidienne.

Pour modifier et élever notre nature intérieure, nous devons nous efforcer de devenir meilleurs et vouloir changer certaines attitudes qui nous rattachent inutilement aux biens matériels. Nous devons, dès maintenant, ressentir les choses au lieu de les sentir.

Un seul mot est important: l'amour. Plus nous désirons nous rapprocher de Dieu, plus nous devons nous diriger vers l'univers, vers sa création. Notre quotidien doit maintenant être imprégné d'amour, envers Dieu d'abord et envers l'univers. Cet amour doit prendre sa source à l'intérieur de nous et rejaillir vers tous ceux qui nous entourent.

Cet amour, ce don sublime de Dieu, a besoin d'un langage pour l'exprimer et ce langage est la prière. Les 72 anges de la hiérarchie céleste existent pour recevoir cet appel de notre âme qui cherche à s'adresser à l'essence sublime de Dieu. La prière, c'est le chant des chants, la voix de notre cœur.

La prière, c'est la voie surnaturelle qui repousse les limites de la condition humaine et qui nous permet d'atteindre et d'influencer positivement le monde divin. La prière nous détourne de nos préoccupations personnelles et nous permet de découvrir cet accès possible aux êtres de lumière, de sagesse et de bonté que sont les anges.

Par la prière, nous attirons vers nous les énergies spirituelles capables de nous empêcher de demeurer dans le chaos dont nous voulons nous libérer.

L'arbre séphérotique

Dans la hiérarchie céleste, les neuf chœurs des anges ont des fonctions très déterminées. Chaque chœur, c'est-à-dire chaque séphira (les Séraphins, les Chérubins, les Dominations, les Puissances, les Vertus, les Principautés, les Archanges et les Anges) compte chacun huit anges. Ceux-ci travaillent en énergie et apportent ce qu'on appelle une légion de forces, c'est-à-dire qu'ils ont à leur service d'autres entités lumineuses qui sont également des anges.

Le nombre d'anges n'est donc pas limité à 72. Les 72 anges dont nous avons les noms sont pour ainsi dire des «anges princes» qui gouvernent d'autres anges dont la multitude est impossible à envisager ou à concevoir pour la nature humaine.

Pour avoir une idée plus représentative du monde de la hiérarchie des anges, voir le tableau reproduit à la page suivante.

L'arbre séphérotique

L'arbre de la kabbale

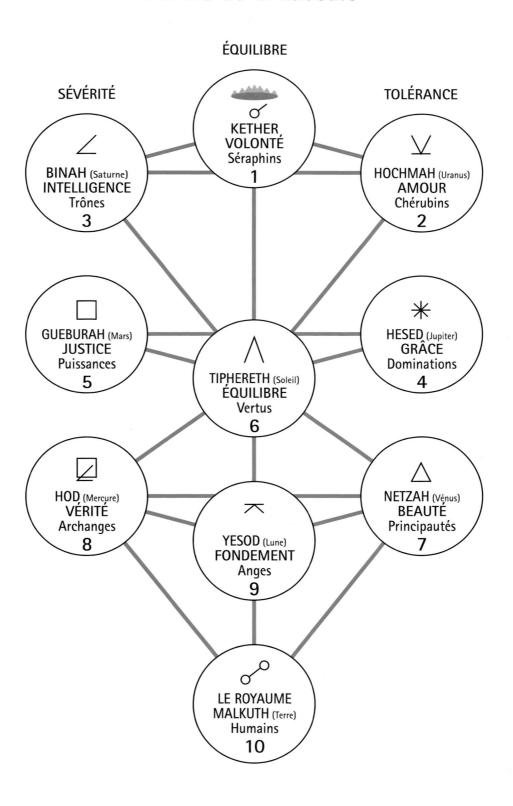

ÉQUILIBRE

SÉVÉRITÉ

TOLÉRANCE

KETHER
VOLONTÉ
Séraphins
1

BINAH (Saturne)
INTELLIGENCE
Trônes
3

HOCHMAH (Uranus)
AMOUR
Chérubins
2

GUEBURAH (Mars)
JUSTICE
Puissances
5

TIPHERETH (Soleil)
ÉQUILIBRE
Vertus
6

HESED (Jupiter)
GRÂCE
Dominations
4

HOD (Mercure)
VÉRITÉ
Archanges
8

YESOD (Lune)
FONDEMENT
Anges
9

NETZAH (Vénus)
BEAUTÉ
Principautés
7

LE ROYAUME
MALKUTH (Terre)
Humains
10

Au sommet de l'arbre séphérotique, on remarque les Séraphins dans le Royaume 1, le Royaume de Kéther. Ils y sont présents pour que la volonté soit toujours à son plus haut niveau. Leur devoir est de s'occuper des desseins du moi supérieur, c'est-à-dire du destin de chaque être humain.

Le devoir des Chérubins dans le Royaume de Hochmah est de voir au perfectionnement de ladite volonté par le pouvoir de l'amour. Comme nous l'avons vu précédemment, l'amour est l'élément le plus important de la spiritualité.

Quant aux Trônes dans le Royaume de Binah, leur rôle est de cristalliser la volonté et l'amour. Ils permettent également que la spiritualité atteigne un niveau satisfaisant.

Les Dominations dans le Royaume de Hesed ont pour fonction de fournir les pouvoirs que notre destin nous permet. Selon la destinée qui nous est propre, ils nous apportent les bienfaits du paradis qu'on mérite, la joie, la bonté et la compassion.

Dans le séphira suivant, les Puissances du Royaume de Gueburah ont pour rôle de rétablir la justice quand la loi divine a été trangressée. Ils apportent à chaque être humain le courage d'affronter ses faiblesses et de purifier tout ce qui est en lui.

Le sixième séphira, les Vertus du Royaume de Tiphereth, nous fait bénéficier de l'influence des positions solaires, l'énergie solaire illuminant tout ce qui est en nous. Les Vertus agissent aussi en tant qu'intermédiaires entre notre volonté et le dessein divin à notre égard. Ils harmonisent aux besoins spirituels les désirs de l'être humain. Ils sont ainsi les intercesseurs de la conscience et de nos prises de conscience.

Pour leur part, les Principautés du Royaume de Netzah ont pour rôle de nous apporter la sympathie, la grâce, la sagesse et la beauté; une sagesse individuelle en quelque sorte.

Au Royaume de Hod, les Archanges nous fournissent la possibilité d'avoir accès à la vérité et veillent à ce que tout ce qui est ici-bas soit conforme au monde céleste. Ils exercent aussi leur pouvoir sur tout ce qui touche le domaine matériel. Il est donc recommandé d'adresser toute demande matérielle aux Archanges par l'intermédiaire de l'ange qui nous est dévolu.

En collaboration avec les Trônes, les Anges du Royaume de Yesod favorisent les circonstances qui nous font vivre des événements et des situations qui contribuent à notre évolution. Ce sont eux qui nous protègent pour éviter que le dessein divin à notre égard ne soit perturbé. Pour éviter que notre âme ait des tentations qui la feraient dévier de la mission qu'elle a reçue de Dieu, on doit faire appel aux Anges de ce séphira.

Grâce à ces explications, vous avez maintenant une idée plus précise de la hiérarchie des anges et du rôle qu'ont ceux-ci dans l'univers angélique.

Vous trouverez, dans les pages qui suivent, les caractéristiques des neuf séphiras et des 72 «anges princes». Ces renseignements vous serviront non seulement à mieux connaître votre «ange prince» mais vous aurez aussi la possibilité de découvrir les dons particuliers des autres anges de la hiérarchie céleste.

Chaque page est divisée en trois parties distinctes.

La première (Dons généraux), à laquelle nous joignons le signe astrologique correspondant, concerne les dons particuliers des anges.

La deuxième présente les pierres, la couleur et les plantes qui y sont associées et dont vous pouvez vous servir pour favoriser un meilleur contact avec votre ange.

La troisième (Particularités et influence directe), vous donne encore plus de précision sur le champ d'action de votre ange et sur la façon dont vous devez vous comporter avec lui lorsque vous l'aurez contacté.

LES NEUF SÉPHIRAS DES ANGES

LES SÉRAPHINS

Séphiras: Kéther	Prince: Métatron	Planète: Neptune
N°	Nom	Au service des personnes nées
1.	Véhuiah	Du 21 au 26 mars
2.	Jéliel	Du 27 au 31 mars
3.	Sitaël	Du 1er au 5 avril
4.	Elémiah	Du 6 au 10 avril
5.	Mahasiah	Du 11 au 15 avril
6.	Lélahel	Du 16 au 20 avril
7.	Achaiah	Du 21 au 25 avril
8.	Cahétel	Du 26 au 30 avril

LES CHÉRUBINS

Séphiras: Hochmah	Prince: Raziel	Planète: Uranus
N°	Nom	Au service des personnes nées
9.	Haziel	Du 1er au 5 mai
10.	Aladiah	Du 6 au 11 mai
11.	Lauviah I	Du 12 au 16 mai
12.	Hahaiah	Du 17 au 21 mai
13.	Yézalel	Du 22 au 26 mai
14.	Mébahel	Du 27 au 31 mai
15.	Hariel	Du 1er au 6 juin
16.	Hékamiah	Du 7 au 11 juin

LES TRÔNES

Séphiras: Binah	Prince: Tsaphkiel	Planète: Saturne
N°	Nom	Au service des personnes nées
17.	Lauviah II	Du 12 au 16 juin
18.	Caliel	Du 17 au 21 juin
19.	Leuviah	Du 22 au 27 juin
20.	Pahaliah	Du 28 juin au 2 juillet
21.	Nelchaël	Du 3 au 7 juillet
22.	Yéiayel	Du 8 au 12 juillet
23.	Melahel	Du 13 au 18 juillet
24.	Haheuiah	Du 19 au 23 juillet

Les Dominations

Séphiras: Hésed	Prince: Tsadkiel	Planète: Jupiter
N°	Nom	Au service des personnes nées
25.	Nith-Haiah	Du 24 au 28 juillet
26.	Haaiah	Du 29 juillet au 2 août
27.	Yérathel	Du 3 au 7 août
28.	Séhéiah	Du 8 au 13 août
29.	Reiyiel	Du 14 au 18 août
30.	Omaël	Du 19 au 23 août
31.	Lécabel	Du 24 au 28 août
32.	Vasariah	Du 29 août au 2 septembre

Les Puissances

Séphiras: Géburah	Prince: Camel	Planète: Mars
N°	Nom	Au service des personnes nées
33.	Yéhuiah	Du 3 au 8 septembre
34.	Léhahiah	Du 9 au 13 septembre
35.	Chavakhiah	Du 14 au 18 septembre
36.	Ménadel	Du 19 au 23 septembre
37.	Aniel	Du 24 au 28 septembre
38.	Haamiah	Du 29 septembre au 3 octobre
39.	Réhaël	Du 4 au 8 octobre
40.	Iéiazel	Du 9 au 13 octobre

Les Vertus

Séphiras: Tiphéreth	Prince: Raphaël	Planète: Uranus
N°	Nom	Au service des personnes nées
41.	Hahahel	Du 14 au 18 octobre
42.	Mikhaël	Du 19 au 23 octobre
43.	Veuliah	Du 24 au 28 octobre
44.	Yélahiah	Du 29 octobre au 2 novembre
45.	Séaliah	Du 3 au 7 novembre
46.	Ariel	Du 8 au 12 novembre
47.	Asaliah	Du 13 au 17 novembre
48.	Mihaël	Du 18 au 22 novembre

LES NEUF SÉPHIRAS DES ANGES

LES PRINCIPAUTÉS

Séphiras: Netzah   **Prince: Haniel**   **Planète: Vénus**

N°	Nom	Au service des personnes nées
49.	Véhuel	Du 23 au 27 novembre
50.	Daniel	Du 28 novembre au 2 décembre
51.	Hahasiah	Du 3 au 7 décembre
52.	Imamiah	Du 8 au 12 décembre
53.	Nanaël	Du 13 au 17 décembre
54.	Nithaël	Du 18 au 22 décembre
55.	Mébahiah	Du 23 au 27 décembre
56.	Poyel	Du 28 au 31 décembre

LES ARCHANGES

Séphiras: Hod   **Prince: Mikhaël**   **Planète: Mercure**

N°	Nom	Au service des personnes nées
57.	Némamiah	Du 1er au 5 janvier
58.	Yeialel	Du 6 au 10 janvier
59.	Harahel	Du 11 au 15 janvier
60.	Mitzraël	Du 16 au 20 janvier
61.	Umabel	Du 21 au 25 janvier
62.	Iah-Hel	Du 26 au 30 janvier
63.	Anauel	Du 31 janvier au 4 février
64.	Mehiel	Du 5 au 9 février

LES ANGES

Séphiras: Yésod   **Prince: Gabriel**   **Planète: Neptune**

N°	Nom	Au service des personnes nées
65.	Damabiah	Du 10 au 14 février
66.	Manakel	Du 15 au 19 février
67.	Eyael	Du 20 au 24 février
68.	Habuhiah	Du 25 février au 1er mars
69.	Rochel	Du 2 au 6 mars
70.	Jabamiah	Du 7 au 11 mars
71.	Haiaiel	Du 12 au 16 mars
72.	Mumiah	Du 17 au 20 mars

Le séphira des Séraphins

Les Séraphins
Bélier

1. Véhuiah
Du 21 au 26 mars

Dons généraux

Influe sur la volonté et les capacités d'organisation. Transmet un esprit vif et lucide et octroie l'illumination spirituelle. Procure l'énergie nécessaire pour combattre les douleurs physiques et spirituelles.

Spécifique à Véhuiah

Encens: Anis étoilé • Fleur: Gardénia • Plante: Racine d'iris florentin

Particularités et influence directe

Vehuiah exerce son influence sur le monde militaire et ses intervenants. Il protège les plus démunis de la société et intervient lorsqu'ils sont injustement accusés. Il exerce son influence dans le domaine de la santé, notamment dans les recherches médicales.

Le protégé de cet ange possède un esprit subtil et très ingénieux.

Meneur dans l'âme, il possède un très grand sens de l'initiative et il est capable d'accomplir des tâches qui demandent du courage. Très énergique, il doit apprendre à bien canaliser ses énergies. Sa force de caractère lui confère la possibilité de s'autoguérir. Il est toutefois sujet à la colère.

Le protégé de Véhuiah a tendance à être un pionnier dans sa spécialité. Il possède aussi une grande ténacité qui le porte à réaliser des projets hors du commun.

Un individu négatif a tendance à se vautrer dans des excès qui lui causent beaucoup d'ennuis. Il peut devenir également très colérique.

Commun aux Séraphins

Prince: Métatron • Planète: Neptune • Propriété: Conscience physique • Fleur: Rose blanche • Couleur: Violet • Pierres: Aigue-marine, fluorite, jade, labradonite, opale. Métaux: Neptunium, bronze

2. Jéliel
Du 27 au 31 mars

Dons généraux

Influe sur la loyauté et l'ouverture d'esprit avec l'entourage. Apporte la fermeté et la persévérance nécessaires pour réaliser ses objectifs. Favorise une bonne fécondité et la stabilité dans les rapports familiaux.

Spécifique à Jéliel

Encens: Anis • Fleur: Lilas • Plante: Absinthe

Particularités et influence directe

Cet ange calme les révoltes populaires et aide à obtenir justice lorsque son protégé est attaqué injustement. Il permet aussi de connaître ce que peut cacher l'adversaire. Ange de réconciliation entre époux, il apporte la fidélité, la fécondité et la paix. Son protégé jouit d'un tempérament enjoué, est loyal et très sociable.

Il doit apprendre à dominer ses instincts et être respectueux envers la nature. Il doit faire fi des fausses valeurs morales et vivre en toute respectabilité.

Le contact avec son ange procurera à cette personne une vie plus riche grâce à son sens des vraies valeurs. Pour éviter les erreurs regrettables qui pourraient lui compliquer la vie, elle acceptera de vivre dans la droiture et la bonté. Sous l'influence de Jéliel, elle découvre tout le bonheur de vivre dans l'harmonie et la paix, ce qui lui procure un grand bonheur.

Devant un individu négatif, Jéliel se plaira à désunir son couple, le condamnera au célibat et à de mauvaises rencontres qui pourraient chambarder sa vie.

3. SITAËL

Du 1er au 5 avril

DONS GÉNÉRAUX

Confère de la force physique et du courage. Transmet un esprit pratique conjugué à un idéalisme de bon aloi. Procure la capacité de surmonter un grand nombre de difficultés.

SPÉCIFIQUE À SITAËL

Encens: Cannelle • Fleur: Héliotrope • Plante: Eucalyptus

PARTICULARITÉS ET INFLUENCE DIRECTE

Cet ange influe sur la noblesse, le dévouement et les emplois supérieurs.

Celui qui entrera en contact avec son ange obtiendra sa protection contre les animaux dangereux et les armes. Il pourra, de surcroît, être protégé contre la violence.

Sitaël procure l'inspiration nécessaire pour trouver des arguments de paix ou de tolérance afin de concilier des points de vue qui s'opposent dans les grands débats. Son protégé sera apprécié en raison de ses grandes qualités et pourrait devenir une personnalité hautement cotée. En raison de son jugement sûr, son protégé est un symbole d'espoir.

Celui qui se place sous la protection de cet ange aime la vérité et est fidèle à ses engagements ou à la parole donnée. Il soutient ses semblables dans des causes justes et bonnes et peut les aider à trouver des emplois intéressants. Il est, de plus, très reconnaissant à ceux qui le soutiennent.

Un individu négatif développera une tendance à l'hypocrisie, au parjure et à l'ingratitude.

COMMUN AUX SÉRAPHINS

Prince: Métatron
• Planète: Neptune
• Propriété: Conscience physique
• Fleur: Rose blanche
• Couleur: Violet
• Pierres: Aigue-marine, fluorite, jade, labradonite, opale.
Métaux: Neptunium, bronze

4. ÉLÉMIAH

Du 6 au 10 avril

DONS GÉNÉRAUX

Procure un talent musical. Transmet la paix intérieure et la faculté de développer un bon équilibre émotionnel. Protège contre les excès et les négligences de toutes sortes.

SPÉCIFIQUE À ÉLÉMIAH

Encens: Clou de girofle
• Fleur: Chèvrefeuille
• Plante: Sureau

PARTICULARITÉS ET INFLUENCE DIRECTE

Cet ange domine les états d'âme. Il calme les esprits tourmentés et fait naître la paix intérieure. Il offre un soutien dans la vie professionnelle et permet de reconnaître les traîtres lors d'un conflit. Il gouverne les voyages et les expéditions maritimes. En outre, il soutient son protégé dans ses découvertes, celles-ci pouvant devenir fort utiles à autrui.

Le protégé d'Élémiah est un bon travailleur et réussira tout ce qu'il entreprendra à condition de demeurer humble et reconnaissant. En raison de sa modestie, l'ange Élémiah permet de faire des choix qui amélioreront le bien-être matériel et moral. Cet ange inspire l'humilité et éloigne la rancune.

Élémiah aide à faire le choix d'une carrière professionnelle et son protégé peut aspirer à devenir un bon guide pour les autres. Élémiah lui permet également d'éviter les erreurs en société.

Un individu négatif peut devenir un danger pour son entourage, faire des découvertes dangereuses et semer des obstacles qui freineront la réalisation de ses projets.

5. Mahasiah
Du 11 au 15 avril

DONS GÉNÉRAUX

Transmet la tranquillité d'esprit, l'équilibre émotionnel et un sens développé pour la liberté. Fournit une volonté de fer pour améliorer les relations sociales. Influe dans le domaine des arts.

Spécifique à Mahasiah

Encens: Galangal • Fleur: Fleur d'oranger • Plante: Herbe à chat

PARTICULARITÉS ET INFLUENCE DIRECTE

Cet ange inspire le goût de la joie, du beau, de la paix et de l'harmonie. Il favorise la richesse intellectuelle et son protégé peut espérer une brillante réussite professionnelle s'il vit dans l'harmonie et la paix.

Son protégé possède des aptitudes dans ces spécialités et jouit d'une grande sagesse en plus de faire preuve d'une bonne connaissance de la vérité. Il peut facilement s'exprimer et s'extérioriser dans les arts. Il peut également devenir célèbre et jouir d'une excellente renommée.

Le protégé de Mahasiah jouit d'une puissante force morale, pardonne facilement et possède l'art de se faire aimer des personnes qu'il côtoie. En outre, ses qualités de communicateur lui permettent d'apporter des solutions aux conflits qui peuvent affecter son entourage.

Un individu négatif sera porté à oublier tout ce qui lui a permis d'être respecté et sera sujet à perdre la maîtrise de soi devant des épreuves qu'il aurait facilement vaincues auparavant.

COMMUN AUX Séraphins
Prince: Métatron
• Planète: Neptune
• Propriété: Conscience physique
• Fleur: Rose blanche
• Couleur: Violet
• Pierres: Aigue-marine, fluorite, jade, labradonite, opale.
Métaux: Neptunium, bronze

6. Lélahel
Du 16 au 20 avril

DONS GÉNÉRAUX

Favorise l'illumination spirituelle et une prédisposition pour l'innovation et l'invention. Fournit les facultés nécessaires pour régler les conflits. Insuffle une disposition à reconnaître tout ce qui est beau.

Spécifique à Lélahel

Encens: Citronnelle • Fleur: Tubéreuse • Plante: Consoude

PARTICULARITÉS ET INFLUENCE DIRECTE

Cet ange permet le rétablissement rapide de la santé et procure un pouvoir particulier de régénération physique. Il apporte la renommée et la célébrité dans les domaines des arts et de la science à condition que son protégé n'utilise pas des moyens illicites pour réussir et qu'il ne se nourrisse pas d'ambitions excessives.

Son protégé peut devenir un élément stabilisateur lors de crises dans les domaines public et privé. Il peut aussi devenir célèbre en raison de ses talents naturels ou de ses actions sociales.

Lélahel accorde l'illumination spirituelle et la grâce divine. Il apporte aussi beaucoup de lucidité et permet de reconnaître l'amour qui jaillit autour de soi.

Le protégé de Lélahel doit demeurer généreux et se détacher raisonnablement des biens matériels s'il veut parvenir à l'aisance financière et connaître ensuite les joies du partage et du respect d'autrui. Des ambitions excessives et des arrière-pensées peu honorables assombriront inévitablement sa destinée.

7. Achaiah
Du 21 avril au 25 avril

Dons généraux

Favorise une vive intelligence et la faculté de surmonter facilement les situations difficiles. Fournit une bonne compréhension de la réalité. Prodigue la patience et une inclination pour le domaine spirituel.

Spécifique à Achaiah

Encens: Muscade • Fleur: Souci • Plante: Menthe

Particularités et influence directe

Ange de la patience, Achaiah permet de découvrir certains secrets de la nature. Cet ange accorde une aptitude à la précision, une habileté manuelle et un sens pratique.

Son protégé aime se renseigner sur tout ce qui peut être utile à la société. Grâce à la réalisation de travaux difficiles, il obtiendra gloire et reconnaissance. Il est très ouvert d'esprit et est très préoccupé par la liberté. Auprès d'Achaiah, son protégé découvre le vrai sens de la vie, devient ingénieux et persévérant, qualités qui peuvent le conduire à la réussite. Au côté de son ange, il acquiert la certitude intérieure d'une vérité qui réside au-delà des choses.

Cet ange accorde une protection contre les sortilèges, les charmes et les malédictions. Il permet de se libérer des calomniateurs et des oppresseurs. Une foi perdue peut être retrouvée grâce aux immenses pouvoirs dont il est détenteur.

Un protégé négatif tend au laisser-aller, à la paresse, à la négligence et à l'insouciance pour les études ou vis-à-vis de son travail.

Commun aux Séraphins
Prince: Métatron • Planète: Neptune • Propriété: Conscience physique • Fleur: Rose blanche • Couleur: Violet • Pierres: Aigue-marine, fluorite, jade, labradonite, opale. Métaux: Neptunium, bronze

8. Cahétel
Du 26 au 30 avril

Dons généraux

Apporte la patience et encourage l'orientation vers le mysticisme et l'introspection. Procure une aide précieuse dans les rapports familiaux et permet de développer le sens de l'initiative.

Spécifique à Cahétel

Encens: Anis étoilé • Fleur: Rose blanche • Plante: Thym

Particularités et influence directe

Ange de bénédiction divine, il stimule le goût du plaisir dans la simplicité. Sous l'influence de Cahétel, le protégé aime tout ce qui est naturel, simple et empreint de modestie. Il évolue dans la vie comme un être soucieux de ce qui l'entoure et est très respecté par tous les gens qui le côtoient.

Cet ange promet la prospérité à celui qui élève son esprit et son cœur vers Dieu en le louangeant. Par cette attitude glorifiante, son protégé obtient l'éloquence, le succès et la reconnaissance de ses pairs à condition d'être circonspect et de demeurer modeste.

Cahétel accorde à son protégé le pouvoir de prouver sa bonne foi lors d'un malentendu. Il protège contre les malédictions, les sortilèges et les mauvais charmes. Il transmet également la capacité de bien gérer ses émotions en cas de conflit avec l'entourage.

Sous une vibration négative, le protégé de Cahétel tend au blasphème contre Dieu, recherche les flatteries et devient vaniteux. Le protégé qui s'écarte de sa voie a tendance à perdre l'estime de soi.

Le séphira des Chérubins

Les Chérubins
Taureau

Taureau

9. Haziel
Du 1er au 5 mai

Dons généraux

Inculque une propension à l'amour désintéressé et à l'amitié profonde. Procure une générosité d'âme, des sentiments véritables et profonds et une facilité à se faire accepter par l'entourage.

Spécifique à Haziel

Encens: Cèdre • Fleur: Œillet • Plante: Fenouil

Particularités et influence directe

C'est l'ange du pardon, de l'harmonie et de la réconciliation. En compagnie de Haziel, son protégé obtient la grâce divine, l'amitié et la bienveillance des grands de ce monde. À ses côtés, il peut espérer la réalisation de promesses qui lui sont faites ou de souhaits qu'il espère se voir réaliser. Cet ange gouverne la bonne foi et la réconciliation.

Sous l'influence d'Haziel, son protégé est sincère lorsqu'il fait une promesse et pardonne aisément à ses ennemis. Haziel devient très généreux à l'égard de celui qui oublie ses rancœurs et démontre un désir authentique de partage. Amitiés, bienveillance, justice, clémence, réconciliation familiale et pardon seront accordés.

Haziel guide celui qui ne tombe pas dans le piège des ambitions excessives ou qui ne tente pas d'acquérir la fortune par des moyens malhonnêtes. Cet ange permet à son protégé de devenir un bon modérateur en cas de litige dans des affaires publiques ou privées.

L'hypocrisie et la haine conduisent une personne négative à tromper son entourage et à se faire des ennemis qui ne lui pardonneront pas ses transgressions.

Commun aux Chérubins

Prince: Raziel • Planète: Uranus • Propriété: Protection • Fleur: Jacinthe • Couleurs: Argent et orange • Pierres: Amazonite, aventurine, grenat vert, hématite, lapis-lazuli, malachite, pyrite • Métaux: Uranium, magnétite, aluminium

10. Aladiah
Du 6 au 11 mai

Dons généraux

Procure les capacités nécessaires pour se régénérer autant physiquement que moralement. Donne beaucoup d'ardeur au travail et octroie une propension profonde à pardonner aux autres. Confère des aptitudes pour le renouvellement.

Spécifique à Aladiah

Encens: Cyprès • Fleur: Trèfle • Plante: Basilic

Particularités et influence directe

Cet ange permet de faire partie de l'élite sociale et de développer des amitiés sincères avec des gens célèbres. Celui qui est sous sa protection apprend à être discret, méthodique et attentif. Le succès dans des entreprises difficiles sera la récompense de cette attitude.

Aladiah intervient auprès de ceux qui détiennent le pouvoir terrestre pour que son protégé obtienne leur soutien et leur protection.

Cet ange influe sur la santé et permet la guérison des maladies du corps et de l'âme. En ce qui concerne le corps, il protège particulièrement contre les maladies infectieuses et contagieuses. Il permet également d'améliorer son image face aux autres. Aladiah est un ange de pardon, de régénération morale, de purification et de conversion des impurs.

Il offre sa protection à la personne qui se repent sincèrement de ses fautes et qui admet ses erreurs. Celle-ci doit devenir juste, modérée, jouir sobrement des biens terrestres, défendre les faibles et apprendre à être généreuse.

Un protégé qui persistera dans la négativité verra sa santé affectée et ses affaires déclineront.

TAUREAU

11. Lauviah I

Du 12 au 16 mai

Dons généraux

Procure la sagesse et l'équilibre émotionnel. Octroie des aptitudes à la pratique de la méditation et une propension à se ressaisir devant les difficultés.

Spécifique à Lauviah I

Encens: Eucalyptus • Fleurs: Rose et géranium • Plante: Cinq-feuilles

Particularités et influence directe

Cet ange protège contre la foudre et favorise la victoire dans l'adversité. Il soutient les grandes personnalités, les scientifiques et ceux qui connaissent la célébrité par leur talent inné.

Lauviah agit sur la pensée, les facultés intellectuelles et la connaissance. De plus, il accorde la sagesse. Sous sa protection, une personne apprend à analyser l'inconscient des autres.

Celui qui se confie à Lauviah I obtient une protection contre les cruelles et lourdes épreuves de la vie, autant physiques que spirituelles. Pour obtenir sa protection, il doit être modeste et développer un esprit de sacrifice et de partage.

Lauviah permet la révélation des mystères occultes, la connaissance de l'inconscient d'autrui, la possibilité de bonnes relations sociales et de brillantes amitiés avec des personnalités célèbres. Il permet également le retour d'amitiés perdues et protège contre les armes.

Sous une vibration négative, le protégé est porté à la jalousie, à l'orgueil, à l'ambition excessive, à l'égoïsme et à la calomnie.

12. Hahaiah

Du 17 au 21 mai

Dons généraux

Procure une bonne résistance à l'adversité et prodigue une bonne force intérieure pour mieux faire face aux embûches de la vie. Confère un esprit missionnaire et des dispositions pour interpréter les rêves.

Spécifique à Hahaiah

Encens: Pin • Fleur: Pivoine • Plante: Sauge

Particularités et influence directe

Cet ange permet l'interprétation des rêves, accorde une protection contre les médisances, les calomnies, les abus de confiance, le mensonge, les indiscrétions et l'adversité.

Sous la protection de Hahaiah, le protégé développe de la gentillesse et de la discrétion. Ce dernier obtient et propage la sérénité et le calme. Il ouvre sa conscience à son «moi profond» et peut ainsi apprendre à mieux se connaître et à agir selon l'essence de sa véritable personne. Celui qui veut obtenir la protection de son ange doit devenir un médiateur entre les hommes et utiliser son énergie à des fins strictement personnelles. Il doit également éviter le mensonge, les indiscrétions et les abus de confiance.

Hahaiah favorise les rêves prémonitoires et aide à démystifier l'inconscient et les sciences cachées.

Un protégé négatif perd progressivement confiance en lui et tout ce qu'il a acquis précédemment dans sa vie risque d'être perdu à jamais.

Commun aux Chérubins

Prince: Raziel • Planète: Uranus • Propriété: Protection • Fleur: Jacinthe • Couleurs: Argent et orange • Pierres: Amazonite, aventurine, grenat vert, hématite, lapis-lazuli, malachite, pyrite • Métaux: Uranium, magnétite, aluminium

13. Yézalel
Du 22 au 26 mai

Dons généraux

Procure de l'optimisme, une prédisposition à la vie de couple et à la fidélité dans le mariage. Octroie un don particulier pour apprécier les choses de la vie.

Spécifique à Yézalel

Encens: Genévrier • Fleur: Pensée • Plante: Rue

Particularités et influence directe

Celui qui est sous la protection de Yézalel est épargné des insignifiances, de la médiocrité, du mensonge et des erreurs de jugement; il devient un médiateur et un réconciliateur.

Ange de fidélité et de réconciliation dans les relations amicales ou amoureuses, il permet à la paix de s'installer de nouveau et aux oppositions de s'estomper.

Yézalel accorde une excellente mémoire et une facilité d'apprentissage. Sous son influence, on jouit de bonnes facultés intellectuelles et on développe un goût particulier pour les grandes œuvres littéraires. S'il entre en contact avec Yézalel avant une négociation, son protégé devient un négociateur remarquable.

Cet ange guide son protégé dans la recherche d'un emploi et l'assiste lorsqu'il est devant une tâche particulièrement difficile à réaliser.

Un protégé négatif devient borné, perd le goût de l'apprentissage, se vautre dans la paresse, l'ignorance, l'erreur, la médiocrité et le mensonge.

Commun aux Chérubins

Prince: Raziel • Planète: Uranus • Propriété: Protection • Fleur: Jacinthe • Couleurs: Argent et orange • Pierres: Amazonite, aventurine, grenat vert, hématite, lapis-lazuli, malachite, pyrite • Métaux: Uranium, magnétite, aluminium

14. Mébahel
Du 27 au 31 mai

Dons généraux

Insuffle un sens très développé de la justice envers les autres et envers soi-même. Favorise l'enthousiasme, la recherche de la liberté et un amour particulier pour toutes les choses simples que la vie peut apporter.

Spécifique à Mébahel

Encens: Baume de Gilead • Fleur: Bruyère • Plante: Chardon béni

Particularités et influence directe

Cet ange apporte son soutien lorsque la justice, la vérité et la liberté sont en cause. Celui qui est sous sa protection peut connaître la reconnaissance professionnelle dans le domaine de la justice.

Il doit être porteur d'espoir pour l'humanité, travailler dans des causes justes et œuvrer pour la libération des opprimés.

Mébahel offre à son protégé un sens aigu d'égalité et le soutien dans la lutte contre l'oppression, l'injustice et la persécution. Il obtient en outre la force nécessaire pour protéger les innocents et pour lutter contre ceux qui tentent d'usurper la fortune des autres. Il accorde la victoire dans des causes justes et préserve contre la calomnie et les tromperies.

Cet ange permet de retrouver ce qui a été perdu injustement.

Une personne négative abuse de son pouvoir, devient calomniatrice et est sujette aux faux témoignages. De plus, elle perd toutes les belles qualités qui lui ont permis de réussir dans sa vie professionnelle et sociale.

15. Hariel

Du 1er au 6 juin

Dons généraux

Confère un attrait particulier pour le surnaturel et la religion. Procure une grande chaleur humaine et une grande disponibilité à l'égard des personnes qui ont besoin de réconfort.

Spécifique à Hariel

Encens: Gui • Fleur: Jacinthe • Plante: Laurier

Particularités et influence directe

Hariel est un ange de bonté et d'amour. Celui qui se place sous sa protection jouit d'une force morale qui lui permet de guider sa famille et ses amis adéquatement.

Hariel œuvre pour une meilleure harmonie entre les individus. Son pouvoir s'étend également dans les domaines des arts et des sciences.

Sous l'influence de cet ange, son protégé se distingue pour la pureté de ses mœurs. Il cultive une vie intérieure plus riche. Hariel favorise les découvertes utiles et progressistes. Sous son influence, son protégé développe ses facultés intellectuelles, devient plus astucieux et inventif.

Sous la protection d'Hariel, on doit être tolérant, bon et compréhensif à l'égard des autres.

Une personne négative peut développer un désir intense de créer une secte religieuse nouvelle, néfaste et dangereuse pour la société. Elle devient impie et, à défaut de créer sa propre religion, cherche à diviser celle d'autrui.

Commun aux Chérubins

Prince: Raziel • Planète: Uranus • Propriété: Protection • Fleur: Jacinthe • Couleurs: Argent et orange • Pierres: Amazonite, aventurine, grenat vert, hématite, lapis-lazuli, malachite, pyrite • Métaux: Uranium, magnétite, aluminium

16. Hékamiah

Du 7 au 11 juin

Dons généraux

Apporte la sagesse, l'intuition et les facultés nécessaires pour gérer le pouvoir et obtenir le respect d'autrui. Procure toute l'autorité requise pour donner des conseils et être reconnu comme quelqu'un de fiable en tout.

Spécifique à Hékamiah

Encens: Sapin • Fleur: Mimosa • Plante: Mandragore

Particularités et influence directe

Celui qui se place sous l'influence de Hékamiah développe un sens de la stratégie, de l'honneur, de la bravoure et de la loyauté. Cet ange procure la force et l'autorité. De plus, il soutient les êtres dans leur recherche de solutions visant à régler des conflits ou des guerres.

Hékamiah étend son pouvoir sur les dirigeants politiques et les puissances financières. Il prévient les séditions et influe sur tout ce qui touche à la guerre.

Hékamiah exige de son protégé qu'il soit loyal, courageux et consciencieux. Par cette attitude, celui-ci devient actif dans la recherche d'un monde meilleur, pour lui et pour les autres. Cet ange permet la libération des opprimés et des persécutés. Il accorde faveur et protection à celui qui emploie sa vie au service des autres.

Celui qui vibre négativement vit sous l'emprise de passions qui dénaturent son jugement et le fait détourner des voies morales qu'il s'était imposées. Il peut trahir les causes qu'il défendait et même participer à une rébellion ou à un soulèvement.

Le séphira des Trônes

17. Lauviah II
Du 12 au 16 juin

Dons généraux
Provoque un état d'exaltation intense et une joie de vivre permanente. Rend le caractère doux et affectueux et procure un penchant particulier pour l'amitié. Entraîne des prédispositions à faire des rêves prémonitoires.

Spécifique à Lauviah II
Encens: Sauge • Fleur: Jasmin • Plante: Angélique

Particularités et influence directe
Cet ange gouverne les hautes sciences et favorise les découvertes utiles pour l'humanité.

Lauviah II porte à faire des rêves prémonitoires, voire prophétiques. Celui qui se place sous sa protection cultive un goût pour la musique, la poésie, la littérature et la philosophie. Il développe une soif de connaissances, notamment pour tout ce qui touche au Créateur, à la loi divine et à la Vérité.

Lauviah II calme les tourments de l'esprit, favorise un sommeil réparateur et guérit de l'insomnie. Son protégé tend à privilégier l'harmonie et la bonne entente entre individus.

Un individu qui s'efforce de demeurer serein et généreux se verra assisté pour exorciser ses angoisses et ses émotions malsaines. Il sera favorisé par un meilleur équilibre dans sa vie, ce qui lui permettra de devenir plus épanoui et apprécié de tous.

La personne négative tend vers l'athéisme, l'hérésie et la contestation des dogmes religieux.

Commun aux Trônes
Prince: Tsaphkiel • Planète: Saturne • Propriété: Purification • Fleur: Jasmin • Couleur: Indigo • Pierres: Ambre, chrysoprase, cornaline, agate de feu, rubis étoilé. • Métaux: Plomb, zinc et platine

18. Caliel
Du 17 au 21 juin

Dons généraux
Insuffle un amour de la vérité et procure des facultés particulières pour faire valoir ses convictions. Procure une facilité d'expression et une très forte résistance devant l'adversité.

Spécifique à Caliel
Encens: Gui • Fleur: Magnolia • Plante: Sauge

Particularités et influence directe
Caliel protège contre les mauvaises influences qui peuvent dénaturer le jugement de celui qu'il protège dans sa recherche de la vérité et de la signification du monde.

Cet ange veille particulièrement sur le domaine de la justice. Sous son influence, son protégé s'oppose avec succès aux injustices et lutte contre tous ceux qui en sont les instigateurs. Caliel accorde secours et assistance dans l'adversité et fait triompher ceux qui sont injustement accusés.

Caliel attend de son protégé qu'il soit sincère, juste, intègre et féru de vérité. Ce dernier doit aussi demeurer humble devant les succès qui pourraient faire naître chez lui une vanité indue. Cette personne excellera dans le domaine de la justice et de la magistrature.

Un individu qui vibre négativement tend vers l'orgueil et risque de compromettre les résultats obtenus jusqu'alors. Il peut être au centre de procès scandaleux qui mettront en lumière les félonies qui l'ont mené à s'enrichir aux dépens des autres.

69

19. Leuviah
Du 22 au 27 juin

Dons généraux

Apporte la sérénité et confère une propension très marquée pour la prudence. Procure un sens particulier de la mesure et une attitude équilibrée dans les rapports avec autrui.

Spécifique à Leuviah

Encens: Sang de dragon • Fleur: Fleur de pommier • Plante: Ali

Particularités et influence directe

Leuviah accorde la grâce de Dieu et influence la mémoire et l'intelligence des êtres humains. C'est aussi un ange d'espoir.

Sous son influence, son protégé jouit d'une excellente mémoire et d'une vive intelligence. Il possède en outre de remarquables capacités de travail qui impressionnent son entourage.

Le protégé de Leuviah peut connaître du succès dans les affaires, particulièrement dans le domaine de l'électronique et de l'informatique. Leuviah procure également une sécurité financière.

Celui qui se place sous sa protection est animé d'une joie de vivre et est très sociable. Doté d'une imagination fertile, il excelle dans la création artistique et peut tout aussi bien réussir dans le domaine politique. Sous la protection vigilante de Leuviah, il obtient beaucoup de succès dans le domaine qu'il choisit et ses efforts lui permettent d'obtenir l'admiration de son entourage.

Un individu qui tend à la négativité connaît des peines, des pertes et des humiliations pouvant conduire au désespoir profond.

Commun aux Trônes

Prince: Tsaphkiel • Planète: Saturne • Propriété: Purification • Fleur: Jasmin • Couleur: Indigo • Pierres: Ambre, chrysoprase, cornaline, agate de feu, rubis étoilé. • Métaux: Plomb, zinc et platine

20. Pahaliah
Du 28 juin au 2 juillet

Dons généraux

Provoque l'ouverture d'esprit nécessaire à la compréhension des lois naturelles et du rôle de chacun dans le monde. Confère un intérêt pour les sciences et un sens marqué pour la fidélité.

Spécifique à Pahaliah

Encens: Cèdre • Fleur: Lilas • Plante: Houx

Particularités et influence directe

Cet ange s'occupe de la conversion des personnes qui ont perdu la foi. Il exerce son influence sur la religion, la moralité et la foi. Il influe également sur la chasteté et la piété.

Sous l'influence de cet ange, son protégé se sent attiré vers la spiritualité. Sa foi s'en trouve accentuée et il se tourne résolument vers Dieu, les lois divines et la vérité. Il possède la grâce de Dieu, aspire à purifier sa vie et réussit à convaincre son entourage des bienfaits d'une existence axée sur l'amour divin.

Cet ange attend de son protégé qu'il devienne pieux, chaste et bon. Pahaliah le récompense en faisant de lui un être heureux et plus fort dans l'adversité. Il lui apporte sagesse, savoir et de grandes satisfactions spirituelles.

Par sa puissance de conviction, son protégé sait conduire autrui sur la voie du vrai bonheur. Son exemple mobilise et motive les autres.

Un individu négatif tend vers le libertinage, le mépris et l'abandon de sa religion.

21. Nelchaël
Du 3 au 7 juillet

Dons généraux

Apporte la force et la sérénité visant à faire face aux exigences de la vie. Procure un sens de l'ordre et de la justice. Encourage la lutte contre la malveillance et les calomnies.

Spécifique à Nelchaël

Encens: Pin • Fleur: Verveine • Plante: Genévrier

Particularités et influence directe

Nelchaël permet une vie meilleure à celui qui cherche à maîtriser ses sentiments malsains et qui lutte pour vaincre les mauvaises tentations. Il le munit des armes nécessaires pour triompher des forces du mal.

Celui qui se tient sous sa protection devient un guide pour les autres et les aide à améliorer leur qualité de vie. Grâce au soutien de Nelchaël, il excelle dans le domaine de la métaphysique, des mathématiques ou de la littérature. Nelchaël gouverne les sciences, particulièrement l'astronomie, la géographie et la géométrie. Il agit également sur la philosophie.

Sous l'influence de Nelchaël, le protégé aime la poésie, la littérature et les études en général.

Cet ange protège l'oppressé et l'inquiet. Il libère des calomniateurs et des sortilèges. Nelchaël préserve des mauvais esprits en les détruisant. Son protégé peut connaître la célébrité par ses écrits et son éloquence.

L'individu qui vibre négativement est surtout porté vers l'ignorance, les erreurs et les préjugés.

Commun aux Trônes
Prince: Tsaphkiel • Planète: Saturne • Propriété: Purification • Fleur: Jasmin • Couleur: Indigo • Pierres: Ambre, chrysoprase, cornaline, agate de feu, rubis étoilé. • Métaux: Plomb, zinc et platine

22. Yéiayel
Du 8 au 12 juillet

Dons généraux

Procure une grande bonté et un équilibre intellectuel très marqué. Apporte une inclination pour les connaissances que procurent les voyages. Octroie le respect envers les autres et une bonne résistance physique.

Spécifique à Yéiayel

Encens: Menthe • Fleur: Narcisse • Plante: Chardon

Particularités et influence directe

Cet ange influe sur les voyages, les découvertes et les expéditions maritimes. Yéiayel gouverne la fortune, le commerce et la diplomatie. Il protège contre les tempêtes et les naufrages au sens propre et figuré. Il protège également contre les accidents routiers.

Yéiayel protège celui qui a un goût marqué pour l'aventure et les voyages. Cet ange s'attend à ce que son protégé soit attentif aux autres et ouvert de cœur et d'esprit. À ces conditions, son protégé peut obtenir chance et fortune.

Celui qui se place sous la protection de cet ange excelle dans le commerce et devient un travailleur acharné et méticuleux. Il impressionne autrui par ses idées libérales et sa philanthropie.

Sous l'influence de Yéiayel, le protégé est sociable et possède une personnalité agréable.

Un individu négatif peut devenir un contrebandier ou un malfaisant, esclave de sa cupidité. Orgueilleux, il devient irrespectueux envers les autres.

69

23. Mélahel

Du 13 au 18 juillet

DONS GÉNÉRAUX

Procure les facultés nécessaires à la compréhension de la réalité et la découverte de la voie à suivre en toutes circonstances. Apporte la lucidité et une bonne tranquillité d'esprit.

SPÉCIFIQUE À MÉLAHEL

Encens: Camphre • Fleur: Jasmin • Plante: Menthe

PARTICULARITÉS ET INFLUENCE DIRECTE

Cet ange protège contre les armes, les attentats et les guerres. Il est l'ange de la paix et favorise une meilleure compréhension et une harmonie entre les hommes. Son protégé est d'une nature audacieuse et il a une propension à entreprendre des expéditions dangereuses. Par l'honorabilité de ses actes, il acquiert la reconnaissance et l'affection de son entourage.

Melahel s'attend à ce que son protégé soit courageux, honnête, franc et intègre. À ces conditions, Melahel lui fait connaître de grandes satisfactions et la réalisation de ses ambitions.

C'est un ange de fécondité et de fertilité. Il favorise celui qui veut parfaire ses connaissances dans les produits médicinaux et lui accorde la prospérité. Melahel accorde aussi son support pour aider à supporter une épreuve difficile.

Un individu qui tend vers la négativité risque de compromettre sa santé à la suite d'intoxications ou de maladies infectieuses et contagieuses.

COMMUN AUX TRÔNES

Prince: Tsaphkiel
• Planète: Saturne
• Propriété: Purification • Fleur: Jasmin • Couleur: Indigo
• Pierres: Ambre, chrysoprase, cornaline, agate de feu, rubis étoilé.
• Métaux: Plomb, zinc et platine

24. Haheuiah

Du 19 au 23 juillet

DONS GÉNÉRAUX

Procure un caractère aimable et loyal ainsi qu'une grande disponibilité à aider ceux qui se trouvent dans des situations difficiles. Prédispose à des rêves prémonitoires et octroie la force pour lutter contre le mensonge.

SPÉCIFIQUE À HAHEUIAH

Encens: Tabac • Fleur: Crocus • Plante: Romarin

PARTICULARITÉS ET INFLUENCE DIRECTE

Cet ange permet d'obtenir la grâce et la miséricorde de Dieu. Il a une influence bénéfique sur les immigrés, les prisonniers, les fugitifs, les démunis et les condamnés. Il accorde le calme et le courage, éloigne les dangers potentiels et protège contre les mauvais esprits.

Si celui qui se place sous sa protection ne refait pas les même fautes et qu'il se repent sincèrement, Haheuiah peut lui permettre d'échapper à la justice qui l'obligerait à payer pour ses fautes antérieures. Cet ange prête l'oreille au pécheur qui exprime de bonne foi son repentir. Haheuiah favorise aussi la réconciliation entre ennemis.

Haheuiah accorde la capacité d'éviter de subir les conséquences résultant de mauvaises actions commises à l'égard d'autrui.

Sous sa domination, son protégé agit de façon sincère dans ses paroles et dans ses actes.

Un individu qui vibre négativement refait continuellement les mêmes erreurs et a tendance à vouloir gagner sa vie par des moyens illicites.

Le séphira des Dominations

LION

25. Nith-Haiah

Du 24 au 28 juillet

DONS GÉNÉRAUX

Octroie la volonté et les facultés nécessaires pour se dominer dans des situations particulièrement litigieuses. Facilite la compréhension des disciplines ésotériques et procure un intérêt marqué pour les études.

Spécifique à Nith-Haiah

Encens: Lotus • Fleur: Violette • Plante: Salsepareille

PARTICULARITÉS ET INFLUENCE DIRECTE

Cet ange accorde la sagesse et permet la découverte de la vérité. Il favorise aussi un attrait pour les hautes études.

Sous l'influence de Nith-Haiah, son protégé reçoit des révélations par l'entremise de ses rêves. Cet ange accorde ses faveurs à celui qui cherche la vérité et vit selon les lois divines.

Celui qui se place sous sa protection reçoit la paix de l'âme et la sérénité dans la solitude. Nith-Haiah lui accorde son soutien dans le domaine des sciences et l'incline à faire des rêves prémonitoires qui l'aident à faire des découvertes pouvant favoriser l'humanité dans sa recherche d'une vie meilleure.

Il s'attend à ce que son protégé soit fort, tenace et enclin à la bonté. Il lui accorde ses faveurs à condition que ce dernier résiste à la tentation d'œuvrer seulement pour son profit personnel. Nith-Haiah est tolérant mais n'alloue pas sa protection au vaniteux et à celui qui abuse de son pouvoir.

Un individu négatif développe un intérêt pour les sciences occultes et tend à nier les valeurs reçues.

26. Haaiah

Du 29 juillet au 2 août

DONS GÉNÉRAUX

Confère un sens de la justice et la rigueur d'esprit. Procure des habiletés pour défendre la vérité en toute occasion. Octroie une grande force intérieure et un amour indéfectible pour les lois divines.

Spécifique à Haaiah

Encens: Orange • Fleur: Fleur d'oranger • Plante: Romarin

PARTICULARITÉS ET INFLUENCE DIRECTE

Cet ange permet à son protégé d'obtenir un jugement favorable dans les causes qu'il défend. Il donne également à celui-ci le désir de vivre dans la contemplation divine.

Cet ange étend son pouvoir sur les politiciens, les diplomates et les ambassadeurs. Il favorise les traités de paix et le commerce. Il influe également sur les médias et sur les expéditions de toutes sortes. Il accorde le succès politique au protégé en lui octroyant un don pour les discours et les négociations. Cet ange soutient les grandes causes et ceux qui œuvrent pour défendre les plus faibles de la société. Il accorde aussi le pouvoir de faire triompher la justice.

Cet ange permet de connaître et de comprendre tout ce qui est rattaché à la Création, aux lois divines et à la Vérité. Il accorde la victoire dans les causes justes et permet de détecter rapidement les hypocrites.

Celui qui vibre négativement tend vers la traîtrise, les ambitions excessives, les complots et la conspiration.

COMMUN AUX DOMINATIONS

Prince: Tsadkiel • Planète: Jupiter • Propriété: Spiritualité • Fleur: Lotus • Couleur: Bleu • Pierres: Azurite, diamant, quartz fumé, rubis, sodalite, topaze bleu, zircon. • Métaux: Étain, Laiton

LION

27. Yérathel

Du 3 au 7 août

DONS GÉNÉRAUX

Apporte l'amour et la sagesse. Octroie un grand optimisme, une joie et une paix intérieure. Favorise l'amitié et confère un don particulier pour enseigner les connaissances acquises.

Spécifique à Yérathel

Encens: Myrrhe • Fleur: Jasmin • Plante: Sassafras

PARTICULARITÉS ET INFLUENCE DIRECTE

Cet ange déroute les conspirateurs et permet à son protégé de se libérer du joug de ses ennemis.

Yérathel exerce son influence sur la liberté et la propagation de la lumière. Il permet à l'esprit de demeurer serein et fort devant les provocations. Il permet aussi d'être résigné devant l'inévitable et donne la capacité d'accepter son destin.

Si son protégé a le désir de donner un sens à sa vie et d'œuvrer dans des causes justes, Yérathel lui accorde la possibilité d'acquérir toutes les qualités nécessaires à la réussite de son œuvre. Cet ange veille au succès des entreprises justes et bonnes.

Sous l'influence de Yérathel, son protégé aime la paix, la justice, les sciences, les arts et peut réussir en littérature. Yérathel s'attend à ce que son protégé soit tolérant, respectueux envers les autres et qu'il défende la liberté et la justice.

L'individu qui vibre négativement devient enclin à l'intolérance et à l'ignorance et devient prisonnier d'habitudes néfastes pour lui et son entourage.

COMMUN AUX DOMINATIONS

Prince: Tsadkiel • Planète: Jupiter • Propriété: Spiritualité • Fleur: Lotus • Couleur: Bleu • Pierres: Azurite, diamant, quartz fumé, rubis, sodalite, topaze bleu, zircon. • Métaux: Étain, Laiton

28. Séhéiah

Du 8 au 13 août

DONS GÉNÉRAUX

Favorise la recherche de l'amitié dans toutes les circonstances de la vie. Octroie une vive intelligence et suscite un intérêt pour tout ce qui touche la recherche, surtout dans le domaine médical.

Spécifique à Séhéiah

Encens: Magnolia • Fleur: Gardénia • Plante: Anis

PARTICULARITÉS ET INFLUENCE DIRECTE

Séhéiah protège contre le tonnerre, les incendies, les chutes et les maladies. Il exerce son pouvoir sur la santé, la longévité et il aide à accepter sereinement son destin.

Sous la domination de cet ange, son protégé possède un bon jugement, agit avec prudence et pondération. Séhéiah lui prodigue un bon équilibre intellectuel et une bonne santé. Il s'attend à ce que son protégé soit prudent et disposé à se remettre en question. Ce dernier doit aussi être capable d'éviter de refaire continuellement les mêmes erreurs. À ces conditions, le protégé mènera une vie longue et heureuse.

Grâce à cet ange, son protégé obtient le pardon de ses fautes et la capacité de comprendre la nature des erreurs qu'il a commises. Advenant une maladie grave, Séhéiah favorise le rétablissement rapide de la santé. Une personne qui vibre négativement sous sa protection peut être victime d'un événement tragique comme un accident de voiture ou une maladie grave. Elle doit s'abstenir d'agir sans réflexion et faire preuve de discernement.

29. Reiyiel

Du 14 au 18 août

DONS GÉNÉRAUX

Procure une grande sensibilité et une tendance à aider et à encourager les autres par des paroles stimulantes. Apporte une bonne résistance physique qui favorise un rétablissement rapide lorsque la maladie survient.

SPÉCIFIQUE À REIYIEL

Encens: Bois de santal • Fleur: Visteria • Plante: Mousse de chêne

PARTICULARITÉS ET INFLUENCE DIRECTE

Cet ange combat les impies et les ennemis de la religion. Il permet la libération des opprimés. Reyiel exerce son influence sur le monde religieux et spirituel. C'est un ange d'inspiration, il incite son protégé à devenir convaincant et fort.

Reiyiel s'attend à ce que son protégé soit respectueux des lois divines et qu'il soit généreux.

Cet ange permet de se rapprocher de ceux que nous aimons, morts ou vivants. Il libère également des calomniateurs et des oppresseurs.

Reyiel accorde à son protégé la capacité d'acquérir les qualités propres à transmettre la vérité. Il peut lui octroyer toute l'énergie nécessaire pour que celui-ci réussisse à détruire l'impiété par ses écrits et son exemple.

L'individu négatif devient fanatique et hypocrite. Il transmet de fausses valeurs morales à travers ses écrits et entretient des amitiés avec des êtres amoraux. Il devient très matérialiste et s'éloigne de plus en plus des valeurs qu'il défendait avec ténacité.

COMMUN AUX DOMINATIONS

Prince: Tsadkiel • Planète: Jupiter • Propriété: Spiritualité • Fleur: Lotus • Couleur: Bleu • Pierres: Azurite, diamant, quartz fumé, rubis, sodalite, topaze bleu, zircon. • Métaux: Étain, Laiton

---

30. Omaël

Du 19 au 23 août

DONS GÉNÉRAUX

Favorise la noblesse de l'âme et procure un esprit vif et des facultés intellectuelles très développées. Apporte la patience et procure un penchant très marqué pour tout ce qui est naturel.

SPÉCIFIQUE À OMAËL

Encens: Sauge • Fleur: Narcisse • Plante: Basilic

PARTICULARITÉS ET INFLUENCE DIRECTE

Omaël exerce son influence sur le monde animal. Ange de la fertilité, il agit sur la perpétuité des espèces. Cet ange protège contre les peines et le désespoir. Il accorde la patience et la fertilité dans le mariage et assure de bonnes relations familiales.

Omaël exerce son influence dans les domaines des sciences et de la médecine. Il s'attend à ce que son protégé soit respectueux de la vie des autres, patient et compatissant pour autrui. En retour, il obtiendra une vie professionnelle et familiale harmonieuse.

La personne qui se place sous la protection de Omaël peut exceller dans les domaines de la biologie et de la médecine. Elle développe une passion pour la vie qui peut l'inciter à devenir médecin dans le but de protéger et de soigner ses semblables avec passion.

Un individu négatif tend à ne plus reconnaître les véritables valeurs de la vie en société, est sujet à commettre des actes répréhensibles et à connaître des suites d'événements malheureux.

Vierge

31. Lécabel

Du 24 au 28 août

Dons généraux

Transmet le courage et la capacité de faire face à des situations difficiles. Apporte un don particulier pour tout ce qui touche au domaine des arts et favorise l'écoute et la compréhension à l'égard d'autrui.

Spécifique à Lécabel

Encens: Lotus • Fleur: Hibiscus • Plante: Cumin

Particularités et influence directe

Lécabel gouverne les domaines de l'agriculture et de la végétation. Il exerce également son influence sur l'astronomie et les mathématiques. C'est un ange de ténacité et de courage.

La personne qui se place sous sa protection excelle dans les domaines reliés aux mathématiques. Elle parvient à résoudre des problèmes extrêmement complexes et peut faire fortune, ce qui lui procurera reconnaissance et considération.

Lécabel s'attend à ce que son protégé soit capable de ténacité au travail. Il s'attend aussi à ce que son protégé ne sombre pas dans la paresse, qu'il soit honnête en amour et qu'il s'éloigne des fausses valeurs morales. Lécabel lui permet également de retrouver une aisance financière perdue et de connaître à nouveau le bonheur après avoir subi l'épreuve.

Lecabel permet à son protégé de vivre en harmonie avec les autres et d'être apprécié dans son entourage.

L'individu négatif tend à l'avarice et à l'usure. Il peut aussi tenter de s'enrichir grâce à des moyens illicites.

Commun aux Dominations

Prince: Tsadkiel • Planète: Jupiter • Propriété: Spiritualité • Fleur: Lotus • Couleur: Bleu • Pierres: Azurite, diamant, quartz fumé, rubis, sodalite, topaze bleu, zircon. • Métaux: Étain, Laiton

32. Vasariah

Du 29 août au 2 septembre

Dons généraux

Procure une fermeté de caractère qui permet de surmonter les difficultés les plus éprouvantes. Octroie un esprit social très développé ainsi qu'une grande disponibilité envers les autres.

Spécifique à Vasariah

Encens: Chèvrefeuille • Fleur: Rose • Plante: Pommier

Particularités et influence directe

Vasariah accorde une bonne mémoire et la capacité de s'exprimer clairement. Il exerce son influence dans le domaine de la justice et celui qui se place sous sa protection peut espérer l'indulgence de la part des hautes instances sociales en cas de conflits. Cet ange exerce son pouvoir dans les cours de justice où il protège les personnes qui sont faussement accusées.

Vasariah s'attend à ce que son protégé soit aimable, modeste et qu'il s'oriente dans une voie spirituelle. Il s'attend également à ce que son protégé soit généreux, ouvert d'esprit et qu'il fasse tous les efforts nécessaires pour vivre en harmonie avec sa famille et son entourage.

Vasariah est l'ange des orateurs, des plaideurs, de la justice et de l'indulgence. Il permet la victoire des causes justes. Il accorde également à son protégé la faculté d'être un bon étudiant.

L'individu qui vibre négativement est porté à l'insolence, à l'orgueil et à l'entêtement, et entretient l'illusion qu'il n'est jamais dans l'erreur.

VIERGE

Le séphira des Puissances

33. Yéhuiah
Du 3 au 8 septembre

Dons généraux

Apporte une prédisposition particulière pour réaliser des objectifs moraux et spirituels supérieurs. Procure un intérêt pour les sciences et développe un tempérament porté sur l'ordre et la discipline.

Spécifique à Yéhuiah

Encens: Violette • Fleur: Gardénia • Plante: Basilic

Particularités et influence directe

Yéhuiah accorde la capacité de détecter les traîtres afin de neutraliser leurs projets et leurs machinations. Cet ange protège les dirigeants politiques et leur octroie la sagesse nécessaire pour que leurs décisions soient éclairées.

Celui qui se place sous sa protection parvient à désamorcer les entreprises hostiles dirigées contre lui. Yéhuiah permet également à son protégé de bien analyser ses défauts et d'adopter les attitudes adéquates dans sa vie professionnelle et familiale.

Yéhuiah offre à son protégé la possibilité d'être promu à son travail et le soutient pour progresser dans la vie. Sous sa protection, les efforts mènent à des résultats concrets et son protégé peut espérer une vie agréable s'il ne se laisse pas séduire par la paresse et une vie désordonnée.

Sous l'influence de Yéhuiah, une personne parvient à s'acquitter de ses devoirs en toutes circonstances.

Le protégé qui vibre négativement devient insubordonné et provoque des divisions et de la rébellion dans son milieu.

Commun aux Puissances

Prince: Camel • Planète: Mars • Propriété: Courage • Fleur: Violette • Couleur: Rouge • Pierres: Aigue-marine, béryl, corail, cornaline, émeraude, opale, topaze. • Métal: Fer

34. Léhahiah
Du 9 au 13 septembre

Dons généraux

Octroie les facultés nécessaires pour réussir à contenir sa colère et à aider les autres dans ce but. Permet de développer un intérêt pour le travail manuel et insuffle une discipline rigoureuse.

Spécifique à Léhahiah

Encens: Myrrhe • Fleur: Violette • Plante: Poivre de Jamaïque

Particularités et influence directe

Léhahiah accorde la chance. Celui qui se place sous sa protection reçoit décorations et honneurs. Plutôt chanceux au jeu, ce dernier peut gagner des sommes importantes à la loterie. Léhahiah accorde à son protégé la capacité de calmer rapidement ses colères et d'être un bon conseiller pour calmer celles des autres.

Son protégé peut connaître la célébrité grâce à ses talents et à ses actions. Il obtient la confiance et les faveurs de ses supérieurs par son dévouement méritoire, sa fidélité et les services qu'il rend.

Sous l'influence de Léhahiah, son protégé parvient à conserver son calme dans toutes les situations, en toutes circonstances et peut également pratiquer la médiation. Pour bénéficier des faveurs de Léhahiah, son protégé doit être juste en tout temps et éviter de dépenser ses énergies dans de fausses valeurs morales.

Le protégé qui vibre négativement peut provoquer de la dissension, devenir un traître ou être lui-même victime de trahison.

Vierge

VIER

35. Chavakhiah
Du 14 au 18 septembre

Dons généraux

Transmet une grande disponibilité envers les autres et procure la paix intérieure. Octroie également une très grande résistance physique et une capacité de surmonter les difficultés de l'existence.

Spécifique à Chavakhiah

Encens: Ambre • Fleur: Jasmin • Plante: Cumin

Particularités et influence directe

Cet ange accorde à son protégé un talent de médiateur exceptionnel. Ce dernier doit mettre ce talent au service de la médiation dans la société et dans sa famille. Ange de l'harmonie et de la réconciliation, Chavakhiah exerce son influence sur ceux qui aspirent à vivre de façon sereine et respectueuse.

Celui qui se place sous sa protection aime vivre en paix avec son entourage, parfois même au détriment de ses propres intérêts. Il se fait un devoir de récompenser la fidélité et les bons soins qu'il reçoit.

Cet ange stimule l'enthousiasme et la générosité de son protégé. Celui-ci possède l'art de faire fructifier toutes ses ressources, autant au plan matériel que spirituel. Chavakhiah permet d'établir un contact intérieur afin de trouver le chemin qui mène à une vie spirituelle inspirée.

Chavakhiah exerce son influence sur l'amitié sincère et l'harmonie familiale.

Le protégé qui vibre négativement tend à semer la discorde autour de lui et devient de plus en plus mesquin.

Commun aux Puissances
Prince: Camel • Planète: Mars • Propriété: Courage • Fleur: Violette • Couleur: Rouge • Pierres: Aigue-marine, béryl, corail, cornaline, émeraude, opale, topaze. • Métal: Fer

36. Ménadel
Du 19 au 23 septembre

Dons généraux

Transmet l'amour véritable et la compassion nécessaire pour comprendre les besoins d'autrui. Octroie le goût des sciences médicales et permet de donner de bons conseils aux autres. Procure un pouvoir de guérison.

Spécifique à Ménadel

Encens: Vanille • Fleur: Œillet • Plante: Gingembre

Particularités et influence directe

Ménadel protège contre les calomnies et œuvre pour la libération des prisonniers. Cet ange apporte des nouvelles de personnes éloignées ou qui ne se sont pas manifestées depuis longtemps.

Il permet à son protégé de retourner dans son pays après un exil et de retrouver ses biens. Il fournit l'occasion à son protégé de se libérer de ses habitudes pernicieuses et de ses vices.

Celui qui se place sous la protection de Ménadel parvient à prendre conscience des valeurs qu'il possède, autant matérielles que spirituelles. Cet ange soutient son protégé pour qu'il conserve son emploi et lui permet d'obtenir des promotions.

Ménadel est un ange de sérénité. Sous sa protection, on trouve le courage et la ténacité nécessaires pour se construire une vie apportant joie, satisfaction et lumière. Il permet également de ne pas sombrer dans la cupidité lorsque des gains matériels substantiels surviennent.

Le protégé qui vibre négativement tend à fuir ses responsabilités.

37. Aniel
Du 24 au 28 septembre

Dons généraux

Apporte détermination et volonté. Octroie une bonne dose d'intégrité favorisant les rapports avec autrui. Permet de développer une attitude équilibrée et dénuée d'agressivité.

Spécifique à Aniel

Encens: Violette • Fleur: Camélia • Plante: Oranger

Particularités et influence directe

Aniel gouverne les sciences et les arts. Il permet de triompher lorsque des événements complexes ou épineux surviennent. Cet ange accorde des révélations sur les secrets de la nature et ceux des lois de l'univers et insuffle l'inspiration aux philosophes et aux sages.

Le protégé d'Ariel peut connaître la célébrité par ses talents. Il possède beaucoup de sagesse. Aniel l'aide à exprimer sa personnalité profonde et lui accorde un charisme lui permettant de briller dans sa vie professionnelle.

Aniel s'attend à ce que son protégé ne soit pas égoïste et vaniteux. Sous la protection d'Aniel, celui-ci parvient à dépasser ses limites.

Il accorde le soutien à son protégé dans tous ses efforts, autant physiques qu'intellectuels. Celui qui se place sous sa protection réussit à conserver son sang-froid en toutes circonstances.

Un individu qui vibre négativement est souvent pervers. Il risque de devenir un charlatan et un maître dans l'art de manipuler les autres.

Commun aux Puissances

Prince: Camel • Planète: Mars
• Propriété: Courage
• Fleur: Violette
• Couleur: Rouge
• Pierres: Aigue-marine, béryl, corail, cornaline, émeraude, opale, topaze.
• Métal: Fer

---

38. Haamiah
Du 29 septembre au 3 octobre

Dons généraux

Favorise l'altruisme et octroie les capacités d'influencer l'entourage. Favorise une ouverture d'esprit et un intérêt marqué pour les valeurs spirituelles.

Spécifique à Haamiah

Encens: Ambre • Fleur: Pivoine • Plante: Coriandre

Particularités et influence directe

Cet ange accorde une grande force intellectuelle et une disposition à comprendre différents mystères reliés aux religions. De ce fait, le protégé récolte de grandes satisfactions personnelles. Haamiah protège celui qui cherche la vérité.

Haamiah soutient son protégé afin qu'il réagisse toujours avec bonté, sincérité et gentillesse. Celui qui se place sous sa protection réussit à éviter les relations amoureuses destructrices.

Cet ange est toujours présent et offre son soutien pour toute œuvre spirituelle. Il permet un rétablissement rapide de la santé et favorise un bon maintien de celle-ci.

Haamiah procure le don de convaincre et d'éveiller un sens spirituel dans le cœur des hommes. Il protège contre les esprits malveillants et les animaux dangereux.

Sous la protection de Haamiah, une personne reçoit aide et efficacité, autant matérielles que spirituelles.

Si le protégé tend à la négativité, il refuse tout principe religieux et sombre dans le mensonge et l'impiété.

39. Réhaël
Du 4 au 8 octobre

Dons généraux

Favorise l'harmonie intérieure et procure une excellente santé. Permet de développer le sens de l'amitié et de la fidélité dans le couple. Incite à nouer des liens solides avec autrui.

Spécifique à Réhaël

Encens: Vanille • Fleur: Violette • Plante: Broom

Particularités et influence directe

Réhaël exerce son influence sur la recherche, notamment en ce qui concerne la guérison des maladies. Il permet d'obtenir le réconfort et la miséricorde de Dieu. Réhaël exerce son pouvoir sur la santé et la longévité. Il influe sur l'amour paternel, sur l'obéissance et le respect des enfants envers leurs parents.

Cet ange s'attend à ce que son protégé soit respectueux. Il s'attend également à ce qu'il soit honnête, généreux et qu'il soit moins susceptible.

Réhaël accorde à son protégé la capacité de développer harmonieusement sa personnalité en fonction des capacités réelles qu'il possède et non en vertu de chimères qu'il s'invente.

Réhaël intervient pour faciliter le rétablissement après de longues maladies. Il peut intervenir pour soutenir des patients atteints de maladies dégénératives.

Le protégé qui s'écarte de sa voie se tourne vers la cruauté, la traîtrise et la violence et peut même être l'auteur de parricide ou d'infanticide.

Commun aux Puissances
Prince: Camel • Planète: Mars • Propriété: Courage • Fleur: Violette • Couleur: Rouge • Pierres: Aigue-marine, béryl, corail, cornaline, émeraude, opale, topaze. • Métal: Fer

40. Iéiazel
Du 9 au 13 octobre

Dons généraux

Favorise le développement de divers centres d'intérêt. Confère un esprit altruiste qui se traduit par une capacité à réconforter les personnes qui souffrent. Favorise aussi le développement d'un caractère jovial.

Spécifique à Iéiazel

Encens: Myrrhe • Fleur: Lotus • Plante: Ortie

Particularités et influence directe

L'ange Iéiazel permet d'acquérir la sagesse. Il aide à maîtriser ce feu intérieur qui porte à agir trop spontanément. Cet ange accorde la réflexion nécessaire pour retrouver une harmonie intérieure qui se serait estompée avec le temps.

Cet ange permet à celui qui se place sous sa protection de réaliser que les autres font partie intégrante de l'univers au même titre que lui. Par cette réflexion, celui-ci voit ses horizons s'ouvrir et sa vie sociale devient plus satisfaisante.

Iéiazel s'attend à ce que son protégé soit généreux, ouvert d'esprit envers les étrangers et qu'il fasse tous les efforts nécessaires pour vivre en harmonie avec la nature, sa famille et la société.

L'ange Iéiazel accorde la capacité de réussir dans des projets qui, de prime abord, étaient extrêmement difficiles à réaliser. Le natif qui est sincère et honnête dans sa vie peut s'attendre à tout le soutien de Iéiazel.

Pour sa part, le protégé qui s'écarte de sa voie a tendance à s'autodétruire en raison de son repli sur lui-même.

BALANCE

Le séphira des Vertus

41. Hahahel

Du 14 au 18 octobre

DONS GÉNÉRAUX

Suscite un intérêt pour la dimension religieuse. Insuffle un amour sincère du prochain et favorise une bonne communication avec autrui au sein de la société.

Spécifique à Hahahel

Encens: Frankincense • Fleur: Tournesol • Plante: Saule

PARTICULARITÉS ET INFLUENCE DIRECTE

Ange de patience et d'enthousiasme, il veille sur les martyrs et les persécutés. Il les protège contre les calomnies, la médisance et la tromperie.

Hahahel accorde le pouvoir de convaincre les non-croyants et il tient à l'écart contre l'impiété, les calomniateurs et les ennemis de la religion. Cet ange veille sur ceux qui transmettent la parole des Évangiles.

Cet ange influe sur les âmes pieuses et les membres du clergé. Celui qui se place sous sa protection est apprécié pour sa grandeur d'âme, la noblesse de son cœur et la puissante énergie qu'il déploie pour aider autrui. Hahahel s'attend à ce que son protégé entretienne sa foi et qu'il partage la vérité de Dieu avec les autres. Cet ange permet à son protégé de briller et de rayonner, tout en l'invitant à demeurer fidèle à ses idéaux. C'est ainsi qu'il sera écouté et apprécié de tous.

Hahahel permet le retour à la foi et offre la connaissance des lois divines.

Le protégé qui s'écarte de sa voie peut devenir antireligieux et un sujet subversif dans sa communauté.

COMMUN AUX VERTUS

Prince: Raphaël • Planète: Uranus • Propriété: Santé • Fleur: Tournesol • Couleur: Doré • Pierres: Agate de feu, célénite, chrysocole, citrine, perle. • Métal: Or

42. Mikhaël

Du 19 au 23 octobre

DONS GÉNÉRAUX

Encourage la tendance à l'obéissance et au respect d'autrui. Favorise la fidélité dans le couple et stimule le sens de la justice. Octroie un intérêt marqué pour la méditation et apporte un équilibre intellectuel particulier.

Spécifique à Mikhaël

Encens: Orchidée • Fleur: Marguerite • Plante: Angélique

PARTICULARITÉS ET INFLUENCE DIRECTE

Cet ange offre la sécurité et la protection en voyage et étend son pouvoir sur les décideurs de la société. Il veille à ce que toutes les décisions qui sont prises par les hautes instances soient éclairées et bénéfiques.

Mikhaël s'attend à ce que son protégé ne soit pas intransigeant envers les autres et qu'il ne méprise personne, spécialement les plus démunis de la société.

Mikhaël apporte la lumière qui permet de déjouer les conspirations qui ont pour objet de détruire la liberté dans la société. Il accorde une inspiration positive à ceux qui œuvrent dans le domaine public et la diplomatie.

Celui qui travaille dans le domaine de la politique peut s'attendre à gravir les échelons très rapidement. Sous la protection de son ange, il acquiert la capacité de résoudre les problèmes les plus épineux et, de ce fait, reçoit la reconnaissance de son pays.

Le protégé qui s'écarte de sa voie tend vers la traîtrise, devient malveillant et propage de fausses valeurs morales.

43. VEULIAH
Du 24 au 28 octobre

DONS GÉNÉRAUX
Suscite un désintérêt marqué pour les aspects mineurs de la vie. Confère un tempérament puissant et une solide volonté qui met à l'abri des dépressions ou des épuisements professionnels.

SPÉCIFIQUE À VEULIAH
Encens: Bergamote • Fleur: Zinnia • Plante: Calamus

PARTICULARITÉS ET INFLUENCE DIRECTE
Cet ange permet d'obtenir les faveurs de personnes détenant du pouvoir. Veuliah soutient et défend celui qui combat pour des causes justes. Il est un ange de discipline, de loyauté et de paix. Il accroît, chez son protégé, le sens de la justice et de la liberté.

Veuliah aide à neutraliser les ennemis et libère de l'asservissement. Il apporte la sagesse aux dirigeants politiques qui doivent prendre d'importantes décisions.

Celui qui se place sous la protection de Veuliah acquiert la confiance de ses supérieurs, connaît beaucoup de succès dans ses activités professionnelles et peut devenir prospère dans le domaine des affaires.

Veuliah s'attend à ce que son protégé soit indulgent envers les autres, qu'il mène une vie saine et fasse preuve de générosité. Ce dernier doit s'appliquer à corriger ses défauts les plus criants et ne pas sombrer dans l'insouciance.

Le protégé qui s'écarte de sa voie sème la discorde dans son entourage et n'apporte que mépris et tristesse.

COMMUN AUX VERTUS
Prince: Raphaël • Planète: Uranus • Propriété: Santé • Fleur: Tournesol • Couleur: Doré • Pierres: Agate de feu, célénite, chrysocole, citrine, perle. • Métal: Or

44. YÉLAHIAH
Du 29 octobre au 2 novembre

DONS GÉNÉRAUX
Octroie une émotivité intense et un courage à toute épreuve. Apporte les facultés nécessaires pour guider les autres dans les moments difficiles de leur vie.

SPÉCIFIQUE À YÉLAHIAH
Encens: Citron • Fleur: Rudbeckle • Plante: Coriandre

PARTICULARITÉS ET INFLUENCE DIRECTE
Cet ange stimule le goût des voyages, l'intérêt pour l'instruction et la connaissance de philosophies nouvelles. Sous l'influence de Yélahiah, on devient plus tolérant à l'égard des autres, moins agressif, on n'abuse pas du pouvoir que l'on détient et on devient plus sociable. Celui qui se place sous la protection de Yélahiah jouit d'une bonne capacité d'adaptation et possède un courage lui permettant de bien supporter les épreuves. Sous l'influence de cet ange, il est très dynamique et combatif. Ces qualités lui permettent d'ailleurs d'atteindre ses objectifs professionnels et de réussir à réaliser les projets qui lui tiennent à cœur.

Possédant un courage hors du commun, le protégé de Yélahiah excelle dans la vie militaire. Il peut réussir des exploits extraordinaires et pourrait très bien connaître la célébrité ou passer à l'histoire.

Celui qui s'écarte de sa voie peut engendrer la discorde autour de lui et être responsable de grands malheurs. Il a tendance à devenir violent. Il peut aussi se livrer à des activités criminelles.

SCORPION

45. SÉALIAH
Du 3 au 7 novembre

DONS GÉNÉRAUX

Apporte l'enthousiasme et la rationalité. Octroie amabilité et gentillesse. Favorise un esprit vigilant et stimule les aptitudes à soigner les autres.

SPÉCIFIQUE À SÉALIAH

Encens: Vétiver • Fleur: Jonquille • Plante: Mélisse

PARTICULARITÉS ET INFLUENCE DIRECTE

Cet ange démasque les calomniateurs, les criminels et les orgueilleux. Il soutient les plus humbles et leur donne le courage d'affronter les épreuves. Il stimule l'intérêt pour les études et procure une grande facilité d'apprentissage.

Sous l'influence de Séaliah, son protégé impose le respect et parvient plus facilement à réussir ce qu'il entreprend. Il met davantage à profit ses capacités intellectuelles et ses actions sont de plus en plus positives.

Cet ange s'attend à ce que son protégé s'efforce de devenir meilleur de jour en jour et qu'il utilise ses précieuses capacités au service de la justice.

Séaliah exerce son pouvoir sur la nature. Il accorde vie et santé à tout ce qui respire. Il facilite la guérison et permet un rétablissement plus rapide quand surviennent des maladies graves. Il assure le maintien d'une bonne santé à tous ceux qui sont sous sa protection.

Le protégé qui s'écarte de sa voie devient égoïste, exerce un contrôle malsain sur son entourage et peut également être responsable de conflits graves.

---

46. ARIEL
Du 8 au 12 novembre

DONS GÉNÉRAUX

Transmet le goût de la recherche scientifique et une facilité pour comprendre les mystères de la nature. Octroie une grande lucidité d'esprit et des facultés intuitives étonnantes.

SPÉCIFIQUE À ARIEL

Encens: Jasmin • Fleur: Héliotrope • Plante: Angélique

PARTICULARITÉS ET INFLUENCE DIRECTE

Ange de la révélation des mystères de la nature, Ariel permet la découverte des trésors qui se cachent en nous. Par la magie du rêve, son protégé peut percevoir la direction à suivre dans son existence.

Celui qui se place sous sa protection possède une grande force intellectuelle, un don de clairvoyance et il est très perspicace. Pourvu que ses pensées soient nobles, il reçoit d'Ariel des idées nouvelles et des pensées sublimes.

Son protégé possède le sens de l'engagement et est très respectueux de la parole donnée.

Ariel est un grand intercesseur et il écoute les prières qui sont adressées à Dieu.

Ariel s'attend à ce que son protégé agisse avec discrétion et circonspection. Il le soutient pour résoudre les problèmes les plus difficiles et lui donne du courage dans l'accomplissement de travaux ardus. Sous l'influence d'Ariel, son protégé développe un don intuitif remarquable.

Celui qui s'éloigne de son influence devient indifférent aux autres et peut prendre des décisions égoïstes qui affecteront défavorablement son entourage.

COMMUN AUX VERTUS

Prince: Raphaël • Planète: Uranus • Propriété: Santé • Fleur: Tournesol • Couleur: Doré • Pierres: Agate de feu, célénite, chrysocole, citrine, perle. • Métal: Or

---

SCORPION

47. Asaliah
Du 13 au 17 novembre

DONS GÉNÉRAUX

Stimule l'activité intellectuelle qui permet d'exceller dans le domaine de la philosophie. Confère une bonne mémoire, développe un esprit mystique et stimule un intérêt pour tout ce qui touche à la spiritualité.

Spécifique à Asaliah

Encens: Myrrhe • Fleur: Cosmos • Plante: Thé des bois

PARTICULARITÉS ET INFLUENCE DIRECTE

Asaliah est un bon intercesseur, il transmet les louanges adressées à Dieu et le remercie de ses bienfaits et de sa lumière.

Asaliah exerce son pouvoir sur la justice et permet d'aller à la source de conflits juridiques. Sous son influence, son protégé possède davantage de discernement et de perspicacité, qualités qui le servent bien pour tirer son épingle du jeu en cas de situations épineuses.

Cet ange s'attend à ce que son protégé soit intègre et qu'il fasse bénéficier les autres de sa sagesse et de sa bonté. Son protégé doit élever son esprit dans le but d'atteindre un état qui lui permette de saisir les réalités divines.

Sous l'influence d'Asaliah, son protégé est sociable, jouit d'une grande amabilité et possède une personnalité agréable.

Le protégé qui s'écarte de son influence est sujet à commettre des actions immorales et scandaleuses. Dans certains cas, il devient trop sévère envers lui-même et les autres. Il a aussi tendance à cacher la vérité pour parvenir à réaliser des projets qui ne sont pas toujours louables.

48. Mihaël
Du 18 au 22 novembre

DONS GÉNÉRAUX

Développe une intensité pour tout ce qui touche au domaine affectif. Procure une grande facilité à diriger la destinée familiale. Favorise la fidélité dans le couple ainsi que l'amitié sincère.

Spécifique à Mihaël

Encens: Crocus • Fleur: Tulipe • Plante: Yerba santa

PARTICULARITÉS ET INFLUENCE DIRECTE

Mihaël favorise la paix, l'harmonie et l'amour dans les couples. Cet ange procure l'intuition et la faculté de pressentir et de prévenir les événements qui pourraient perturber la sérénité de son protégé.

Cet ange influe sur l'amitié entre individus et sur la fidélité conjugale. Il stimule la fécondité et apporte l'épanouissement dans le couple en plus de lui assurer une vie longue et prospère.

Sous l'influence de Mihaël, son protégé entretient la passion de l'amour et de l'hédonisme. Il reconnaît d'instinct ceux et celles qui lui permettront de progresser dans la vie et de s'épanouir pleinement.

Mihaël s'attend à ce que son protégé agisse avec discernement dans l'évaluation de lui-même en évitant de se mésestimer ou de se surestimer. Son protégé doit faire en sorte de demeurer lucide en toutes situations.

Le protégé qui s'écarte de l'influence de Mihaël s'adonne à la luxure et peut connaître la stérilité. La jalousie et l'infidélité s'installent dans son ménage et contribuent à le détruire.

COMMUN AUX VERTUS

Prince: Raphaël • Planète: Uranus • Propriété: Santé • Fleur: Tournesol • Couleur: Doré • Pierres: Agate de feu, célénite, chrysocole, citrine, perle. • Métal: Or

SCORPION

Le séphira des Principautés

49. Véhuel
Du 23 au 27 novembre

Dons généraux

Favorise la perception sensorielle et un talent pour l'enseignement. Insuffle de la générosité et permet d'être apprécié et aimé de ses proches.

Spécifique à Véhuel

Encens: Pomme • Fleur: Rose • Plante: Oranger

Particularités et influence directe

Véhuel accompagne celui qui veut s'élever vers Dieu, le louer et lui rendre hommage pour ses bienfaits. C'est un ange de consolation qui soutient dans le malheur, la peine et la contrariété.

Cet ange exerce son influence sur ceux qui tentent de transcender leur nature humaine et qui désirent mettre leur vie au service de l'humanité.

Véhuel permet la découverte de valeurs morales profondes qui peuvent orienter son protégé vers une vie monastique. Sous l'influence de Véhuel, on possède l'intuition nécessaire pour reconnaître aisément ceux et celles qui poursuivent les mêmes buts que soi. Celui qui bénéficie de la protection de Yéhuel possède une âme sensible et un cœur généreux. Grâce à ces qualités, il est aimé de son entourage. Sous l'influence de Véhuel, son protégé excelle dans les domaines de la littérature et de la diplomatie.

Le protégé qui s'écarte de l'influence de Yéhuel devient égoïste, hypocrite et méprisant à l'égard des autres. Il peut aussi devenir haineux et sombrer dans l'immoralité.

Commun aux Principautés

Prince: Haniel • Planète: Vénus
• Propriété: Amour
• Fleur: Rose rouge
• Couleur: Jaune
• Pierres: Émeraude, fluorite, lapis-lazuli, opale, saphir.
• Métal: Cuivre

50. Daniel
Du 28 novembre au 2 décembre

Dons généraux

Permet de développer la vivacité d'esprit et un talent pour la réflexion. Confère un esprit de synthèse et une finesse de jugement. Insuffle des qualités qui permettent de conseiller et réconforter les autres.

Spécifique à Daniel

Encens: Magnolia
• Fleur: Fleur d'oranger
• Plante: Mélisse

Particularités et influence directe

Cet ange exerce son pouvoir dans le domaine de la justice. Daniel procure des sentiments de miséricorde et de consolation. Il offre l'inspiration nécessaire pour guider les indécis. Il transmet à son protégé la force nécessaire pour supporter les injures et les offenses qu'il pourrait subir.

Sous l'influence de Daniel, son protégé parvient à développer suffisamment de maturité et de ténacité pour parvenir à occuper une place privilégiée dans la société.

Cet ange redonne le goût de vivre à ceux qui ont été éprouvés par une dure épreuve. Sous son influence, on ressent une énergie nouvelle qui permet de faire face à de nouveaux défis.

Daniel s'attend à ce que son protégé soit sociable et conciliant envers son entourage. Il lui accorde une ouverture d'esprit et une plus grande générosité.

Le protégé qui s'écarte de cette influence devient paresseux, néglige son travail et cherche à gagner sa vie par des moyens illicites.

SAGITTAIRE

51. Hahasiah

Du 3 au 7 décembre

DONS GÉNÉRAUX

Insuffle bonté et sagesse. Transmet une ouverture d'esprit pour tout ce qui est religieux. Favorise une belle disponibilité pour aider physiquement et moralement tous ceux qui souffrent.

Spécifique à Hahasiah

Encens: Orchidée • Fleurs: Gardénia • Plante: Anis

PARTICULARITÉS ET INFLUENCE DIRECTE

Hahasiah exerce son influence sur ceux qui cherchent la satisfaction par la contemplation divine. Il favorise la découverte de vérités jusqu'alors inconnues et procure au protégé le pouvoir de mieux comprendre ce qui l'entoure.

Cet ange stimule l'intérêt pour les sciences et confère une attirance pour tout ce qui touche la nature.

Sous l'influence de cet ange, son protégé peut aussi exceller dans le domaine de la médecine où il pourra accomplir de grandes choses.

Hahasiah offre beaucoup de charisme et de compassion à son protégé. Ces qualités lui permettent des réalisations propres à aider l'humanité.

Hahasiah s'attend à ce que son protégé demeure humble malgré ses grandes qualités et qu'il apprenne à faire davantage confiance aux autres.

Le protégé qui s'écarte de l'influence de Hahasiah tend vers le charlatanisme, abuse de la bonne foi des autres et use de tromperie à leur égard.

52. Imamiah

Du 8 au 12 décembre

DONS GÉNÉRAUX

Éloigne les pulsions négatives et suscite un intérêt pour tout ce qui touche à la liberté. Insuffle une grande propension à aider ceux qui traversent des moments pénibles dans leur vie.

Spécifique à Imamiah

Encens: Vanille • Fleur: Pois de senteur • Plante: Salsepareille

PARTICULARITÉS ET INFLUENCE DIRECTE

Imamiah soutient son protégé contre ses ennemis. Il influe positivement sur celui qui cherche sincèrement la vérité. Cet ange accorde sécurité et protection aux voyageurs. Il protège aussi ceux qui sont injustement emprisonnés et les soutient jusqu'à l'obtention de leur liberté.

Celui qui bénéficie de la protection de Imamiah jouit d'une grande force de caractère et possède beaucoup d'énergie. Son protégé est sensible et sentimental. Très fidèle et dévoué dans sa vie amoureuse, il a tendance à négliger d'autres aspects importants de son existence. Il est très attaché aux valeurs morales de sa religion.

Imamiah s'attend à ce que son protégé apprenne à maîtriser ses émotions, soit responsable vis-à-vis de ses engagements et qu'il s'applique à développer plus de maturité.

Le protégé qui s'écarte de l'influence de Imamiah est dominé par l'orgueil, devient blasphémateur et a tendance à se comporter grossièrement.

COMMUN AUX PRINCIPAUTÉS

Prince: Haniel • Planète: Vénus
• Propriété: Amour
• Fleur: Rose rouge
• Couleur: Jaune
• Pierres: Émeraude, fluorite, lapis-lazuli, opale, saphir.
• Métal: Cuivre

SAGITTA

53. Nanaël
Du 13 au 17 décembre

Dons généraux
Prédispose à la méditation et transmet un intérêt pour la connaissance en général. Favorise une approche de la vie basée sur les principes religieux.

Spécifique à Nanaël
Encens: Ylang-Ylang • Fleur: Hibiscus • Plante: Verveine

Particularités et influence directe
Nanaël exerce son influence sur les sciences, les valeurs ecclésiastiques, l'enseignement et la justice.

Celui qui bénéficie de sa protection aspire à une vie calme et méditative. Il est reconnu pour ses grandes connaissances et son intérêt pour tout ce qui touche aux sciences. Sous l'influence de Nanaël, il intervient dans son milieu et apporte le réconfort à ceux qui en ont besoin.

Sous l'influence de Nanaël, son protégé possède la capacité d'analyser rapidement les situations les plus confuses et d'apporter des solutions adéquates.

Cet ange accorde l'inspiration nécessaire à la réussite de travaux de grande importance et favorise l'obtention des ressources matérielles pour y parvenir. Il confère la longévité et une énergie intellectuelle débordante tout au long de la vie de son protégé.

Celui qui s'écarte de l'influence de Nanaël devient paresseux et perd graduellement tout intérêt envers les autres. Il devient replié sur lui-même et l'orgueil l'envahit au point de lui faire perdre le respect. Il peut également devenir violent.

54. Nithaël
Du 18 au 22 décembre

Dons généraux
Favorise un bien-être physique, spirituel et intellectuel qui se reflète sur l'entourage. Transmet une sensibilité spirituelle qui porte à une vie exemplaire basée sur l'entraide. Octroie un intérêt pour tout ce qui touche au spirituel.

Spécifique à Nithaël
Encens: Fraise • Fleur: Iris • Plante: Chardon

Particularités et influence directe
Cet ange favorise la guérison des maladies et apporte le réconfort dans les épreuves difficiles de la vie. Il protège les prisonniers accusés injustement et les supporte jusqu'à leur libération.

Celui qui bénéficie de sa protection jouit d'une bonne réputation et, par la ténacité qu'il démontre au travail, gagne rapidement la confiance de ceux qui l'entourent. Sa loyauté, sa bonne humeur et sa détermination lui permettent de gravir rapidement l'échelle sociale.

Nithaël s'attend à ce que son protégé s'applique à conserver sa ténacité au travail et qu'il ne développe pas un intérêt exagéré pour l'opulence. Nithaël s'attend aussi à ce que son protégé n'utilise pas son charisme et son charme naturel à des fins impures.

Sous l'influence de Nathaël, son protégé parvient à maintenir une vie exempte d'immoralité.

Celui qui s'écarte de son influence est porté à avoir recours à la violence pour parvenir à ses fins.

Commun aux Principautés
Prince: Haniel • Planète: Vénus • Propriété: Amour • Fleur: Rose rouge • Couleur: Jaune • Pierres: Émeraude, fluorite, lapis-lazuli, opale, saphir. • Métal: Cuivre

SAGITTAIRE

55. Mébahiah
Du 23 au 27 décembre

Dons généraux

Transmet de grandes qualités intellectuelles et spirituelles mises au service de la vérité. Apporte une grande force de caractère ainsi qu'une générosité et une sérénité exemplaires.

Spécifique à Mébahiah

Encens: Pomme • Fleur: Fleur de pommier • Plante: Pommier

Particularités et influence directe

Cet ange exerce son pouvoir sur la morale et la religion. Il influe sur celui qui les protège et se consacre à en faire connaître tous les bienfaits à ses semblables.

Mébahiah accorde la fécondité à celui qui désire une progéniture nombreuse et lui apporte son soutien lors d'épreuves difficiles à surmonter. Il encourage celui qui a la foi et lui apporte de grandes joies.

Sous l'influence de Mebahiah, son protégé est respecté d'autrui en raison de sa piété et des bienfaits qu'il apporte à sa communauté. Il est récompensé par Dieu pour son zèle dans l'accomplissement de ses devoirs chrétiens. Le protégé est très charitable, affectueux à l'égard des autres et la noblesse de ses sentiments est reconnue par tous.

Sous l'influence de Mébahiah, le protégé conserve son humilité et continue de vivre en harmonie avec les lois divines.

Celui qui s'éloigne des bons auspices de Mébahiah s'écarte progressivement de la religion et de ceux qui la protègent. Il devient un être subversif dans sa communauté.

Commun aux Principautés

Prince: Haniel • Planète: Vénus • Propriété: Amour • Fleur: Rose rouge • Couleur: Jaune • Pierres: Émeraude, fluorite, lapis-lazuli, opale, saphir. • Métal: Cuivre

56. Poyel
Du 28 au 31 décembre

Dons généraux

Confère une énergie peu commune et les qualités nécessaires pour obtenir l'estime et l'affection d'autrui. Permet l'accès à une grande paix intérieure. Facilite la résolution de conflits.

Spécifique à Poyel

Encens: Sauge • Fleur: Crocus • Plante: Yerba matte

Particularités et influence directe

Poyel accorde renommée, célébrité, puissance, fortune, savoir et confère à son protégé des aptitudes dans le domaine de la philosophie. Il lui accorde une lucidité d'esprit qui lui permet de bien formuler ses opinions et de les faire valoir dans son milieu.

Le protégé de Poyel reçoit la sagesse, acquiert une facilité pour l'apprentissage des sciences et la ténacité nécessaire à la réalisation de projets importants.

Poyel s'attend à ce que son protégé soit pieux, honnête et travaillant. Sous son influence, il devient plus éloquent, plus mature, sa confiance s'accroît et il est moins souvent victime de mauvaises influences.

Par sa modestie, sa modération et son humeur agréable, le protégé de Poyel récolte l'estime de son entourage. Il ne doit son aisance financière qu'à ses efforts, à ses talents et à son attitude positive à l'égard d'autrui.

Le protégé qui s'écarte de l'influence de Poyel devient orgueilleux, égocentrique et développe des ambitions excessives. Il abuse de ses pouvoirs et profite de la fragilité des plus faibles.

CAPRICORNE

Le séphira des Archanges

57. Némamiah
Du 1ᵉʳ au 5 janvier

Dons généraux

Confère une grandeur d'âme et une prédisposition à guider les personnes en difficultés. Octroie un sens de la justice et transmet des facultés propres à résoudre les situations difficiles.

Spécifique à Némamiah

Encens: Amande • Fleur: Lavande • Plante: Amandier

Particularités et influence directe

Cet ange accorde la prospérité, le succès dans la vie professionnelle et la résolution de conflits épineux. Il soutient les opprimés et ceux qui sont victimes d'abus. Il protège ceux qui détiennent des pouvoirs politiques et ceux qui combattent pour des causes justes.

Sous l'influence de Némamiah, son protégé développe un intérêt pour les combats sociaux et réussit, par son énergie, son courage et sa grandeur d'âme à faire progresser la société dans laquelle il vit.

Sous la protection de Némamiah, il obtient des promotions dans son milieu de travail qui lui permettent de s'élever dans l'échelle sociale.

Némamiah s'attend à ce que son protégé soit généreux et qu'il respecte la morale sociale.

Sous l'influence de cet ange, son protégé acquiert la faculté de découvrir la vraie nature des autres, est plus lucide et discerne davantage les vérités essentielles de la vie.

Le protégé qui s'éloigne des bons auspices de Némamiah devient susceptible, impulsif et use de violence à l'égard des autres.

Commun aux Archanges

Prince: Mikaël • Planète: Mercure
• Propriété: Prospérité
• Fleur: Lavande
• Couleur: Gris
• Pierres: Alexandrine, ambre, chrysolite, cornaline, jais.
• Métal: Mercure

58. Yeialel
Du 6 au 10 janvier

Dons généraux

Apporte une grande douceur et une gentillesse exemplaire. Transmet la patience et suscite un intérêt pour tout ce qui touche à la science en général.

Spécifique à Yeialel

Encens: Bergamotte
• Fleur: Lavande
• Plante: Gentiane

Particularités et influence directe

Yeialel possède le pouvoir de guérir les maladies et de chasser la tristesse. Il exerce son pouvoir sur tout ce qui touche aux métaux et à ceux qui s'en servent: le fer et l'acier, les armuriers et les serruriers, etc. Cet ange permet de démasquer les faux témoins et les criminels.

Sous l'influence de Yeialel, son protégé développe de meilleures facultés intellectuelles qui lui permettent de devenir un excellent médiateur dans des conflits épineux.

Bénéficiant d'une aisance financière, son protégé est réceptif aux besoins d'autrui et il est toujours disponible pour apporter son réconfort lors de situations difficiles. Il possède une bonne santé et jouit d'une résistance physique hors du commun.

Yeialel s'attend à ce que son protégé ne devienne pas intransigeant vis-à-vis d'autrui et qu'il fasse preuve de discernement dans son quotidien.

Celui qui s'écarte de l'influence de Yeialel devient colérique, violent et peut sombrer dans des activités illicites.

59. Harahel
Du 11 au 15 janvier

Dons généraux
Confère de grandes qualités intellectuelles et une faculté d'apprentissage hors du commun. Procure une sagesse et une honnêteté exemplaires.

Spécifique à Harahel
Encens: Lavande • Fleurs: Camomille • Plante: Valériane

Particularités et influence directe
Harahel exerce son influence sur la famille. Il favorise le respect des enfants envers leurs parents et permet une relation basée sur la confiance mutuelle. Il intervient pour contrer la stérilité des femmes et il facilite leurs accouchements.

Harahel exerce son influence sur ce qui touche les fonds publics, les archives, les bibliothèques et les objets rares et précieux. Harahel s'attend à ce que son protégé soit honnête, fasse preuve de générosité et de compréhension envers les autres.

Cet ange offre la possibilité de découvrir des objets de valeur et de recevoir des confidences venant d'êtres chers. Il soutient son protégé lorsque celui-ci doit affronter quelques épreuves difficiles.

Sous l'influence de Harahel, son protégé développe un intérêt pour les affaires et l'économie en général. Il est ainsi favorisé pour faire de bons placements en bourse et parvenir à l'aisance financière.

Celui qui s'écarte des bons auspices de Harahel peut connaître la ruine et être enclin à tramer des faillites frauduleuses.

Commun aux Archanges
Prince: Mikaël • Planète: Mercure • Propriété: Prospérité • Fleur: Lavande • Couleur: Gris • Pierres: Alexandrine, ambre, chrysolite, cornaline, jais. • Métal: Mercure

60. Mitzraël
Du 16 au 20 janvier

Dons généraux
Transmet une grande ouverture d'esprit et favorise la recherche d'idéaux. Favorise les dispositions à travailler intellectuellement et permet de cultiver une ingéniosité étonnante.

Spécifique à Mitzraël
Encens: Lavande • Fleur: Verveine • Plante: Ambroisie

Particularités et influence directe
Mitzraël exerce son influence sur les victimes de maladies psychologiques et sur ceux qui souffrent de déficiences intellectuelles.

Sous son influence, les bonnes relations entre employés et employeurs sont favorisées. Il incite celui qui se place sous sa protection au calme, à la sagesse et lui inculque le courage nécessaire pour affronter les circonstances les plus critiques. Il lui prodigue la faculté de bien se connaître et d'aider les personnes de son entourage à voir clair en elles-mêmes.

Son protégé est reconnu pour sa grandeur d'âme, son intelligence et son affabilité. Il est très apprécié dans son milieu de travail, particulièrement par son employeur.

Mitzraël s'attend à ce que son protégé maîtrise davantage ses émotions et qu'il agisse avec plus de discernement dans ses propos et ses actions.

Cet ange permet de mieux comprendre les vérités inhérentes aux lois divines. Il accorde, de surcroît, la longévité.

Celui qui s'écarte de ses bons auspices est sujet à l'insubordination et à la colère.

CAPRICORNE

61. Umabel
Du 21 au 25 janvier

Dons généraux

Confère sensibilité et intelligence. Octroie une grande aisance à s'exprimer et une facilité à développer des liens d'amitié. Permet une vie sociale active et procure le respect de tous.

Spécifique à Umabel

Encens: Vétivert • Fleur: Passiflore • Plante: Réglisse

Particularités et influence directe

Umabel exerce son influence dans les relations amicales, présentes ou futures, et assiste les artistes dans leurs moments de création.

Il favorise une meilleure compréhension des lois divines et guide celui qui a perdu la foi. Cet ange exerce son influence dans le domaine des sciences de l'astrologie et de la physique.

Umabel stimule l'intérêt pour les voyages et les plaisirs conformes à la moralité. Son protégé possède une grande sensibilité qui peut parfois lui causer des ennuis.

Sous son influence, son protégé est jovial et affable. Il est très apprécié de son entourage, spécialement lors de fêtes ou d'événements sociaux.

Umabel s'attend à ce que son protégé évite de sombrer dans l'égocentrisme, ce qui peut l'inciter à vouloir réformer la société selon ses propres convictions. Il s'attend à ce que le protégé soit tolérant à l'égard des autres. Celui qui s'écarte de l'influence de Umabel devient libertin, est sujet à vivre des ruptures sentimentales douloureuses et est responsable de nombreux conflits.

Commun aux Archanges
Prince: Mikaël • Planète: Mercure • Propriété: Prospérité • Fleur: Lavande • Couleur: Gris • Pierres: Alexandrine, ambre, chrysolite, cornaline, jais. • Métal: Mercure

62. Iah-Hel
Du 26 au 30 janvier

Dons généraux

Permet une connaissance approfondie de soi-même et incite à la pratique de la méditation. Confère une grande loyauté et une honnêteté intellectuelle exemplaire. Octroie la sagesse et la maturité.

Spécifique à Iah-Hel

Encens: Amande • Fleur: Nymphea • Plante: Aneth

Particularités et influence directe

Cet ange favorise l'accession à la sagesse et aide à mieux comprendre les lois divines et la vérité de Dieu.

Iah-hel exerce son influence sur ceux qui vivent dans la solitude et l'austérité. Il influe également sur les perfectionnistes et sur ceux qui cherchent à atteindre un niveau de qualité satisfaisant dans l'exécution de leurs tâches.

Sous l'influence de cet ange, son protégé est apprécié pour ses vertus, sa modestie et sa moralité. Il recherche la solitude, loin des plaisirs reliés à la condition humaine, pour se consacrer à l'étude de la philosophie et des lois divines. Il recherche la perfection dans le rigorisme de ses mœurs.

Cet ange exerce son influence sur les couples mariés et sur l'amitié entre individus.

Iah-hel s'attend à ce que son protégé soit rationnel et honnête dans ses relations avec les autres.

Celui qui s'écarte des bons auspices de Iah-Hel cultive des ambitions excessives et tend à provoquer des scandales. Il recherche prioritairement le luxe et son comportement conjugal peut le mener au divorce.

VERSEAU

63. ANAUËL
Du 31 janvier au 4 février

DONS GÉNÉRAUX

Stimule un intérêt pour la logique. Confère des aptitudes exceptionnelles pour endosser des responsabilités de toutes sortes. Apporte le courage nécessaire pour faire face aux situations les plus dangereuses. Prodigue un amour désintéressé pour tout ce qui touche aux arts.

SPÉCIFIQUE À ANAUËL

Encens: Bergamotte • Fleur: Lavande • Plante: Lemongrass

PARTICULARITÉS ET INFLUENCE DIRECTE

Cet ange exerce son influence sur les athées et les agnostiques et encourage leur conversion. Il permet de démasquer les ennemis du bien, protège contre les accidents routiers et stimule la guérison des malades. Il accorde une protection aux voyageurs.

Le protégé de Anauël est doté d'un esprit ingénieux, est affable et très apprécié au sein de son entourage. Sous la protection de cet ange, il jouit d'une aisance financière qui lui permet d'être généreux envers sa communauté. Anauël favorise la prospérité dans les affaires et le succès dans la vie professionnelle.

Anauël s'attend à ce que son protégé soit moins susceptible, qu'il développe davantage son sens pratique et qu'il fasse preuve de discernement dans ses prises de décision.

Celui qui s'éloigne des bons auspices de Anauël est sujet à la mégalomanie, dilapide son argent dans des projets irréalistes et devient hargneux envers les autres.

COMMUN AUX ARCHANGES

Prince: Mikaël • Planète: Mercure • Propriété: Prospérité • Fleur: Lavande • Couleur: Gris • Pierres: Alexandrine, ambre, chrysolite, cornaline, jais. • Métal: Mercure

64. MÉHIEL
Du 5 au 9 février

DONS GÉNÉRAUX

Confère les aptitudes nécessaires au développement de la logique et de la rationalité. Il prédispose à de bonnes communications et octroie des qualités exceptionnelles de meneur.

SPÉCIFIQUE À MÉHIEL

Encens: Eucalyptus • Fleur: Jasmin • Plante: Hibiscus

PARTICULARITÉS ET INFLUENCE DIRECTE

Méhiel exerce son influence dans les domaines des sciences, de l'enseignement et de la littérature.

Il apporte soutien et inspiration aux créateurs d'œuvres littéraires et favorise la diffusion de celles-ci.

Par son intelligence, sa ténacité et ses connaissances générales, le protégé de Méhiel excelle dans le domaine de la littérature et du journalisme.

Méhiel inspire le goût de la culture, de l'écriture et de la lecture. Il accorde à son protégé un sens aigu de l'analyse et de la synthèse. Ces qualités lui permettent de réaliser des œuvres ou des écrits qui sont particulièrement appréciés par ceux qui composent l'élite de sa communauté.

Méhiel s'attend à ce que son protégé fasse preuve de modestie et qu'il s'investisse davantage dans son milieu pour aider les plus défavorisés.

Celui qui s'écarte de l'influence de Méhiel provoque délibérément la controverse, critique à tort ses confrères, fausse l'information qu'il détient et s'adonne au plagiat.

VERSEAU

197

Le séphira des Anges

65. DAMABIAH
Du 10 au 14 février

DONS GÉNÉRAUX

Apporte une grande sagesse et une bonté d'âme exceptionnelle. Permet d'entretenir d'excellentes relations. Favorise une acuité d'esprit facilitant la résolution de problèmes. Prédispose aux rêves prémonitoires.

SPÉCIFIQUE À DAMABIAH

Encens: Ambre • Fleur: Camélia • Plante: Millerpertuis

PARTICULARITÉS ET INFLUENCE DIRECTE

Cet ange accorde sagesse et succès dans des entreprises utiles à la communauté. Damabiah exerce son influence sur le domaine maritime et sur ses intervenants. Il protège aussi les expéditions navales contre les dangers de naufrage.

Le protégé de Damabiah excelle dans tous les domaines reliés au monde maritime. Par son courage, sa ténacité et sa grande force physique, il est voué à une passionnante carrière dans la marine. Il peut d'ailleurs y connaître l'aisance financière et une bonne renommée.

Sous l'influence de Damabiah, son protégé est doté d'une force morale à toute épreuve. Il demeure optimiste et sûr de lui malgré les épreuves très difficiles qu'il doit traverser et s'en sort toujours avec panache. Il se montre très généreux et il accorde une attention particulière à tous ceux qui ont besoin de son aide.

Celui qui tourne le dos aux bons auspices de Damabiah a tendance à devenir paresseux, à perdre confiance en lui et à s'imaginer que les autres sont responsables de ses déboires.

COMMUN AUX ANGES

Prince: Gabriel • Planète: Neptune
• Propriété: Intuition
• Fleur: Camélia
• Couleur: Vert
• Pierres: Émeraude, opale, perle, pierre de lune, tanzanite.
• Métaux: Argent, platine

66. MANAKEL
Du 15 au 19 février

DONS GÉNÉRAUX

Apporte stabilité aux niveaux spirituel et matériel. Favorise une sagesse et une modestie exemplaires. Octroie une vive intelligence et un caractère sociable. Prédispose aux amitiés sincères et durables.

SPÉCIFIQUE À MANAKEL

Encens: Citron • Fleur: Tubéreuse
• Plante: Mélisse

PARTICULARITÉS ET INFLUENCE DIRECTE

Cet ange exerce son influence sur la végétation et les animaux aquatiques. Il influe également sur le sommeil et les rêves. Il favorise les rêves prémonitoires et les révélations prophétiques.

Le protégé de Manakel possède une belle personnalité, a beaucoup de charme et aime être élégamment vêtu. Par la douceur de son caractère et grâce à son amabilité, il est très apprécié dans son milieu.

Sous l'influence de Manakel, son protégé pardonne facilement à ceux qui l'ont trompé. Il apprend à être plus modeste et plus réceptif à l'égard des autres. Parfois tourmenté par des accès de tristesse, il parvient à les surmonter.

Manakel s'attend à ce que son protégé soit honnête et respectueux envers autrui. Il le souhaite dépourvu d'égoïsme et rempli de discernement dans ses propos.

Celui qui s'écarte de l'influence de Manakel devient négligent, a tendance à se renfermer sur lui-même et perd graduellement confiance en ses moyens.

67. Éyaël

Du 20 au 24 février

Dons généraux

Transmet des dispositions pour déceler l'aspect positif des choses. Favorise une ouverture d'esprit à l'égard de la foi et à tout ce qui touche au mysticisme.

Spécifique à Éyaël

Encens: Bois de santal • Fleurs: Lys tigré • Plante: Ambroisie

Particularités et influence directe

Eyaël offre consolation et réconfort dans l'adversité, le malheur et le chagrin. Il protège les opprimés et tous ceux qui sont victimes d'abus. Il redonne courage à celui qui l'a perdu et lui transmet la force nécessaire pour affronter les épreuves futures.

Eyaël stimule le goût de la solitude et la méditation. Sous l'influence d'Eyaël, son protégé excelle dans les domaines de l'astrologie, de la philosophie et de la physique. Ce dernier développe une imagination plus féconde qui pourrait lui permettre, s'il le désire, de créer des œuvres littéraires d'importance.

Eyaël s'attend à ce que son protégé demeure rationnel en tout et qu'il évite de sombrer dans la paresse et l'inertie lorsque la réalisation de ses projets s'avère plus difficile que prévue.

Eyaël soutient son protégé pour qu'il soit courageux et opiniâtre.

Celui qui s'éloigne de l'influence de Eyaël devient hargneux, a tendance à trop se méfier de son entourage et perd toute sa rationalité.

Commun aux Anges

Prince: Gabriel • Planète: Neptune • Propriété: Intuition • Fleur: Camélia • Couleur: Vert • Pierres: Émeraude, opale, perle, pierre de lune, tanzanite. • Métaux: Argent, platine

68. Habuhiah

Du 25 février au 1er mars

Dons généraux

Permet d'exploiter au maximum les qualités qu'on possède. Confère générosité et favorise la sociabilité. Apporte richesse intérieure et un esprit d'entraide qui sont très appréciés.

Spécifique à Habuhiah

Encens: Ambre • Fleur: Aubépine • Plante: Valériane

Particularités et influence directe

Habuhiah aide à recouvrer la santé et favorise une meilleure écoute intérieure. Il augmente la réceptivité à l'égard des autres et incite à créer plus d'harmonie autour de soi.

Habuhiah favorise la guérison et permet un rétablissement plus rapide lorsque des malades sont gravement atteints. En outre, il assure le maintien d'une bonne santé à tous ceux qui sont sous sa protection.

Le protégé de Habuhiah possède un sens inné de la justice, un courage exemplaire et une bonne facilité d'adaptation lors d'événements imprévus. Il est aussi très sensible et sentimental. Fidèle et dévoué dans une relation amoureuse, il a tendance à négliger d'autres aspects importants de sa vie. Habuhiah s'attend à ce que son protégé soit altruiste, qu'il fasse preuve de générosité envers les autres et qu'il évite de sombrer dans la jalousie.

Celui qui s'éloigne de l'influence de Habuhiah devient méfiant à l'égard des autres, se renferme sur lui-même au risque de devenir misanthrope.

POISSON

69. Rochel

Du 2 au 6 mars

Dons généraux

Apporte l'harmonie et confère un équilibre émotionnel qui favorise l'accès à une vie riche en expériences positives. Octroie un sens de l'ordre hors du commun.

Spécifique à Rochel

Encens: Myrrhe • Fleur: Passiflore • Plante: Griffe du diable

Particularités et influence directe

Cet ange est d'une aide précieuse pour retrouver les objets perdus ou volés. Il exerce son influence sur les dirigeants politiques, la justice et l'argent.

Rochel accorde lucidité et efficacité. Il aide ceux qui sont aux prises avec des problèmes de dépendance à la drogue ou à l'alcool. Il accorde le courage et la force nécessaires à ceux qui ont le désir sincère de retrouver la maîtrise de leur vie.

Sous l'influence de Rochel, son protégé devient un brillant orateur, ce qui lui attire le respect dans son milieu. Son intelligence et sa droiture lui accordent la reconnaissance et l'estime de son entourage. Il parvient aisément à acquérir la sécurité financière.

Rochel s'attend à ce que son protégé ne sombre pas dans la cupidité et l'avarice. Il souhaite que celui-ci demeure modeste et qu'il devienne un phare pour ceux qui l'entourent.

Celui qui s'écarte des bons auspices de Rochel peut être victime de calomnies qui l'entraîneront dans un procès où il risque de perdre tous les privilèges acquis.

Commun aux Anges

Prince: Gabriel • Planète: Neptune
• Propriété: Intuition
• Fleur: Camélia
• Couleur: Vert
• Pierres: Émeraude, opale, perle, pierre de lune, tanzanite.
• Métaux: Argent, platine

70. Jabamiah

Du 7 au 11 mars

Dons généraux

Apporte les qualités nécessaires à changer les choses et à améliorer les situations tendues. Octroie une grande force intérieure capable de résoudre les problèmes les plus divers.

Spécifique à Jabamiah

Encens: Bois de santal
• Fleur: Nymphea
• Plante: Gentiane

Particularités et influence directe

Cet ange exerce son influence sur la fécondité et sur la famille. Il veille à ce que les souhaits soient entendus et exaucés.

Son protégé est d'une grande sensibilité, possède un bon jugement et il est honnête. Par manque de confiance en lui, il a parfois tendance à abandonner ce qu'il a entrepris. Il est très apprécié de son entourage en raison de la douceur de son caractère et la vivacité de son intelligence.

Sous l'influence de Jabamiah, son protégé développe un intérêt pour les arts et pour tout ce qui touche à la nature. Il apprend à développer un haut niveau d'intensité lorsque la situation l'exige.

Jabamiah s'attend à ce que son protégé soit énergique, qu'il soit moins naïf et qu'il apprenne à contrôler ses émotions. Cet ange souhaite qu'il s'abstienne de faire preuve d'insouciance.

Celui qui tourne le dos à Jabamiah s'enlise dans des situations qu'il a provoquées par son insouciance et sa paresse et peut devenir insensible aux besoins de son entourage.

71. Haiaïël

Du 12 au 16 mars

Dons généraux

Favorise la constance au niveau émotionnel et octroie les facultés nécessaires pour franchir avec succès les embûches de la vie. Accorde une vive intelligence et une fidélité sans pareille devant les engagements.

Spécifique à Haiaïël

Encens: Citron • Fleur: Lys d'un jour • Plante: Réglisse

Particularités et influence directe

Haiaïël aide à contrôler ou à annihiler les esprits prévaricateurs, protège ceux qui désirent s'élever vers Dieu et libère les opprimés et ceux qui sont injustement accusés.

Cet ange apporte beaucoup de courage devant le danger ou les épreuves de la vie.

Le protégé de Haiaïël se voit également accorder une vive intelligence et une curiosité aiguë qui lui font découvrir et apprécier les bienfaits des lois divines.

Le protégé est souvent considéré autour de lui en raison de sa capacité d'analyse qui lui permet de résoudre des problèmes jusque-là insolubles. Haiaïël s'attend à ce que son protégé soit moins critique à l'égard d'autrui, qu'il soit plus modeste et tolérant dans ses propos. Il s'attend à ce qu'il domine sa propension à vouloir agir trop rapidement.

Celui qui refuse la protection de Haiaïël sème la discorde autour de lui, a tendance à user de traîtrise pour parvenir à ses fins et peut devenir très violent s'il n'obtient pas ce qu'il désire.

Commun aux Anges

Prince: Gabriel • Planète: Neptune • Propriété: Intuition • Fleur: Camélia • Couleur: Vert • Pierres: Émeraude, opale, perle, pierre de lune, tanzanite. • Métaux: Argent, platine

72. Mumiah

Du 17 au 20 mars

Dons généraux

Confère une appréciable constance à la vie émotionnelle et accorde les facultés nécessaires pour mener à terme tout ce qui a été entrepris. Octroie une honnêteté d'esprit et suscite une vive curiosité pour les sciences.

Spécifique à Mumiah

Encens: Ambre • Fleur: Gardénia • Plante: Agrimoine

Particularités et influence directe

Mumiah exerce son influence sur la santé, la longévité et l'équilibre intellectuel. Il permet un réablissement rapide à ceux qui sont victimes de maladies graves et les accompagne tout au long de leur vie pour que celle-ci soit longue et heureuse. Il exerce son influence sur le monde des sciences, notamment ceux de la chimie, de la physique et de la médecine.

Sous l'influence de Mumiah, son protégé excelle dans le domaine de la médecine et peut y réussir une carrière très intéressante. Mumiah s'attend à ce que son protégé cultive la joie et qu'il demeure le plus constant possible dans ses humeurs. Il s'attend aussi à ce qu'il apprenne à accepter les gens comme ils sont, avec leurs qualités et leur défauts.

Sous l'influence de Mumiah, son protégé est très apprécié dans son milieu. Il a aussi l'intense besoin de consacrer sa vie aux plus démunis de la société.

Celui qui s'écarte des bons auspices de Mumiah peut sombrer dans le désespoir, détester l'existence qu'il mène et même entretenir des pensées suicidaires.

CHAPITRE 13

LE SENS DES NOMS

 ahvé, le nom qui est donné à Dieu dans la Bible, est formé de quatre lettres hébreuses: Yod, Hé, Vav et Hé. Selon la tradition kabbalistique, chacune de ces lettres représente une énergie active.

Le «Yod» signifie la semence, le germe de la vie. Il représente le Père et l'impulsion de création.

Le premier «Hé» désigne l'endroit (la terre) où le «Yod» doit se concrétiser, sa période de gestation. Il représente aussi la mère et la fécondabilité.

Le «Vav» est le symbole du fils, le fruit du «Yod» et du premier «Hé». C'est la concrétisation de la puissance créatrice du «Yod».

Le deuxième «Hé» signifie la fin du premier cycle «Yod-Hé-Vav» et le recommencement d'un cycle nouveau jusqu'à perpétuité.

Dans cet ordre d'idée, le nom de Dieu, Yahvé, est le processus de la vie et des lois cosmiques. Selon la tradition de la kabbale, il correspond à tous les niveaux d'action et à toutes les situations.

Conséquemment, les noms des 72 «anges princes» sont reliés à Dieu et représentent les 72 facettes de celui-ci.

Voici le nom de chaque «ange prince» et sa signification.

1. Véhuiah	Dieu élevé dans son incommensurable grandeur
2. Jéliel	Dieu secourable
3. Sitaël	Dieu, l'espérance de toute la création et de toutes les créatures
4. Élémiah	Dieu caché
5. Mahasiah	Dieu sauveur
6. Lélahel	Dieu louable
7. Achaiah	Dieu bon et patient
8. Cahétel	Dieu adorable
9. Haziel	Dieu de la miséricorde
10. Aladiah	Dieu propice
11. Lauviah I	Dieu loué et exalté
12. Hahaiah	Dieu refuge
13. Yézalel	Dieu glorifié dans toutes ses choses et dans toute sa splendeur
14. Mébahel	Dieu conservateur
15. Hariel	Dieu créateur
16. Hékamiah	Dieu qui créa l'univers
17. Lauviah II	Dieu admirable
18. Caliel	Dieu prompt à exaucer
19. Leuviah	Dieu qui exauce tous les pécheurs
20. Pahaliah	Dieu rédempteur
21. Nelchaël	Dieu seul et unique
22. Yéiayel	La droite de Dieu
23. Mélahel	Dieu qui délivre de tous les maux
24. Haheuiah	Dieu bon par lui-même
25. Nith-Haiah	Dieu qui donne la sagesse
26. Haaiah	Dieu, roi du monde
27. Yérathel	Dieu qui punit les méchants
28. Séhéiah	Dieu qui guérit les malades
29. Reiyiel	Dieu prompt à secourir
30. Omaël	Dieu patient
31. Lécabel	Dieu inspirant
32. Vasariah	Dieu juste
33. Yéhuiah	Dieu qui connaît toute chose
34. Léhahiah	Dieu clément
35. Chavakhiah	Dieu donne la joie
36. Ménadel	Dieu adorable

37. Aniel	Dieu des vertus
38. Haamiah	Dieu, l'espérance de toute sa création terrestre
39. Réhaël	Dieu qui reçoit les pécheurs
40. Iéiazel	Dieu qui réjouit
41. Hahahel	Dieu en trois personnes, la Trinité
42. Mikhaël	Vertu de Dieu, maison de Dieu, semblable à Dieu
43. Veuliah	Roi Dieu, Dieu Roi dominateur
44. Yélahiah	Dieu éternel
45. Séaliah	Dieu moteur de toute chose
46. Ariel	Dieu révélateur
47. Asaliah	Dieu juste qui indique toute vérité
48. Mihaël	Dieu père secourable
49. Véhuel	Dieu grand et élevé
50. Daniel	Le Seigneur des miséricordes, l'ange de la confession
51. Hahasiah	Dieu qui pardonne
52. Imamiah	Dieu élevé au-dessus de toute chose
53. Nanaël	Dieu qui abaisse les orgueilleux
54. Nithaël	Dieu Roi des cieux
55. Mébahiah	Dieu éternel
56. Poyel	Dieu qui soutient l'univers
57. Némamiah	Dieu louable
58. Yeialel	Dieu qui exauce les générations
59. Harahel	Dieu qui connaît toute chose
60. Mitzrael	Dieu qui soulage les opprimés
61. Umabel	Dieu au-dessus de toute chose
62. Iah-Hel	Dieu, Être suprême
63. Anauël	Dieu infiniment bon
64. Mehiel	Dieu qui vérifie toute chose
65. Damabiah	Dieu fontaine de sagesse
66. Manakel	Dieu qui seconde et entretient toute chose
67. Eyaël	Dieu, délice des enfants et des hommes
68. Habuhiah	Dieu qui donne avec liberté
69. Rochel	Dieu qui voit tout
70. Jabamiah	Dieu, verbe qui produit toute chose
71. Haiaiel	Dieu, Maître de l'univers
72. Mumiah	Dieu Oméga

Chapitre 14

Les pouvoirs et les vertus

haque «ange prince» a des pouvoirs et des vertus définis. Voici la liste des pouvoirs et des vertus de chacun.

Amour

3. Sitaël
5. Mahasiah
6. Lelahel
9. Haziel
10. Aladiah
11. Lauviah I
12. Hahaiah
13. Yézalel
15. Hariel
17. Lauviah II

18. Caliel
19. Leuviah
21. Nelchaël
23. Melahel
27. Yérathel
30. Omaël
35. Chavakhiah
37. Aniel
39. Réhaël
42. Mikhaël

47. Asaliah
48. Mihaël
52. Imamiah
56. Poyel
61. Umabel
62. Iah-Hel
66. Manakel
72. Mumiah

Argent

4. Élémiah
6. Lelahel
7. Achaiah
8. Cahétel
14. Mébahel
16. Hékamiah
19. Leuviah
22. Yéiayel

23. Mélahel
26. Haaiah
31. Lécabel
34. Léhahiah
36. Ménadel
43. Veuliah
54. Nithaël
56. Poyel

57. Némamiah
59. Harahel
63. Anauël
65. Damabiah
66. Manakel
69. Rochel
72. Mumiah

Connaissances et prémonitions

3. Sitaël
8. Cahétel
11. Lauviah I
12. Hahaiah
17. Lauviah II
19. Leuviah

21. Nelchaël
25. Nith-Haiah
29. Reiyiel
38. Haamiah
41. Hahahel
46. Ariel

48. Mihaël
51. Hahasiah
57. Némamiah
65. Damabiah
66. Manakel
72. Mumiah

Évolution

1. Véhuiah
2. Jéliel
3. Sitaël
4. Élémiah
5. Mahasiah
7. Achaiah
8. Cahétel
10. Aladiah
11. Lauviah I
12. Hahaiah
14. Mébahel

15. Ariel
18. Caliel
20. Pahaliah
21. Nelchaël
22. Yéiayel
28. Séhéiah
29. Reiyiel
30. Omaël
33. Yéhuiah
34. Léhahiah
36. Ménadel

39. Réhaël
40. Iéiazel
41. Hahahel
45. Séaliah
46. Ariel
47. Asaliah
49. Véhuel
52. Imamiah
61. Umabel
67. Éyaël
70. Jabamiah

Fécondité

8. Cahétel
19. Leuviah
23. Mélahel

30. Omaël
48. Mihaël
55. Mébahiah

59. Harahel
68. Habuhiah
70. Jabamiah

Intelligence

1. Véhuiah
2. Jéliel
5. Mahasiah
6. Lélahel
7. Achaiah
12. Hahaiah
13. Yézalel
17. Lauviah II
19. Leuviah
21. Nelchaël

22. Yéiayel
23. Mélahel
25. Nith-Haiah
31. Lécabel
34. Léhahiah
37. Aniel
40. Iéiazel
44. Yélahiah
46. Ariel
47. Asaliah

53. Nanaël
56. Poyel
60. Mitzraël
61. Umabel
62. Iah-Hel
64. Méhiel
67. Éyaël
70. Jamabiah

Justice

1. Véhuiah
2. Jéliel
3. Sitaël
6. Lélahel
8. Cahétel
9. Haziel
13. Yézalel
14. Mébahel
17. Lauviah II

18. Caliel
20. Pahaliah
26. Haaiah
27. Yérathel
29. Reiyiel
32. Vasariah
33. Yéhuiah
34. Léhahiah
35. Chavakhiah

42. Mikhaël
43. Veuliah
44. Yélahiah
52. Imamiah
57. Némamiah
58. Yéialel
69. Rochel
71. Haiaiel

Mission de vie

1. Véhuiah
2. Jéliel
5. Mahasiah
6. Lélahel
7. Achaiah
15. Hariel
20. Pahaliah
26. Haaiah
27. Yérathel

29. Reiyiel
35. Chavakhiah
36. Ménadel
38. Haamiah
41. Hahahel
46. Ariel
47. Asaliah
49. Véhuel
50. Daniel

51. Hahasiah
52. Imamiah
53. Nanaël
55. Mébahiah
57. Némamiah
58. Yéialel
62. Iah-Hel
63. Anauël
67. Éyaël

Protection

1. Véhuiah
4. Élémiah
11. Lauviah I
18. Caliel
22. Yéiayel
23. Mélahel

24. Haheuiah
27. Yérathel
28. Séhéiah
33. Yéhuiah
37. Aniel
38. Haamiah

42. Mikhaël
44. Yélahiah
52. Imamiah
54. Nithaël
63. Anauël
71. Haiaiël

Santé et guérison

1. Véhuiah	45. Séaliah	63. Anauël
6. Lélahel	50. Daniel	66. Manakel
10. Aladiah	51. Hahasiah	67. Éyaël
17. Lauviah II	53. Nanaël	68. Habuhiah
23. Mélahel	54. Nithaël	70. Jabamiah
28. Séhéiah	56. Poyel	72. Mumiah
30. Omaël	58. Yéialel	
39. Réhaël	60. Mitzraël	

Travail

1. Véhuiah	15. Hariel	39. Réhaël
2. Jéliel	16. Hékamiah	42. Mikhaël
4. Élémiah	31. Lécabel	45. Séaliah
7. Achaiah	33. Yéhuiah	60. Mitzraël
13. Yézalel	36. Ménadel	72. Mumiah

CHAPITRE 15

Lexique pratique

 l'aide du lexique suivant, il vous sera plus facile d'identifier l'ange qui peut vous aider lors d'un besoin spécifique. La liste ne pouvant être complète, il se peut que le sujet de votre demande n'y apparaisse pas. En ce cas, adressez-vous directement à votre ange.

A

B

C

∂

e

f

G

h

I

J

k

L

m

N

O

P

R

S

T

V

TROISIÈME PARTIE

CHAPITRE 16

Témoignages

oici des témoignages de personnes ayant vécu des expériences véridiques avec un ou des anges. Ces gens ont bien voulu raconter leur histoire en signe de reconnaissance de faveurs obtenues grâce au monde angélique.

Dérapage contrôlé

Je suis au volant de ma voiture sur une route de Normandie et il pleut à boire debout. En compagnie de mon fils de douze ans, je viens de quitter l'autoroute de Paris. À l'approche d'un carrefour balisé par des feux, je me retrouve derrière une grosse caravane qui roule à quinze mètres devant moi. Le feu passe au rouge. En freinant, la caravane envoie des trombes d'eau dans tous les sens. J'ai le réflexe de ne pas freiner à mon tour. La nappe d'eau s'engouffre sous mon véhicule qui se met à glisser. La route est étroite. Dans la voie de gauche, arrive en sens inverse une autre caravane qui occupe la largeur de la voie. Pas de place pour me glisser entre les deux caravanes et éviter l'accident.

Je parviens seulement à formuler intérieurement: «Les anges, les anges, au secours!» Les mains à peine posées sur le volant de peur d'une fausse manœuvre, je n'ai plus aucun contrôle de la voiture, ni de la situation. Le choc est inévitable. Et pourtant, le temps de retenir mon souffle et je me retrouve en douceur à l'arrêt devant la caravane responsable de l'aquaplaning et derrière deux autres voitures immobilisées par le feu. Ni appel de phare, ni coup de klaxon, aucune réaction des autres véhicules, comme si rien ne s'était passé.

J'ai eu le sentiment de vivre comme dans un flash, hors du temps et de l'espace. Même impression pour mon fils qui s'exclame: «Maman, c'est un miracle!»

Un examen réussi

Jean-Philippe doit se présenter à l'examen oral. Immobilisé durant plusieurs mois à la suite d'un accident de scooter, il doute vraiment de réussir cet examen.

La veille, Annie, sa mère, lui suggère de relire quelques chapitres de géographie. Excédé, Jean-Philippe lui répond: «Que veux-tu donc que je révise encore?» Vite, Annie prie son ange gardien de l'inspirer et dit: «Le Japon.» De mauvaise grâce, son fils ouvre le livre et relit le chapitre en question.

Le lendemain, il se présente dans la salle d'examen sans trop se faire d'illusions. Mais quelle n'est pas sa surprise quand le sujet que lui propose l'examinateur est précisément... le Japon!

Changement radical

Bruno, c'était un dur! Les 400 coups, la prison, une femme et trois enfants qu'il terrorisait et battait car il était alcoolique. «Pourtant, je les aimais, mais c'était plus fort que moi, précise-t-il.»

Un jour, désespéré, ivre mort, il descend dans une station de métro, avec la ferme intention d'en finir. Sur le point de se jeter sous la rame, il s'assure que l'endroit est bien désert. Il l'est. Il hésite une deuxième fois. Il jette de nouveau un regard circulaire et découvre alors un homme qui n'était pas là une seconde plus tôt.

L'inconnu, en haillons, est assis sur un banc. «Je me sens irrésistiblement attiré et je m'approche de lui. Pourtant, je suis toujours aussi saoul et, habituellement, rien ne peut me sortir de cet état-là.» Arrivé à sa hauteur, l'inconnu lève la tête et le regarde droit dans les yeux. «Je n'ai jamais vu des yeux pareils. Jamais aucun homme ne m'a regardé de cette façon.»

Il ressent aussitôt une force et un amour inouï émaner de cet inconnu, précisément pour lui. Bruno se retrouve en larmes et à genoux, à ses pieds. L'inconnu pose alors les mains sur sa tête. «Je me suis senti regonflé comme un pneu avec une pompe à vélo!»

Bruno perd la notion du temps. Il est en paix, joyeux et complètement dessaoulé. Mais quand il relève la tête, plus personne. Quelques jours plus tard, il renonce à l'alcool et à toute violence.

Souhaits exaucés

Alan et Susan W. partaient en vacances avec leur caravane. Il n'avaient parcouru qu'un peu plus d'un kilomètre quand ils entendirent un grand bruit. Ils s'arrêtèrent et virent que leur caravane était complètement couchée sur le côté: les boulons d'une roue avaient sauté et celle-ci s'était encastrée sous la remorque. Ils quittèrent la caravane et allèrent chercher du secours.

Pendant qu'Alan téléphonait au garage, Susan retourna en direction de la caravane pour mesurer les dimensions de la roue. Chemin faisant, elle se mit à prier: «Seigneur, je t'en prie, aide-nous!»

Lorsqu'elle fut devant la caravane, elle vit un ange assis sur le toit; il la tranquillisa d'un regard souriant.

Par la suite survint une succession d'événements que Susan définit comme des «petites coïncidences de Dieu.»

Quelques minutes seulement s'étaient écoulées quand un de leurs amis, qui passait par là par hasard, s'arrêta pour proposer son aide. Il fallait un grand véhicule pour déplacer la caravane qui s'était couchée sur le terre-plein. Le garage le plus près était assez éloigné mais leur ami se rappela qu'il avait croisé le matin même une de ses connaissances à bord d'une four-gonnette. Il partit à sa recherche et le trouva presque aussitôt. Ils purent ainsi remettre la cara-vane d'aplomb. Mais il y avait un autre problème: il fallait trouver les bons boulons car c'était un vieux modèle de caravane. Cependant, la première personne à qui ils téléphonèrent sut tout de suite où les trouver. Finalement, avec quelques heures de retard, ils purent reprendre leur voyage joyeusement avec la certitude qu'ils viendraient à bout de toutes les difficultés.

UN ACCIDENT DE CHASSE ÉVITÉ

Andrew S. était allé à la chasse avec son ami Joe. Comme c'était un chasseur expérimenté qui connaissait toutes les règles de sécurité, il pensait qu'il en était de même pour son ami. Une des règles de base consiste à ne pointer son fusil qu'en direction de ce que l'on veut tirer; quand deux chasseurs marchent côte à côte, ils ne doivent pas diriger le canon de leur fusil l'un vers l'autre.

Mais Joe était un novice et ne connaissait pas ces règles. Les deux amis revinrent à leur voiture par un sentier escarpé.

«J'ai sûrement en moi une conscience innée de la sécurité, raconte Andrew, et quand Joe changea de position, je ressentis une sensation étrange. En effet, je m'aperçus qu'il tenait son fusil du mauvais côté, avec le canon dirigé vers ma tête. J'étais sur le point de lui demander tout à fait naturellement de replacer son fusil dans le bon sens.»

Mais Andrew n'eut pas le temps de le faire car il entendit dans sa tête une voix surexci-tée qui lui dit: «Fais tout de suite deux pas en avant!»

Il obéit instinctivement et, à peine avait-il fait son deuxième pas qu'un coup partit du fusil de Joe, atteignant exactement l'endroit où il se trouvait quelques instants auparavant.

UN ANGE VEILLAIT

Bill X. s'était rendu au bord du Big Bear Lake, en Californie, pour camper pendant quelques jours avec sa famille. Il avait lu la Bible, prié Dieu pour qu'il les protège, et pris beaucoup de photos du groupe autour du feu. En quelques secondes, leur tranquillité fut interrompue par l'arrivée de six voyous en moto qui, armes au poing, leur ordonnèrent de leur remettre tout ce qu'ils possédaient. Ils obéirent tous, terrorisés, jetant à terre leurs portefeuilles.

Cependant, les motards remontèrent tout à coup sur leur selle et, sans rien prendre, s'en-fuirent d'un air effrayé. Tout d'abord déconcertée, la petite famille surmonta son état de choc et le reste des vacances fut très agréable.

Une fois revenu chez lui, Bill découvrit ce qui avait tellement effrayé les voyous en voyant les photos développées: il y avait un ange qui veillait sur sa famille autour du feu.

VISION AU ZAÏRE

Corrie Boom aime bien raconter un épisode de sa vie qui s'est déroulé pendant une révolte au Zaïre, au moment où des rebelles se dirigeaient vers une école où se trouvaient beaucoup d'en-fants de missionnaires. «Ils étaient décidés à tuer les enfants et les enseignants, écrit Corrie dans un de ses livres. Dans l'école, tout le monde savait quel danger les menaçait et ils se mirent à prier.»

Alors que les rebelles étaient à présent très près de l'école, survint un événement imprévu: les hommes firent demi-tour et s'enfuirent en courant. Ce même phénomène se reproduisit deux jours de suite. Un des rebelles, blessé, fut hospitalisé dans la mission. Le médecin qui le soignait lui demanda: «Pourquoi n'êtes-vous pas rentrés dans l'école comme vous aviez l'intention de le faire?»

«Nous n'avons pas pu, fut la réponse surprenante du rebelle. Nous avons vu des centaines de soldats en uniforme blanc et nous avons eu peur.»

SA VIE A CHANGÉ

J'ai rencontré mon ange il y a cinq ans: j'avais assisté à un atelier sur les anges et j'appris que les 72 anges étaient représentés par 72 couleurs. Le mien était symbolisé par le jaune, ce qui signifie la joie de vivre. C'est alors que je me suis souvenu de plusieurs choses qui n'étaient pas des hasards mais des indices!

Un jour, par exemple, ma maison fut cambriolée et les voleurs n'emportèrent que ce qui était jaune: lampes, bougeoirs, vaisselle, cadres, miroirs, etc. Pourtant, il y en avait d'autres, exactement les mêmes, mais bleus, oranges ou verts! Je ne comprenais pas pourquoi on m'avait pris des choses sans valeur, mais jaunes!

Quand on m'annonça, bien plus tard, que ma couleur angélique était le jaune, je racontai cette anecdote au thérapeute angélique et il m'expliqua que mon ange essayait de se manifester, qu'il voulait que j'aille vers lui.

Depuis, je progresse beaucoup dans la connaissance des anges. Je fais des stages et j'ai déjà intégré les vertus de quatre anges. Mon but est d'atteindre les 72 mais cela demande énormément de travail.

Concrètement, au quotidien, cela change pas mal de choses. En fait, ma qualité de vie s'en ressent: si je manque de courage, je sollicite l'ange dont c'est la qualité. Si je me sens triste, je travaille avec l'énergie de la joie. Je vais sans cesse vers un mieux-être et je me demande même s'il aura une fin.

Mais vous savez, on peut solliciter son ange pour que des désirs bien plus terre-à-terre se réalisent: réussir un examen, avoir un rendez-vous galant, etc.

Malheureusement, c'est difficile de parler des anges aux autres: le gens ont des préjugés. Ils ne se sentent pas rassurés quand j'évoque mon ange: cela ne leur semble pas sérieux. Mais alors, comment expliquer cette transformation chez moi? La thérapie angélique m'a appris à savoir qui je suis vraiment, à m'aimer et à aimer les autres.

Évidemment, on ne peut pas tout attendre de son ange: il vous guide au quotidien mais vous restez maître de vos actes; c'est vous qui décidez ce que vous entreprenez.

Que vous me croyiez ou non, je suis convaincu que ma vie a changé depuis ma thérapie angélique; je base tout sur l'amour, l'amitié et la générosité. Et je suis bien plus heureux comme ça.

Donovan C. habitait dans un quartier de Londres qui était à l'époque soumis toutes les nuits à de lourds bombardements de la part de l'aviation allemande. Donovan dormait avec sa femme dans une pièce du rez-de-chaussée de son cottage qu'il avait transformé du mieux qu'il avait pu en refuge antiaérien grâce à des poteaux de soutènement et à des sacs de sable.

Un soir, il dit à son épouse: «Il y aura un peu de "grabuge" ici cette nuit, mais nous serons en sécurité et nous n'avons donc pas de raison de nous inquiéter. Je vois un ange au-dessus de notre maison qui nous protège.»

Ils allèrent se coucher et, vers deux heures de la nuit, furent réveillés par une explosion fracassante qui provenait du haut de leur maison. Malgré le fort déplacement d'air, la maison ne subit aucun dommage. Donovan s'exclama alors: «Tout est fini. Il n'y a plus rien à craindre maintenant.» Ils retournèrent se coucher.

Le lendemain, ils furent réveillés par un policier du quartier qui leur dit: «Vous avez eu vraiment beaucoup de chance de vous en être sortis cette nuit. Une bombe parachutée était en train de tomber juste au-dessus de votre maison quand elle a explosé dans les airs.»

Madame Dorothy F. habitait dans une rue qui avait été envahie par des drogués et des trafiquants. C'était devenu dangereux pour les personnes âgées de sortir après la tombée de la nuit.

Un soir, se sentant inquiète, Dorothy décida de laisser la lumière allumée devant chez elle. Elle entendit soudainement le Seigneur qui lui parlait: «Tu ne crois pas en moi ma fille?» «Bien sûr que je crois en toi» répondit-elle avant d'éteindre la lumière.

«Alors, j'ai vu deux anges, juste devant chez moi et de chaque côté de la porte, qui mesuraient plus de trois mètres. J'ai dit en priant: "Si quelqu'un essayait d'entrer, Seigneur, il serait terrorisé et s'enfuirait!"»

C'est la protection promise par le Psaume 34: «Il campe, l'ange de Yahvé, autour de ceux qui le craignent, et il les dégage.»

Pendant une tempête de neige, Elsie H. conduisait son auto pour rentrer chez elle. Elle était avec son père âgé et quelques-uns de ses amis. En raison de la faible visibilité, Elsie prit une mauvaise route et se retrouva sur un chemin au milieu de la lande. Elle savait que cette route risquait d'être dangereuse dans la tourmente et pensa qu'il était plus sage de ne pas continuer. Il y avait deux autres voitures derrière elle et, quand elle commença à faire marche arrière, ces deux véhicules la suivirent jusqu'à un croisement.

«Je devais prendre une décision! Valait-il mieux faire demi-tour ou bien courir le risque de prendre la route de gauche que je ne connaissais pas? Je savais qu'il fallait sortir le plus rapidement possible de la lande pour ne pas me trouver en difficulté.»

C'est alors que j'ai dit: «Il nous faudrait un chasse-neige!» J'avais à peine prononcé ces mots qu'un gros chasse-neige jaune est apparu sur notre droite. Le chauffeur nous a demandé où nous voulions aller et nous a demandé de le suivre. Nous avons tous emprunté la route de gauche et une fourgonnette, également jaune, fermait la marche, comme pour nous protéger au cas où une des voitures aurait fait une embardée sur la neige glissante. Quand nous sommes arrivés sur la route principale, j'ai retrouvé la bonne direction; la chaussée était déblayée et on pouvait y rouler de façon sécuritaire. Quand j'ai voulu remercier les chauffeurs des deux véhicules qui nous avaient escortés jusque-là, ils avaient disparu. Toutes les routes que l'on voyait formaient de longues lignes droites mais on ne voyait personne. J'ai demandé aux autres s'ils avaient vu les véhicules s'éloigner mais personne n'avait remarqué qu'ils étaient partis. Ils s'étaient apparemment évanouis dans la nature...

Une démarche intellectuelle

J'ai toujours été attirée par les fées et les anges gardiens! Tout petite déjà, quand ma mère me racontait des histoires peuplées de ces petits êtres, ça me fascinait!

Plus tard, j'ai rencontré un garçon qui étudiait la théologie: il me parlait sans cesse des anges. J'étais convaincue que l'on avait tous un ange protecteur. J'ai dévoré alors des dizaines de bouquins sur le sujet, j'ai assisté à des conférences et j'ai même fait un stage d'angéologie.

Je sais que Manakel veille sur moi. Et je ne vois pas pourquoi il faut à tout prix évoquer la folie dès que l'on s'intéresse aux anges gardiens. Je suis saine d'esprit et je mène une vie équilibrée. J'ai un travail passionnant, un mari génial, un petit garçon que j'adore, des amis, des activités sociales, bref, je suis comme vous!

Connaître mon ange gardien et intégrer sa vertu m'a beaucoup fait avancer dans la vie. Je me connais mieux et je suis moi-même. C'est une démarche intellectuelle comme une autre: celle de vouloir apprendre, comprendre et savoir. Il faut être ouvert! Et puis, au fond de nous-mêmes, nous avons tous besoin de croire à quelque chose, c'est sécurisant.

Par contre, je crois que les anges gardiens sont moins accessibles aux non-croyants. Comme ils sont hermétiques, ils ne parviennent pas à entrer en contact avec eux. C'est dommage!

En tout cas, qu'il existe ou non, je crois en mon ange gardien et ça me fait du bien. C'est ce qui compte, non?

Danger de noyade

Jean O. s'était rendue en week-end avec des amies au bord d'un lac. Ses amies, qui ne savaient pas nager, se sont allongées pour se faire bronzer. Jean s'est jetée à l'eau et s'est dirigée vers le large. Brasse après brasse, elle s'est beaucoup éloignée de la berge. D'un seul coup, elle a senti que le souffle lui manquait et elle a compris qu'elle n'aurait pas assez de force pour revenir.

Elle a été prise de panique. La rive était très éloignée et personne ne remarquait les gestes désespérés qu'elle faisait avec les bras. Son agitation augmentait, rendant sa situation de plus en plus précaire. Jean se rendit compte alors qu'elle risquait de se noyer. Désespérée, elle pria: «Mon Dieu, aide-moi!»

Soudainement, juste à côté d'elle, Jean vit un tronc d'arbre et s'y agrippa pour reprendre son souffle. Ses difficultés n'étaient pas terminées pour autant: combien de temps pouvait-elle tenir, ainsi agrippée dans l'eau froide, avant que ses amies ne s'inquiètent d'elle? Aussitôt après, elle sentit que l'eau se déplaçait et elle vit apparaître un jeune homme qui nageait avec assurance. Quand il s'est retrouvé tout près de Jean, le jeune homme dit:

«Bonjour, je suis chargé de la sécurité de ceux qui sont dans l'eau. Quelque chose ne va pas?»

«Je suis épuisée, a répondu Jean, et je n'arriverai jamais à revenir seule.»

«Au contraire, tu vas y arriver, répliqua le "surveillant", je nagerai lentement à côté de toi et tu me suivras jusqu'à la berge.»

Jean se sentit un peu rassurée parce que le jeune homme pouvait la secourir à tout moment. Elle rassembla toute son énergie et, brasse après brasse, elle regagna la berge, en suivant toujours son guide.

Après avoir mis le pied à terre, elle dit à ses amies: «J'ai failli me noyer... s'il n'y avait pas eu ce maître-nageur...»

«Quel maître-nageur?» répliquèrent ses amies. Jean se retourna mais ne vit personne.

Les anges de la chapelle

Joan E. et sa mère passaient des vacances en Cornouaille. À cette occasion, elles visitèrent la minuscule Chapelle de l'Ermite, située sur un promontoire.

Elles étaient en train de s'en approcher en gravissant la pente herbeuse quand elles entendirent avec surprise un doux chant qui provenait de la chapelle. Elles écoutèrent un peu jusqu'à ce que deux personnes en sortent.

Joan raconte:

«Nous leur avons demandé quel était ce chant et s'il y avait en ce moment un office religieux, mais ils répondirent qu'il n'y avait personne à l'intérieur de la chapelle! Par la suite, nous avons téléphoné au pasteur local pour lui raconter notre expérience. Il n'en fut pas surpris parce que des chants similaires avaient déjà été entendus à d'autres occasions. Cela nous a convaincus que nous avions vraiment entendu des anges: cela restera toujours pour nous une expérience merveilleuse et unique.»

Une prière de sa fille

Un médecin, le docteur John. G., revenait chez lui en voiture, après une soirée fatigante; le brouillard était très dense et la visibilité ne dépassait pas deux mètres. Le médecin connaissait bien la route mais il devait souvent s'arrêter pour vérifier, par certains détails du paysage, où il se trouvait exactement.

Parvenu à mi-chemin, il se rendit compte avec horreur qu'il conduisait à contresens alors que la route était à sens unique.

Presque aussitôt, il sentit une «présence» à ses côtés.

«Mes yeux étaient collés à la route et j'avais une seule idée en tête, retrouver le plus vite possible la bonne direction, raconte le docteur. Le sentiment de panique que j'éprouvais s'est dissipé et j'ai ressenti une sensation de calme surprenante. J'ai réussi à retrouver la bonne direction sans qu'aucune voiture n'arrive en sens contraire. Quand je suis finalement rentré chez moi et que j'ai raconté mon expérience à ma femme, elle s'est exclamée: "Fiona (leur fillette de sept ans) priait pour que ton trajet de retour se passe bien. «Nous avons ensuite calculé que la «présence» angélique avait eu lieu précisément au moment où Fiona était en train de prier.»

Des ombres en mouvement

Terri P., qui vit en Californie, est absolument convaincu de l'existence des esprits, ou guides, quel que soit le nom qu'on leur donne, parce qu'il a ressenti plusieurs fois leur présence. Voici ce qu'il a écrit:

«Ce sont comme des ombres chargées d'électricité, toujours en mouvement. Je ne réussis à les voir que la nuit, mais je sens également leur présence pendant le jour; l'air est alors chargé d'une électricité incroyable. Nous avons un lien d'amour, de bien-être et de sécurité. En trois occasions différentes, j'ai vraiment senti leur étreinte, qui n'est pas comme celle des humains mais qui s'accomplit avec tout leur être. J'ai éprouvé un fourmillement et ressenti une vague d'amour électrique pur me parcourir le corps.

Une nuit, j'étais couché et les lumières étaient éteintes. Je venais de me mettre au lit et je n'avais pas du tout sommeil.

À l'autre bout de ma chambre, j'ai vu une silhouette grise, qui était plutôt informe, comme si elle était constituée de millions de molécules en mouvement perpétuel. J'ai ressenti aussitôt sa présence.

Pendant qu'elle traversait ma chambre, elle s'est presque mise à danser gaiement dans l'air, me procurant ainsi beaucoup de joie. Je la fixais et j'éprouvais un sentiment de familiarité devant cette présence agréable; pourtant je ne l'avais jamais vue auparavant.

Après, cette silhouette est devenue d'un blanc de plus en plus lumineux et j'ai senti que l'on effleurait mon visage. Je me sentais un peu mal à l'aise qu'elle soit à quelques centimètres de ma peau, comme je l'aurais été en présente d'un être humain.

Alors, elle me passa la main sur le visage et me dit: "Ne le fais pas". Aussitôt après avoir entendu ces mots, j'ai ressenti, pendant une seconde, une décharge électrique uniquement sur mes lèvres. Ensuite, cette lueur blanche s'est retirée et est devenue gris clair avant de retrouver son gris d'origine. Elle est devenue de plus en plus petite et a disparu. Cette expérience ne m'a pas du tout effrayé et m'a, au contraire, rendu heureux de pouvoir vivre de telles choses.»

Deux bras invisibles

La petite Tess avait joué avec son amie dans un parc du Tennessee jusqu'à l'heure du dîner. Après lui avoir dit au revoir, Tess prit un raccourci pour rentrer chez elle.

Arrivée près d'un petit fossé, elle prit son élan, comme elle avait l'habitude de le faire, pour le traverser. Ses pieds décollèrent du sol mais la petite se sentit comme attrapée par deux bras invisibles qui la ramenèrent en arrière, du même côté du fossé. Très surprise, Tess reprit son élan, mais le même phénomène se produisit. De plus en plus troublée, Tess se rapprocha du fossé et regarda sur la rive d'en face: il y avait un serpent à sonnette roulé en boule à l'endroit où elle devait retomber.

UN MONSIEUR VÊTU DE BLANC

Une dame se promenait avec sa fillette quand celle-ci s'arrêta à quelques mètres d'un mur. La femme essaya de lui faire reprendre la promenade, mais la petite restait clouée sur place. Subitement, on entendit un bruit assourdissant: le mur s'était écroulé! Si les deux femmes avaient avancé, elles auraient été écrasées. Pâle de frayeur, la mère demanda à sa fille pourquoi elle s'était arrêtée à ce moment précis.

«Maman, tu n'as pas vu ce très beau monsieur habillé de blanc? Il s'est mis devant moi et m'a empêchée de passer.»

EXACTEMENT QUATRE-VINGT-DEUX

Quand ma mère Sally était petite, un ange lui est apparu dans un halo de lumière et lui a dit: «Ils seront quatre-vingt-deux en tout». Pendant toute sa vie, elle s'est demandé ce que cela voulait dire et n'a jamais oublié ces mots; elle en parlait d'ailleurs souvent. Le temps a passé et nous avons commencé à penser que quatre-vingt-deux était le nombre d'années qu'elle vivrait. Elle a eu ensuite quatre-vingt-deux ans et nous nous sommes mis à tout compter, y compris les descendants. Il y en avait quatre-vingt-trois et deux nouveaux enfants allaient naître.

Ma première petite-fille est née deux semaines avant que ma mère ait quatre-vingt-trois ans. Ma mère la vit le dimanche et mourut le mardi suivant son quatre-vingt-troisième anniversaire. C'est moi qui m'occupais des archives familiales et, alors que je dressais une liste de ses membres, j'ai été stupéfaite: deux des petits-fils de ma mère avaient été adoptés. Ma petite-fille était le quatre-vingt-deuxième membre de la famille, le dernier vu par ma mère!

CE QUI COMPTE, C'EST L'AMOUR

J'ai eu beaucoup d'expériences surnaturelles au cours de ma vie mais une des plus significatives m'est arrivée récemment. C'était au mois d'août et je devais finir de planter des tournesols sur le fossé qui longeait la route située devant mon champ. Une amie s'est proposée pour m'accompagner et, dans ma précipitation, j'ai oublié d'enlever la petite chaîne avec deux pendentifs en or que je portais au cou et auxquels je tenais beaucoup. Nous sommes arrivées en voiture jusqu'au champ et j'ai commencé à creuser. Il faisait très chaud. Après avoir déterré les plantes, nous sommes reparties et nous avons commencé à les décharger et à les replanter. D'un seul coup, je me suis aperçue que j'avais perdu mes deux pendentifs; ma chaîne, collée à ma peau par la sueur, s'était cassée. J'ai ressenti un profond sentiment de manque. Je les ai cherchés inutilement le long de la route, sur le pré, dans la voiture. J'ai raconté en pleurant à mon amie que je les avais perdus et je me suis mise à prier en silence pour les retrouver.

Un esprit-guide m'est apparu et m'a dit: «Retourne à l'endroit où tu as creusé. Retourne dans le champ. Aie confiance, je t'aiderai». Une fois arrivée dans le champ, il m'a indiqué l'endroit exact où je devais me rendre et m'a répété: «Aie confiance, Joretta».

Ensuite, il m'a dit de faire cinq pas vers la gauche, ce que j'ai fait, puis ne m'a plus fourni d'indications. Je suis restée immobile pendant une minute puis j'ai regardé à mes pieds.

Il y avait ma petite étoile de David avec le bord émaillé de bleu! À quelques centimètres de là se trouvait ma petite croix égyptienne faite à la main. Tandis que l'esprit-guide quittait mon corps, je fus prise de tremblements et devint incapable de bouger. Ces deux pendentifs symbolisaient pour moi une sorte de récompense après des années d'études spirituelles. Je ne parvenais pas à parler tellement j'étais remplie de joie.

Quand je suis revenue chez moi, je me suis dépêchée de replacer ces deux précieux symboles dans leur petit coffret. L'esprit-ami m'est alors apparu et il m'a dit: «Les symboles, c'est bien, mais ce qui compte vraiment c'est ton amour. Ne l'oublie jamais.»

La nuit d'après, j'ai eu une vision: j'ai vu une énorme étoile de David sur mon cœur.»

Conduite par la Lumière

Sheila avait douze ans au moment des faits et vivait dans l'État de Washington. Elle se baignait avec des enfants de son âge dans une rivière quand elle décida de plonger. L'endroit choisi était calme en surface mais d'une profondeur de six mètres et, surtout, remué par des tourbillons.

«J'ai été immédiatement aspirée vers le fond, raconta-t-elle, puis repoussée aussitôt vers la surface. Je voyais des gens bouleversés qui criaient et qui essayaient de me tendre un bâton à partir de la berge mais le tourbillon m'a encore aspirée. Quand je suis remontée pour la troisième fois, de plus en plus affaiblie par les efforts que j'effectuais, j'ai senti que j'étais encore attirée par le tourbillon, mais cette fois-ci, j'ai été comme immobilisée en hauteur, au-dessus de la rivière, et j'ai vu, à quelques mètres de moi, une lumière rectangulaire qui était à la fois brillante et douce. Pendant un instant, j'ai oublié le reste du monde et j'ai simplement éprouvé une incroyable sensation d'euphorie. Je me rappelle que j'ai essayé d'atteindre cette lumière mais j'ai été repoussée vers la berge avant de pouvoir la toucher. Je suis certaine que je ne suis pas sortie du tourbillon en nageant; c'est la lumière qui m'a prise avec elle et qui m'a conduite jusqu'à la berge.»

Un ange sur l'autoroute

Shohreh R., une femme d'origine iranienne, vit en Italie depuis de nombreuses années et est mariée à un Italien. Ils habitaient dans une station balnéaire de la Riviera mais ils ont déménagé il y a quelques années pour Turin. Elle a été pratiquement poussée à le faire par une voix qui lui a demandé de se rendre dans cette ville pour y effectuer une tâche spécifique, mais elle n'a cependant pas encore réussi à l'identifier. Shohreh est avant tout une femme d'affaires: avec son mari, elle gère deux grands magasins de tapis et exerce son activité avec beaucoup de compétence.

Cela ne l'empêche pas pour autant de vivre une vie spirituelle intense. Elle dit qu'il y a toujours des esprits-guides qui sont proches d'elle et qu'elle entre parfois en contact avec eux quand elle est en méditation. Elle soutient que, pour pouvoir obtenir ces résultats, il faut respecter une très grande hygiène personnelle, du corps, de l'esprit et de l'âme. Elle affirme en outre qu'il faut être très altruiste et ne jamais se servir des gens. Un échange est nécessaire: parfois matériel, mais le plus souvent moral, affectif. Ce que l'on donne aux autres nous revient toujours, même par des voies auxquelles on ne s'attendait pas. Les esprits-guides lui suggèrent souvent d'être attentive et la préviennent parfois des difficultés imprévues qui risquent de sur-

venir. Ensuite, pendant sa méditation, ils lui en donnent la raison. Voici le récit d'un épisode qui lui est arrivé.

«Je me rendais à Turin et je venais de m'engager sur l'autoroute. La journée était splendide: un ciel pur, un soleil resplendissant et une légère brise qui adoucissait la température. C'était un déplacement professionnel mais les circonstances climatiques pouvaient le transformer en voyage agréable. Pourtant, à un moment, ma voiture a commencé à me poser des problèmes: le moteur ne répondait plus à mes sollicitations.

Le bruit qui sortait du capot était le même que d'habitude mais il était irrégulier. Seulement, quand j'accélérais, la voiture n'allait pas plus vite pour autant. Au contraire, quand j'appuyais sur la pédale, la vitesse continuait à diminuer, alors que l'affichage du compte-tours était normal. Dans ma vie d'automobiliste, j'ai connu beaucoup d'ennuis mécaniques mais il ne m'était encore jamais arrivé une chose pareille. Je ne savais pas quoi en penser.

À la première station-service que j'ai rencontrée, j'ai activé mon clignotant et je me suis arrêtée. Le mécanicien, très consciencieux, a mis une vingtaine de minutes pour examiner les différentes parties du moteur: les bougies, l'allumage, l'arrivée d'essence, etc.

Tout paraissait fonctionner à la perfection.
D'un air désolé, il a fait une dernière fois le tour de la voiture, et son regard est tombé sur le pneu arrière droit. Il était bien gonflé, comme tous les autres, mais il était très entaillé.

"Encore quelques kilomètres et il aurait éclaté, a dit le mécanicien. On ne sait pas alors ce qui aurait pu se passer!"

Il changea le pneu et je repartis. J'ai effectué quelques mètres et j'ai aussitôt compris que la voiture répondait à présent comme elle ne l'avait encore jamais fait: il suffisait d'effleurer l'accélérateur pour qu'elle aille plus vite. Presque sans m'en rendre compte, je suis arrivée à Turin.»

UNE PROTECTION INATTENDUE

Cinzia P. est une jeune femme qui exerce une profession libérale: elle est active, dynamique, et on peut la définir comme une personne positive et rationnelle. Elle travaille dans le domaine de la publicité et gère son propre studio. Elle s'occupe personnellement et avec beaucoup d'habileté et de compétence des rapports avec les clients importants. Il y a quelques années, elle a dû s'installer en province pour des raisons professionnelles.

«J'avais choisi d'habiter à l'extérieur de la ville et je louais une petite maison en montagne, à quelques dizaines de kilomètres du centre-ville. C'était un endroit très beau, calme, en pleine verdure. La tranquillité qui m'entourait favorisait la créativité nécessaire à mon travail.

Le seul véritable problème était mon isolement car je n'avais pas de voiture à cette époque. J'aimais beaucoup cette solitude mais les difficultés de déplacement représentaient un inconvénient. Il n'y avait qu'un seul autobus qui, plusieurs fois par jour, reliait la ville à un petit village situé près de chez moi.

Près de chez moi est une façon de parler car je devais parcourir un long trajet à pied pour parvenir à l'arrêt: plus de deux kilomètres sur un sentier de campagne qui traversait des prés et des bois. C'était un parcours très beau et salutaire que je faisais deux fois par jour, presque toujours dans le noir parce que je partais à l'aube et que je revenais après le coucher du soleil.

Ce sentier était complètement désert: au cours des mois où j'ai habité dans cette maison, je ne dois pas avoir croisé plus de quatre ou cinq personnes. La solitude est belle, mais elle peut aussi faire peur. Si j'avais par hasard rencontré quelqu'un de mal intentionné, des gens violents, j'aurais été complètement à leur merci. J'aurais eu beau crier, personne ne m'aurait entendue. Plus le temps passait, plus je prenais conscience des dangers auxquels j'étais continuellement exposée et plus ma peur augmentait. J'effectuais ce trajet le cœur battant et je sursautais au moindre bruit. La joie que j'éprouvais au début à vivre isolée avait fait place à un sentiment d'angoisse.

Un matin d'hiver, alors qu'il faisait encore complètement nuit et que je sortais de chez moi, je me suis trouvée face à un gros chien-loup. Il ne bougeait pas et me regardait. Je frémis en pensant qu'il aurait pu me sauter dessus mais le chien resta immobile, assis.

Comme je n'avais pas le choix, je me suis rapprochée du sentier, lentement, à petits pas, en essayant d'avoir l'air détendue et en me gardant de montrer ma peur. De temps en temps, je me retournais pour regarder le chien.

Au bout de quelques pas, le chien s'est levé et s'est mis à me suivre, avançant à quelques mètres derrière moi. Je continuais à le regarder du coin de l'œil, inquiète. Au bout d'un certain temps, je me suis calmée car j'ai compris qu'il n'avait pas l'intention de m'agresser.

Cette fois-ci, je suis arrivée à l'arrêt d'autobus pratiquement sans m'en rendre compte, avec le chien toujours derrière moi. Quand l'autobus est arrivé, j'y suis montée en vitesse; le chien est resté assis à me regarder.

Pendant une bonne partie de la journée, j'ai pensé à cet épisode étrange puis, absorbée par mon travail, j'ai fini par l'oublier.

Le soir venu, j'ai pris l'autobus pour rentrer chez moi et je suis descendue à mon arrêt habituel: le chien était là qui m'attendait. J'étais surprise mais aussi rassurée, comme si j'avais rencontré un ami de confiance, et je me suis engagée dans le sentier. Le chien m'a suivie jusque chez moi puis est reparti.

Le lendemain matin, il était encore là. Pendant tout le temps que je suis restée dans cette maison, je l'ai eu comme fidèle compagnon, de la maison à l'autobus et de l'autobus à la maison. Il ne s'est jamais trop approché de moi. Parfois, je lui donnais quelque chose à manger mais il ne sortait jamais de sa réserve.

Que faut-il en penser?

Je ne saurais pas quoi en dire: je suis quelqu'un qui n'aime pas trop rêvasser. Et pourtant, je sais qu'il s'était tissé entre nous un lien solide, une entente subtile. Avec lui à mes côtés, je me sentais tranquillisée, sûre de moi. Je n'avais plus peur. Il me transmettait une sorte de chaleur que je ne sais pas expliquer. Était-ce un ange?»

Message d'un ange par l'écriture automatique

Argentina R. habite dans une petite ville d'Italie du Nord. Elle exerce une profession qui demande beaucoup d'équilibre émotionnel et un grand sens des responsabilités: elle est infirmière dans un hôpital.

Argentina est une sensitive. Depuis qu'elle est petite, elle perçoit à ses côtés la présence d'un esprit-guide qui la soutient, lui donne des conseils pour sa vie, lui envoie des messages.

Sans avoir étudié l'art, elle fait de très beaux dessins à fort contenu symbolique dont elle dit qu'ils lui ont été inspirés, au même titre que les dons qu'elle manifeste pour prévoir l'avenir. Peu de temps avant qu'une grande inondation survienne il y a quelques années, elle se sentit poussée à dessiner un pont écroulé, avec au premier plan une chouette lugubre et un visage de femme, à l'expression dure et angoissée.

Argentina a une fille de vingt ans qui a les mêmes dons qu'elle.

«Parfois, dit-elle, ils déplacent les verres, les assiettes, comme pour dire "nous sommes là". Ils se manifestent aussi par d'autres phénomènes analogues qui nous rassurent sur leur présence.»

Quand la mère ou la fille perd un objet et ne parvient pas à le retrouver, elle demande l'aide de son ange et retrouve ensuite ce qu'elle avait égaré. Quand la mère entre en méditation, elle peut soudainement se mettre à écrire d'une manière automatique en suivant passivement l'inspiration qui vient de son ange gardien. Des experts en graphologie ont examiné son écriture et ont relevé que les caractères qu'elle traçait dans de telles occasions étaient complètement différents de ceux qu'elle utilisait habituellement: c'était comme s'il s'agissait d'une autre personne. Voici quelques extraits d'un des messages qu'Argentina a reçu de son esprit-guide.

«Ici tout est possible, y compris voir des choses que tu ne peux même pas imaginer. Cela dépend du niveau de développement spirituel que l'on a atteint. Il existe également des différences ici et elles sont nombreuses: c'est ainsi que la nature des visions est liée au degré d'évolution auquel on est parvenu. Il y a des milliards de mondes, selon la force de la pensée et du désir de chacun. Même si en réalité tout est Un.

Au moment où tu parles, je peux être ici, mais pas uniquement, et aussi dans d'autres lieux, ou simplement immergé dans d'autres réalités. Seule une partie de moi est ici et communique avec toi.

J'ai déjà vécu au niveau physique et matériel dans lequel tu te trouves, il y a très longtemps et en de nombreuses vies. J'ai aussi vécu dans d'autres mondes, des mondes d'énergie pure, là où la vie est différente de la façon dont vous la concevez. Tu me demandes le sens de ces vies: elles sont plus fondamentales que ta vie actuelle. Les choses à apprendre et à accomplir sont différentes, seul le sentiment reste toujours équivalent: la signification est toujours dans tout, et tout est Un.

Votre soleil est un passage vers d'autres états de l'être, très proche de l'énergie qui crée tout. C'est la même chose pour le soleil noir, ou explosé, qui est antimatière et représente un autre passage, à l'envers, mais toujours le même. Tu crois peut-être qu'il n'y a rien, ou que l'antimatière n'est que destruction? Il y a pourtant de la création, sauf que les pôles sont inversés, tout comme le processus.

La musique: c'est une expression harmonieuse d'éléments qui ne seraient pas harmonieux autrement. Mais c'est également un moyen d'expression d'autres sphères. Même les planètes font de la musique, ont leur harmonie. Et l'univers a été créé par le son. Tu penses peut-être que la Parole n'est pas harmonie? Si tu étudiais les rythmes musicaux des planètes du système solaire, tu te rapprocherais déjà du langage universel.

Il n'y a pas que les planètes qui font de la musique, toi aussi. Chacun de nous émet des notes, selon ce qu'il vit. Vous ne pouvez pas les percevoir au stade où vous en êtes, moi oui.

«Vous devriez entendre la mélodie que chaque vie porte en soi. Même une fleur, même une pierre. Tu ne crois pas que les pierres puissent avoir leur vie et leur énergie propre, et pourtant c'est comme ça: la terre est un être vivant, et elle le démontre souvent, notamment quand elle se rebelle contre les bouleversements que lui impose le genre humain.

«Il y a également des sons que vous n'entendez pas, des couleurs que vous ne voyez pas: toi aussi, il y a des sons et des couleurs qui te sont inaccessibles.

«Rappelle-toi: Il n'y a rien qui soit détaché de rien. Tout doit avancer avec le Tout.»

Un village exceptionnel

Findhorn est un village de pêcheurs situé dans le nord de l'Écosse, au milieu d'une lande sableuse froide, battue par les vents. Pourtant, il y a dans cet endroit un des jardins les plus beaux et les plus luxuriants qui soit: il y pousse des variétés de plantes absolument inhabituelles dans ces latitudes.

Il semblerait que ce sont les anges qui soient à l'origine de ce phénomène.

C'est dans ce village qu'est né, il y a quelques années, tout à fait par hasard, une petite communauté formée de trois amis, Dorothy MacLean, Eilen et Peter Caddy.

«Les anges, raconte Dorothy, sont des êtres qui donnent vie à la nature et qui créent tout ce qui s'y trouve. Je n'aurais jamais imaginé qu'il soit possible de parler avec des anges, et pourtant cela s'est produit et a eu de tels prolongements qu'il n'est plus possible d'en douter.»

À un certain moment, Dorothy a commencé à écrire des messages sous leur dictée.

«Je ne sais pas qui m'a dicté ces messages, dit-elle, mais je sais que ce n'est pas quelque chose qui est séparé de moi: c'est une voix que j'entends à l'intérieur. Elle dit des choses que je ne saurais pas dire et elle m'aide à trouver des réponses satisfaisantes pour beaucoup de problèmes. Aujourd'hui, je suis convaincue que tout le monde peut entendre ce guide intérieur, il suffit d'apprendre à écouter en silence, en paix et en confiance.»

Quand ces trois amis se sont retrouvés d'un seul coup en chômage, ils ont décidé de faire un potager pour subvenir à leurs besoins. C'est grâce aux conseils permanents que recevait Dorothy qu'ils purent obtenir des résultats absolument extraordinaires. En dehors des conseils pratiques, les anges lui expliquèrent qu'ils étaient des champs d'énergie, l'intelligence qui est à la base de chaque espèce, la force et l'énergie qui la fait grandir. Ils lui dirent aussi qu'ils étaient des incarnations de l'intelligence créatrice, les vecteurs de tous les échelons de la vie et qu'ils avaient comme devoir de promouvoir l'évolution.

Dorothy a également appris que, dans la nature, chaque espèce avait ses anges, et elle est entrée en contact avec ceux des plantes: «Les anges nous ont expliqué que les radiations émises par le jardinier jouaient un rôle dans la croissance des plantes, que les forces émotionnelles de celui qui s'occupe de son potager pouvaient constituer une véritable nourriture pour les jeunes pousses. Certaines personnes stimulent cette croissance, d'autres la ralentissent, d'autres encore l'arrêtent. Les jardins, nous répétaient-ils, ont besoin d'amour et de tendresse comme les enfants.»

Une petite communauté s'est créée à Findhorn à partir du premier noyau de trois personnes: au fil des années, elle s'est agrandie et est devenue une école de vie où l'on enseigne et l'on démontre par l'exemple ce que peut être un bon rapport avec la nature, avec son prochain et avec la «transcendance.»

Aujourd'hui à Findhorn, on ne s'occupe plus seulement d'agriculture mais on y traite également des problèmes concrets et spirituels, on y tient des conférences, des cours et des séminaires et on y publie des livres et des brochures d'information. Des gens de bonne volonté du monde entier se rendent dans ce petit village écossais: ils apprennent comment vivre d'une façon saine, en harmonie avec la nature, avec les hommes et en accord avec la dimension spirituelle.

LA MORT DE MON GRAND-PÈRE

J'aimais beaucoup mon grand-père Profondément bon, il n'élevait jamais la voix et chaque geste qu'il posait était réfléchi. D'aussi loin que je me souvienne, je n'ai jamais entendu qui que ce soit lui adresser des reproches. Il avait le respect de tous et chaque membre de sa famille l'aimait.

Je n'oublierai jamais le jour où j'eus ma dernière conversation avec lui. Contrairement à son habitude, il paraissait nerveux, légèrement absent. Au fur et à mesure que notre conversation se déroulait, je sentais qu'il avait quelque chose d'important à me dire mais il semblait avoir beaucoup de difficultés à se confier à moi. Finalement, il quitta son fauteuil et, se tenant debout devant moi, me dit: «Jacques, ma mission sur terre sera bientôt terminée, un ange me l'a dit hier.»

D'abord abasourdi, je le questionnai ensuite à propos de cet ange. Il me dit qu'un être de lumière lui était apparu au cours de la nuit et que Dieu l'avait spécialement mandaté pour lui apporter ce message.

Sa nervosité ayant disparu, il me demanda calmement d'accepter, comme lui, cette décision du Très-Haut en me réitérant l'amour qu'il avait pour moi et sa famille.

Nous discutâmes encore quelques minutes sans revenir sur le sujet et je le quittai après l'avoir serré dans mes bras une dernière fois.

Malgré cette affreuse nouvelle, je n'étais pas triste. J'avais l'impression que l'ange qui avait visité mon grand-père me parlait à travers lui. Je me sentais enveloppé d'une douce sérénité malgré la situation.

Mon grand-père est décédé au cours de la nuit qui a suivi notre dernière conversation.

Ces événements se sont produits il y a une dizaine d'années et je pense encore souvent à mon grand-père. Je l'imagine au ciel, accompagné de son ange.»

«NOUS VEILLERONS SUR TOI»

J'ai toujours été pieuse. Je prie depuis que j'ai appris à le faire à l'école primaire. Dieu est pour moi le véritable créateur de l'univers et je n'en ai jamais douté. Et les anges sont bel et bien ses messagers. Je le sais puisque trois d'entre eux sont venus me visiter lorsque j'étais adolescente.

Il faisait nuit et je ne parvenais pas à m'endormir. Soudaintement, trois anges sont apparus dans la chambre. Tous de tailles différentes (ils semblaient être des enfants), ils se sont approchés de moi en souriant chaleureusement et m'ont dit qu'ils étaient envoyés par Dieu pour me protéger tout au long de ma vie.

J'ai la ferme conviction que ce n'était pas un rêve. J'étais bien éveillée et je les ai vus distinctement tous les trois.

Depuis ce temps, j'adresse mes prières quotidiennes à ces trois anges en plus de celles que je dédie à Dieu. Je prie pour le bonheur de tous ceux que je connais et pour que la paix revienne sur terre.»

L'ange de l'amour

Comme malheureusement trop d'enfants, j'ai eu une enfance malheureuse. Mon père était alcoolique et ma mère, dépressive. Je les ai longtemps détestés en raison de l'héritage qu'ils m'ont laissé: une haine féroce à l'égard des autres.

Toute ma vie a été dictée par cette haine. Je n'ai jamais rien fait de bien parce que j'avais besoin d'assouvir une certaine vengeance. Une vengeance qui s'était forgée dans mon âme au fil des ans et qui dirigeait ma vie. Jusqu'au jour où j'eus une visite inattendue...

À cette époque, je vivais au troisième étage d'un immeuble situé dans un quartier populaire. Un soir, revenant du travail à pied, j'aperçus une fillette d'environ 7 ans qui semblait me suivre. Ne connaissant pas les enfants du voisinage, je me suis dit qu'elle devait habiter le même quartier que moi et je cessai de m'en préoccuper.

Rendu chez moi, je soupai et fis un somme sur le divan en écoutant de la musique. Soudainement, je sentis un léger souffle sur mon visage. J'ouvris les yeux et, à mon grand étonnement, la fillette qui m'avait suivi auparavant était là, debout devant moi. Comme je m'apprêtais à me lever, elle étendit lentement un bras en me faisant signe de demeurer couché, ce que je fis.

Elle s'assit alors par terre et me dit qu'elle était venue pour m'aider. D'une voix si douce que j'en avais des frissons, elle m'expliqua que Dieu l'avait mandatée pour adoucir mon cœur. Elle me fit comprendre que je devais effacer le passé et recommencer ma vie sur une base nouvelle. Que la haine que j'entretenais depuis mon enfance était vaine et que je devais dorénavant consacrer ma vie à aider et à aimer les autres. À les apprécier pour ce qu'ils sont: des êtres imparfaits, comme moi, qui ont besoin d'amour, non de haine.

À partir de ce jour, j'ai fait un virage à 180 degrés. Progressivement, je me suis intégré aux gens du voisinage et les relations avec mes confrères et consœurs de travail se sont améliorées. Bref, j'ai complètement changé mon attitude vis-à-vis des autres.

Aujourd'hui, je suis marié, j'ai deux enfants que j'adore et ma femme m'aime autant que je l'aime. La haine qui m'habitait s'est effacée devant un adversaire trop fort pour elle: l'ange de l'amour.»

Mon enfant chéri

Ma femme est décédée à la suite d'un accident d'automobile et notre petit garçon qui l'accompagnait est confiné depuis à un fauteuil roulant. Cet accident l'a rendu paraplégique.

Cet enfant est toute ma vie et je n'avais qu'une seule crainte: mourir à mon tour en le laissant seul.

Comme j'ai toujours été persuadé que les anges de Dieu peuvent nous aider si on fait appel à eux, j'ai prié tous les jours pour que mon seul vœu soit exaucé: vivre le plus longtemps possible pour pouvoir prendre soin de mon fils et avoir l'assurance qu'il sera heureux dans la vie après mon départ.

Aujourd'hui, je sais que mon vœu est exaucé car un ange de Dieu m'est apparu en rêve. Les mots qu'il a prononcés sont clairs. Il m'a dit, distinctement: «Dieu t'a entendu».

Je suis certain que cet ange a intercédé auprès de Dieu pour moi et que je peux désormais vivre paisiblement.»

Je t'aime

Ma mère a été ma meilleure amie. Chaque fois que j'avais besoin d'elle, elle était là. J'ai aimé cette femme du plus profond de mon cœur et, pourtant, je ne lui ai jamais dit que je l'aimais de son vivant. Je pensais probablement que mon amour allait de soi, qu'il était inutile de le lui dire.

Lorsqu'elle périt noyée en 1995, je n'eus en tête que ces mots: je t'aime. À la douleur que je ressentais devant sa mort s'ajoutait une culpabilité extrême, celle de ne lui avoir jamais dit que je l'aimais du plus profond de mon cœur. Ma vie était devenue insupportable car j'avais peur que ses dernières pensées fussent de douter de mon amour pour elle.

Après quelques mois de remords intenses, je me suis tournée vers la prière pour tenter de trouver du réconfort. J'ai prié les anges de façon régulière pour qu'ils m'accordent quelques secondes avec ma mère. Seulement quelques secondes pour que je lui dise que je l'aimais plus que tout. J'avais vraiment besoin de lui prononcer ces mots pour apaiser ma douleur.

Un après-midi d'été, alors que j'étais dans un parc à proximité de chez moi, mon vœu fut exaucé. Assise, seule, sur un banc, j'observais des enfants qui jouaient à quelques mètres de moi. Une dame vint s'asseoir sur le banc que j'occupais et, à son parfum, je reconnus à l'instant que c'était ma mère. Je me tournai prestement vers elle et lui dit sans attendre: «Maman, je t'aime tellement».

Elle me sourit et me toucha l'épaule d'une main. Je fermai les yeux et sentis la douleur qui m'étreignait depuis longtemps s'éteindre. Ce moment dura à peine deux secondes. Lorsque j'ouvris les yeux, ma mère était déjà partie rejoindre le monde qu'elle habitait depuis sa mort.»

Mon ange, mon bébé

La venue d'un enfant était, pour mon mari et moi, l'ultime complément de notre mariage. Bien que les tests de fécondité aient démontré que nous étions tous les deux fertiles, l'enfant tant désiré se faisait toujours attendre.

À court d'espoir que notre rêve se réalise un jour, nous décidâmes de demander conseil au curé de notre paroisse. Nous n'étions pas particulièrement pieux, mais croyants. Nous pensions sincèrement qu'une intervention divine était possible. Nous voulions tellement avoir un enfant, Dieu interviendrait sûrement...

À la suite de notre rencontre avec le curé, nous nous sentions pleins d'espoir. Il nous conseilla d'adresser des prières aux anges. Ceux-ci, disait-il, sont les messagers de Dieu, ils entendraient sûrement nos doléances.

Après quelques mois, j'étais enceinte et mis au monde par la suite un merveilleux petit garçon. Je suis convaincue qu'un ange a entendu nos prières et qu'il a intercédé auprès de Dieu. Ce bébé, c'est... un ange.»

Une protection pour la vie

Je suis âgée de 60 ans et j'ai toujours cru aux anges. J'ai prié mon ange gardien à tous les soirs de ma vie et je pense fermement qu'il m'a protégée tout au long de celle-ci.

Bien sûr, j'ai fait des efforts pour réussir ce que j'entreprenais. Je n'ai jamais pensé qu'il suffisait d'avoir un ange protecteur pour se la couler douce. Notre ange est là pour nous guider, nous protéger et nous conseiller.

Je ne l'ai jamais vu mais je sais qu'il a toujours été là, près de moi. De toute façon, je n'ai pas besoin de le voir, j'ai la foi.»

LES PRIÈRES

 utre les prières personnelles que nous pouvons adresser à notre ange ou à tout autre ange, il en existe plusieurs qui ont été conçues par des personnages importants de l'histoire de la religion catholique ou par des personnes anonymes. Aussi belles et magnifiques les unes que les autres, elles vous aideront sûrement dans vos invocations.

En complément, douze autres prières, celles-ci adressées à l'ange gardien pour des besoins spécifiques, vous sont proposées.

PRIÈRE DE THÉRÈSE DE LISIEUX

À mon Ange Gardien

Glorieux gardien de mon âme
Toi qui brilles dans ce beau ciel
Comme une douce et pure
flamme
Près du trône de l'Éternel
Tu descends pour moi sur la terre
Et, m'éclairant de ta splendeur,
Bel Ange, tu deviens mon frère!
Connaissant ma grande faiblesse
Tu me diriges par la main
Et je te vois avec tendresse
Ôter la pierre du chemin
Toujours ta douce voix m'invite
À ne regarder que les cieux
Plus tu me vois humble et petite
Et plus ton front est radieux
Ô toi qui traverse l'espace
Plus promptement que les éclairs!
Je t'en supplie, vole à ma place
Auprès de ceux qui me sont chers
De ton aile, sèche les larmes
Chante combien Jésus est bon
Chante que souffrir a des
charmes
Et tout bas, murmure mon nom...

Amen.

PRIÈRE À SAINT MICHEL ARCHANGE EXTRAITE DE L'EXORCISME DE LÉON XIII

Saint Michel archange,
défends-nous dans le combat;
sois notre secours contre la perfidie
et les embûches du démon.

Que Dieu exerce sur lui son empire,
nous le demandons en suppliant.

Et toi, prince de la milice céleste,
refoule en enfer, par la Vertu divine,
Satan et les autres esprits malins
qui errent dans le monde
pour la perte des âmes.

Amen.

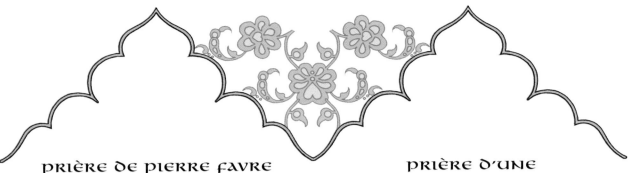

PRIÈRE DE PIERRE FAVRE (UN DES PREMIERS DISCIPLES DE SAINT IGNACE DE LOYOLA), À RÉCITER À GENOUX DANS CHAQUE PIÈCE DE LA MAISON.

Visitez cette demeure,
nous vous en prions,
Seigneur; écartez d'elle
toutes les embûches de l'ennemi,
pour que vos saints anges
y habitent et nous gardent
dans la paix,
et que votre bénédiction
soit sur nous à jamais,
par le Christ notre Seigneur.

Amen.

PRIÈRE D'UNE FUTURE MAMAN

Je vous remercie et vous glorifie,
Père très saint, Dieu Créateur,
parce que vous avez fait en
moi de grandes choses
et qu'un enfant va naître
de cet amour humain
que vous avez béni.

Jésus, veillez sur mon tout-petit, votre frère.
Qu'il soit notre joie sur la terre,
votre gloire dans l'éternité.
Esprit-Saint, couvrez-moi de votre ombre
pendant ces mois bénis de l'attente.

Et vous, Marie, reine des mères,
gardez mon enfant.
Mon bon ange gardien,
et vous, ange gardien de mon tout-petit,
préservez-nous de tout accident.

Conduisez-nous tous les deux dans la vie.

Obtenez-nous la bénédiction de Dieu!

Amen.

PRIÈRE À L'ANGE GARDIEN

Mon bon ange,
ô vous qui êtes le gardien
de mon corps et de mon âme,
mon tuteur, mon guide,
mon cher compagnon,
mon très sage conseiller
et mon très fidèle ami,
qu'il est glorieux et consolant
pour moi de penser que je suis
commis à vos soins,
dès le premier moment de ma vie
jusqu'à celui de ma mort!

Quel respect ne vous dois-je pas, sachant que
je suis toujours en votre présence? Avec
quelle dévotion ne faut-il pas que je vous
honore pour reconnaître l'amour que vous
me portez, et quelle confiance ne dois-je pas
avoir en votre appui, puisque vous êtes toujours à mes côtés!

Ô vous qui connaissez
si bien ma faiblesse,
la violence de mes passions
et la malice si redoutable
des ennemis qui désirent
si ardemment de me perdre,
aidez-moi à découvrir
tous leurs artifices,
à éviter tous leurs pièges
et à vaincre toutes leurs tentations!

Ne permettez pas que je fasse
en votre présence
la moindre chose qui puisse
blesser la pureté de vos regards
et me rendre indigne
de votre compagnie.

Apprenez-moi à faire
des prières si ferventes,
qu'elles soient comme
un excellent parfum
que vous présentez volontiers
au trône de Dieu;
offrez-lui mes gémissements
et mes soupirs,
présentez-lui mes nécessités
et mes misères.

Veillez sans cesse sur moi,
instruisez-moi, dirigez-moi,
protégez-moi et,
quand viendra la fin de ma vie,
assistez-moi avec bonté
dans la dernière lutte,
portez mon âme dans le ciel
afin que je puisse louer Dieu,
l'aimer, le bénir à jamais
avec vous dans la
glorieuse société des anges.

Amen.

PRIÈRES À L'ANGE GARDIEN DE LA ROUTE

Ange gardien de la route
Accorde-moi un œil vigilant,
une main sûre,
pour que je ne blesse personne.

Protège-moi.
Protège ceux qui m'accompagnent.
Apprends-moi à ne pas mépriser
par amour de la vitesse
la beauté du monde que je traverse.

Que cette voiture serve mes besoins
sans négliger ceux des autres.

Amen.

PRIÈRE D'UNE MÈRE

Mon Dieu, est-ce déjà le soir de ma vie?
Comme la vie passe vite!
Il est vrai que je n'ai pas fait
de grandes choses.

Je fus une maman comme les autres
qui essaie chaque jour
de bien faire les petites choses.

J'aime les enfants que tu m'as donnés.
Souvent, je me suis couchée tard
afin de les endormir.

Souvent, pour les vêtir,
je me suis assoupie
sur le tricot commencé la veille.

Je me suis faite médecin pour les guérir.
Je me suis dévouée pour
qu'ils apprennent à donner.

Je me suis privée pour qu'un jour
ils se sacrifient.
Je me suis agenouillée pour
leur apprendre à prier.

Je les ai aimés pour leur
enseigner l'Amour.

Quand je partirai pour le grand voyage,
ne les oublie pas.
Je te le demande par Jésus-Christ
Marie et les saints anges.

Amen

PRIÈRE D'UN ENFANT POUR SA MÈRE

Bon ange de ma mère
Vous savez combien elle m'a aimé(e).
Vous l'avez vue me couvrir de caresses,
me prodiguer les soins les plus touchants,
souffrir quand je souffrais...
passer les nuits sans sommeil
quand je ne pouvais dormir.

À peine arrivé(e) à l'adolescence,
je l'ai contristée par mon indocilité.
Vous avez été contristé comme elle.
Récompensez-la pour moi de ses sacrifices.

Conservez-lui la santé et la force;
mettez en son cœur de douces joies;
comblez-la de grâces!

Récompensez-la
de tout ce qu'elle a fait pour moi.

Amen.

BÉNÉDICTIONS POUR LA TERRE

Qu'il y ait la paix au nord,
au sud,
à l'ouest,
et à l'est.
Qu'il y ait la paix pour
les quatre éléments
et pour l'éther cosmique,
qui contient tout.

Qu'il y ait la paix et l'amour
pour toutes les créatures,
visibles et invisibles
dans leurs royaumes
et leurs éléments.

Qu'il y ait la paix
pour leurs anges
Qu'il y ait la paix pour nous,
qui partageons le même chemin qu'eux.

Amen.

PRIÈRE DU TOUT-PETIT *(À réciter pour son enfant)*

Veille sur moi quand je m'éveille
Bon ange, puisque Dieu l'a dit
Et chaque nuit quand je sommeille
Penche-toi sur mon petit lit.
Aie pitié de ma faiblesse
À mes côtés marche sans cesse
Parle-moi le long du chemin
Et pendant que je t'écoute
De peur que je ne tombe en route
Bon ange, donne-moi la main.

Toi, dont l'amour se penche
Jusqu'à mon cœur d'enfant,
Dont l'aile douce et blanche
Me couvre et me défend,
Quand je fais ma prière,
Le soir et le matin,
Au ciel, à notre Père,
Oh! répète-la bien.
On dit qu'à l'âme pure
Tu parles quelquefois;
Rends-moi, je t'en conjure,
Attentif à ta voix.
Pour garder l'innocence.

Je fuis mes ennemis;
Oh! sois mon espérance,
Ange du paradis.
Quand, sur l'étroite route
Qui mène l'homme au bien,
Mon pied se lasse ou doute,
Tends-moi vite la main!
Ah! de notre demeure
Eloigne la douleur,
Et si ma mère pleure,
Que ce soit de bonheur!

Que par ta vigilance,
Conservent leur fraîcheur
Les lis de l'innocence,
Sur mon front, sur mon cœur.
Des pas de mon jeune âge
Céleste conducteur,
Qu'un jour mon cœur partage
Ton éternel bonheur.

Amen.

NOTRE ANGE, PROTECTEUR ET ALLIÉ

Recueille et transforme
nos pensées d'amour
Ouvre les portes entre ton monde de lumière
et notre monde brouillard.
Guide nos pas sur le pont qui nous unit et
que ce pont devienne large et sûr.

Rapproche tes frères de nous pour
qu'ils écoutent notre appel.

Éloigne le brouillard de la matière pour
qu'ils voient notre envie
d'amour et notre cœur pur.

Laisse les portes ouvertes, pour que, quand
on t'invoque, on puisse te sentir proche.

Avec ton aide, qu'il nous soit donné
de protéger, de consoler, de guérir.

Qu'il nous soit donné d'aider celui qui
souffre dans son corps et dans son esprit.

Ta présence comme guide étend
notre connaissance, parce que
connaître, c'est servir.

Amen.

JE TE SALUE, NOTRE ANGE PROTECTEUR ET ALLIÉ.

Je te salue, Seigneur du lieu et vous anges
qui ont été proches de nous.

Votre puissance accompagne
notre dessein et le dépose
devant le trône du Très-Haut,
là où la lumière forme des
tourbillons flamboyants.
Que notre requête soit accueillie
et qu'elle descende de
l'esprit à la matière.

Rapproche le voile et que le
plan divin s'accomplisse.
Amen.

À MON ANGE RAPHAËL

Un jour que j'étais endormi
Je me suis éveillé sans souci
Quelque chose en moi venait de se passer
J'ai su tout de suite que tu étais là,
à mes côtés.

Cette sensation étrange et réelle à la fois
M'a fait peur et m'a comblé de joie
Toi, mon ange, si étrange et si fidèle
Comment leur dire que tu n'es pas
qu'éphémère?
Tu as toujours été présent à mes côtés
Et toujours tu resteras à m'écouter!

Même mes plaintes, même mes délires,
Tu ne jugeras
Même mes pensées, même mes désirs,
Tu ne gronderas!

Mais quelle chance de t'avoir à mes côtés
Quand tout devient sombre et sans gaieté!
Mon ange, permets-moi
de te dire merci

Car je t'aime à l'Infini.

Amen.

PRIÈRE À MARIE, REINE DES ANGES

Auguste Reine des cieux
et souveraine Maîtresse des anges,
vous qui avez reçu de Dieu,
dès le commencement,
le pouvoir et la mission
d'écraser la tête de Satan,
nous vous le demandons humblement
envoyez vos légions célestes pour que sous
vos ordres et par votre puissance,
elles poursuivent les démons,
les combattent partout,
répriment leur audace
et les refoulent dans l'abîme.

Qui est comme Dieu?
Ô bonne et tendre Mère,
vous serez toujours
notre amour et notre espérance.

Ô divine Mère,
envoyez les saints anges
pour nous défendre et repousser
loin de nous le cruel ennemi.

Saints anges et archanges,
défendez-nous, gardez-nous.

Amen.

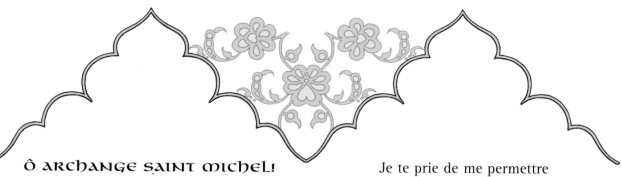

Ô ARCHANGE SAINT MICHEL!

Défends-nous dans la bataille;
sois notre soutien contre la perfidie
et les pièges du diable,
que Dieu exerce sa domination sur lui,
nous t'en supplions.
Et toi, ô prince de la milice céleste,
grâce à la puissance divine,
chasse dans l'enfer Satan
et les autres esprits malins
qui errent dans le monde
pour perdre les âmes.

Amen.

Ô GLORIEUX ARCHANGE SAINT GABRIEL!

Je partage la joie que tu as
éprouvée quand tu t'es rendu,
comme messager céleste,
voir Marie; j'admire le respect
avec lequel tu t'es présenté à elle,
la dévotion avec laquelle
tu l'as saluée, l'amour avec lequel,
premier parmi les anges,
tu as adoré le Verbe incarné
dans son sein.

Je te prie de me permettre
de répéter avec les sentiments
qui étaient les tiens,
le salut que tu as adressé à Marie
et d'offrir avec le même amour,
les hommages que tu as
présentés au Verbe fait Homme,
en récitant le saint rosaire
et la prière de l'Angelus.

Amen.

Ô GLORIEUX ARCHANGE SAINT RAPHAËL!

Qu'après avoir veillé jalousement
sur le fils de Tobie dans son
heureux voyage et l'avoir rendu
finalement à ses chers parents
sain et sauf, uni à une épouse
digne de lui, tu sois aussi
notre guide fidèle.
Quand les tempêtes et les écueils
de la mer orageuse du monde
sont surmontés, tous les dévots
peuvent atteindre avec bonheur
le port de la béatitude éternelle.

Amen.

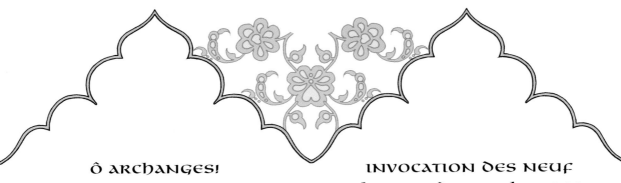

Ô ARCHANGES!

Glorieux archange Michel,
prince des milices célestes,
défends-nous contre tous
nos ennemis visibles et invisibles,
et ne permets jamais que l'on
tombe sous leur cruelle tyrannie.

Archange saint Gabriel,
toi qui es si justement appelé
la force de Dieu car tu as été choisi
pour annoncer à Marie
le mystère par lequel
le Tout-Puissant devait
manifester merveilleusement
la force de son bras,
fais-nous connaître les trésors
renfermés dans la personne
du Fils de Dieu et sois notre messager
auprès de sa sainte Mère!

Archange saint Raphaël
guide charitable des voyageurs, toi qui,
avec la puissance divine, opères des
guérisons miraculeuses, daigne nous guider
pendant notre pèlerinage terrestre
et donne-nous les vrais remèdes
qui puissent guérir
nos âmes et nos corps.

Amen.

INVOCATION DES NEUF CHŒURS DES ARCHANGES:

Anges très saints,
veillez sur nous partout et toujours.
Archanges très nobles,
présentez à Dieu nos prières
et nos sacrifices.
Vertus célestes,
donnez-nous force et courage
dans les épreuves de la vie.
Puissance du haut,
défendez-nous contre les ennemis
visibles et invisibles.
Principautés souveraines,
gouvernez nos âmes et nos corps.
Très hautes dominations,
Régnez davantage sur notre humanité.
Trônes suprêmes,
donnez-nous la paix.
Chérubins pleins de zèle,
dissipez tous nos ténèbres
Séraphins pleins d'amour,
enflammez-vous d'un amour ardent
pour le Seigneur.

Amen.

AUX ANGES GUÉRISSEURS

Je vous salue, anges de la guérison!
Venez à notre aide,
reversez votre énergie
guérissante sur notre frère.
Remplissez chacune
de ses cellules de force vitale,
donnez la paix à chacun de ses nerfs,
apaisez ses sens torturés.
L'onde de vie qui monte
apporte de la chaleur dans
chacune de ses fibres,
tandis que son corps et
son âme sont restaurés
par votre pouvoir guérisseur.
Laissez un ange veiller,
réconforter et protéger
jusqu'à ce que sa santé revienne.
Un ange qui repousse tout mal
et accélère le retour de sa force,
ou qui l'accompagne vers la paix,
si sa vie est finie.
Je vous salue, ange de la guérison!
Venez à notre aide,
partagez avec nous les vicissitudes
de la Terre,
pour que Dieu s'éveille
à travers l'homme.

Amen.

PRIÈRE AUX ANGES GARDIENS

Saint ange gardien que Dieu,
par un effet de sa bonté,
a chargé du soin de ma vie, vous
qui m'assistez dans mes prières,
qui me soutenez dans mes efforts
pour une vie meilleure,
je vous remercie.

Je me confie aujourd'hui à vous.

Je vous demande de me défendre
contre mes ennemis,
d'éloigner de moi les
occasions de pécher,
de me rendre docile
à vos inspirations,
de me bénir, moi et
tous ceux que j'aime,
de veiller, avec tous les
anges de Dieu,
sur tous les enfants
du Père, mes frères.

Amen.

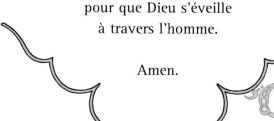

LES SIX PRIÈRES SUIVANTES ONT ÉTÉ CONÇUES PAR DES DOCTEURS DE L'ÉGLISE.

Ayez pitié, Seigneur, des fidèles ici présents et, par la vertu de votre sainte Croix et par la garde des anges, libérez-les de tous les dangers et de toutes nécessités: incendies, inondations, froid, brigands, serpents, bêtes sauvages, obsessions, attaques et embûches du démon, maladies.
Amen.

(Saint Cyrille d'Alexandrie)

Ange glorieux qui m'avez en garde, priez pour moi. Mon cher gardien, donnez-moi votre bénédiction. Bienheureux esprit, défendez-moi de l'Ennemi. Mon cher protecteur, donnez-moi une grande fidélité à vos saintes inspirations.

Amen.

(Saint François de Sales)

Ange saint qui adorez toujours la face du Père éternel, comme vous la voyez toujours; puisque sa bonté suprême vous a commis le soin de mon âme, secourez-la sans cesse par sa grâce, éclairez-la dans ses ténèbres, consolez-la dans ses peines, échauffez-la dans ses froideurs, défendez-la dans ses tentations, gouvernez-la dans toute la suite de sa vie.

Daignez prier avec moi; et parce que mes prières sont froides et languissantes, embrasez-les du feu dont vous brûlez, et portez-les jusqu'au trône de Dieu pour les lui offrir.

Faites par votre intercession que mon âme soit humble dans la prospérité et courageuse dans l'adversité; qu'elle s'anime dans la ferveur de sa foi et par la joie de son espérance, et que, ne travaillant dans cet exil qu'à avancer vers sa céleste patrie, elle aspire de plus en plus, par les gémissements d'un ardent amour pour Jésus son Sauveur, à l'adorer éternellement, et à jouir enfin avec vous, dans la compagnie de tous les saints anges, de cette gloire ineffable qu'il possède dans tous les siècles.

Amen.

(Saint Charles Borromée)

Bonjour, mon ange gardien. Je vous aime tendrement; vous m'avez gardé cette nuit pendant que je dormais, gardez-moi s'il vous plaît, pendant ce jour, sans malheur, ni accident et sans offenser Dieu, au moins mortellement.

Amen.

(Saint Jean-Marie Vianney)

Saint ange de Dieu, à qui Dieu a confié ma protection, je te remercie pour tous les bienfaits que tu as procurés à mon corps et à mon âme. Je te loue et te glorifie car tu m'assistes avec une très grande fidélité et me protèges contre tous les assauts de l'Ennemi.

Bénie soit chacune des heures où tu m'as été donné comme protecteur et désigné comme défenseur! Bénis soient ton amour et toute ta sollicitude, toi qui n'as de cesse de hâter mon salut!

Je te demande de me pardonner d'avoir si souvent résisté à tes suggestions, t'attristant ainsi, ô toi mon bon ami. Je prends la résolution de t'obéir à l'avenir et de servir Dieu fidèlement.

Amen.

(Sainte Gertrude)

Ô mon cher ange, allez, je vous en conjure, où mon Jésus repose; dites-lui à ce divin Sauveur que je l'adore et que je l'aime de tout mon cœur. Invitez cet adorable Prisonnier d'amour à venir dans mon cœur, à y fixer son séjour. Ce cœur est trop petit pour loger un si grand Roi, mais je veux l'agrandir, par l'amour et par la foi.

Amen.

(Sainte Louise de Marillac)

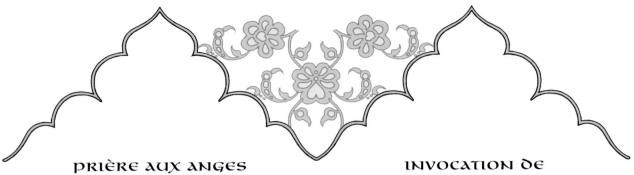

PRIÈRE AUX ANGES

Vous les anges, assis devant
et derrière Dieu et autour de lui,
je me recueille en pensant à vous
et à votre mission.

Je te prie, toi, l'ange que Dieu
a accolé à mon être terrestre, toi,
que je nomme gardien, et vous tous,
anges planétaires, lorsque j'en ai besoin,
les dons, les vertus et les pouvoirs,
dont Il vous a fait les détenteurs.

Que votre force, votre sagesse, votre
espérance, votre intelligence,
votre miséricorde, votre morale,
votre spiritualité, votre sens de la justice,
votre esprit de service deviennent miens
lorsque j'affronte les difficultés
et les épreuves de la vie.

Je me recueille en pensant à vous tous,
en sachant que vous serez toujours là
lorsque le besoin s'en fera sentir.

C'est ainsi, par ma volonté, mais aussi par
vos dons, vos vertus et vos pouvoirs,
que je saurai apporter ma contribution
à un monde meilleur.

Amen.

INVOCATION DE L'ANGE GARDIEN

Aide-moi saint ange gardien,
toi qui es mon secours
dans la nécessité, mon réconfort
dans les malheurs, ma lumière
dans les ténèbres, mon protecteur
devant le danger,
mon inspirateur des bonnes pensées,
mon intercesseur auprès de Dieu,
mon bouclier qui repousse l'ennemi malin,
mon compagnon fidèle,
mon ami digne de confiance,
mon prudent conseiller,
mon modèle d'obéissance,
mon miroir d'humilité et de pureté.

Aidez-nous, anges qui nous gardez,
anges de nos familles,
anges de nos enfants,
anges de nos paroisses,
anges de notre ville,
anges de notre pays,
anges de l'Église,
anges de l'univers.

Amen.

Prières à
l'ange gardien

Compagnon de ma vie

(Prière de protection quotidienne)

Cher compagnon céleste
Témoin de chacun de mes pas
Tu es là, constamment près de moi
Prêt à m'indiquer le chemin à suivre

Cher ange que Dieu m'a donné
Fais de moi l'instrument du dessein divin
Montre-moi la route qu'il faut prendre
Pour atteindre le Créateur éternel

Dès l'aurore de ma vie
Tu fus mon compagnon
Au jour de grand soleil
Tu m'accompagnais

Mon ange, ange de Dieu
Ouvre une brèche dans les nuages
Protège-moi de la pluie maligne
Éclaire le chemin
Qui mène à mon crépuscule

Amen

Un mot d'amour

(Prière pour la paix)

Aux temps troubles du monde
Où le cadeau de la vie est piétiné
Par les pas insensibles des rois guerriers

Mon cœur tremble mon ange

Du fond de mon être
Une voix s'élève et cherche à t'atteindre
Mon cœur battant tambour te crie de l'entendre

Paix, paix et paix
Ô quel mot tendre

À toi, mon ange gardien
Je fais un vœu, une prière
Redis ce mot sans cesse au ciel
Pour qu'on le reçoive en écho
Comme un chant éternel

Amen

NI OR,
NI RICHESSE

(En recherche d'emploi)

À toi, mon ange
Qui me connais et me soutiens depuis longtemps
Je fais humblement cette prière

Je n'ai nul besoin d'or ou de richesse
Pas plus que de pouvoir ou de gloire
Je te demande simplement de m'aider
À vivre convenablement

Assiste-moi dans mes efforts
Donne-moi le courage d'affronter les obstacles
Et soutiens-moi en cas d'échec

Je me tourne vers toi, fidèle ami
Car je sais que tu me viendras en aide
Et que demain sera meilleur

À toi, mon ange en qui j'ai foi
Je remets mon sort et mon espoir

Amen

La chance que j'attends

(Prière d'espérance)

Mon très cher ange
Que de fois j'ai espéré
Que de fois j'ai imaginé
Que de fois j'ai pensé
Qu'un jour tout va changer

Ce jour, il est là, je le sens
Car tu es près de moi
Prêt à m'aider, à m'appuyer
À me donner la chance que j'attends

De ce cadeau, je le jure
Je ferai bon usage

Mon ange, change ma vie
Fais en sorte que demain
Soit un jour béni
Un cadeau de ta main

Amen

LUI DIRE À TRAVERS TOI

(Décès d'un conjoint)

En ces temps sombres de ma vie
Où la solitude est lourde à porter
Je fais appel à toi mon ange
Pour que cesse enfin le silence

Depuis que Dieu a rappelé mon amour à Lui
Ma vie est vide et sans but
S'il te plaît, laisse-moi entendre sa voix
Rien qu'un jour, rien qu'une fois

Donne-moi la joie, le bonheur
D'un instant, si bref soit-il
Où je pourrai sentir sa présence
Et en faire un moment sacré

Ô toi, mon ange, messager céleste
D'ici au ciel, apporte-lui simplement
Cette prière perpétuelle
Et je serai heureux(se) maintenant

Amen

ENSEIGNE-MOI LA VÉRITÉ

(Pour bien cheminer dans la vie)

Tu étais là
Et je ne le savais même pas
Tu me protégeais
Et je ne m'en doutais pas
Maintenant je sais que Dieu existe
Et que tu es Son messager

Mon ange, mon compagnon révélé
Je t'offre ma jeunesse
Et le cours futur de ma vie
Enseigne-moi comment faire
Enseigne-moi la Vraie vie

Montre-moi le chemin que je dois prendre
Dis-moi ce qu'il faut dire
quand on veut m'entendre
Tourne mon regard vers la Lumière
Aide-moi à vivre sur cette terre
En m'enseignant la vérité

Amen

Un coup de main

(De l'aide pour réussir)

Cher ange gardien
Je m'apprête à vivre un moment difficile
Où j'aurai besoin de tout mon courage
Et de toutes mes forces

Je te demande aujourd'hui de m'aider
Car la tâche est lourde
Et j'ai peur de subir un échec

Cher ange gardien
Donne-moi l'énergie nécessaire
La volonté de ne pas reculer
Et la ténacité qui mène au succès

Accompagne-moi dans cette tâche
Car avec toi près de moi
Je sais que je réussirai

Amen

ILLUMINE MA VIE

(Pour une personne dépressive)

Mon ange, sauve-moi

Libère-moi de ces chaînes
Qui se sont formées au fond de moi
Libère-moi de ma prison

Sauve-moi de l'abîme
Sauve-moi de la noirceur
Sauve-moi de la déprime
Sauve-moi de moi

Mon ange
Il ne me reste que toi
Ne me laisse pas me détruire
Ne me laisse pas seul(e)

Toi qui viens de la Lumière
Donne-moi la lueur dont j'ai besoin
Pour commencer à croire en moi
Et me tourner vers le bonheur

Amen

TENDS-MOI LA MAIN

(Prière d'agonie)

Mon ange, mon fidèle ami
Tout au cours de ma vie
Je t'ai senti près de moi
Prêt à intervenir
Quand j'avais besoin de toi

Aujourd'hui, j'entends l'appel de Dieu
Qui m'invite à le rejoindre
Je n'ai pas peur, je n'ai pas de regret
Mais j'ai aimé la terre, j'ai aimé la vie

Mon cher ange
Veux-tu me tendre la main?
Me faire humer l'odeur
De ce que sera demain

Mon cher ange
Viens avec moi à ce rendez-vous
Pare-moi de fleurs et de pluie
En hommage à Dieu pour la vie

Amen

LES BEAUTÉS
DE LA VIE

(Pour trouver le bonheur)

Cher ange
Montre-moi où il faut chercher
Dis-moi ce que je dois faire
Mon ange
Existe-t-il un bonheur pour moi?

De ma vie, je n'ai jamais été heureux(se)
Tout me semble inaccessible
Et me paraît obscur

Mon ange
Fais-moi le signe que j'attends
Indique-moi le chemin à prendre
Apprends-moi à reconnaître
Les beautés de la vie

Mon ange
Apporte-moi la grâce que j'attends

Amen

Pour que cesse la douleur

(Prière de guérison)

Toi qui du ciel me fus donné
Toi qui du Christ nous fus révélé
Toi qui m'entends au sein de Sa cour
Apporte-lui mon appel au secours

Ange de Dieu, mon ange gardien
Je sollicite ton aide pour ma douleur
Porte ma prière, sois le lien
Pour que Dieu sache mon malheur

Mon ange, mon ange gardien
Entends mes cris, ma douleur
Où que tu sois, quoi que tu fasses
Interviens auprès du Créateur

Toi qui du ciel me fus donné
Je crois en toi et ta mission
Dès cet instant, je sais que j'ai
Obtenu grâce et compassion

Amen

PROTÈGE MON ENFANT

(Prière d'intercession)

Ange de mon bébé
Regarde comme il est beau
Cet enfant que Dieu m'a donné
Cet enfant que j'ai tant espéré

Ange de mon bébé
Comme tu dois être beau toi aussi
Et comme j'aime
Te parler aujourd'hui

Ange de mon enfant
Peux-tu dire à Dieu pour moi
Combien je Le remercie

Peux-tu Lui demander pour toi
La mission de protéger une vie
Celle de protéger sa vie

Ange de mon bébé
Prends-lui une main, je prendrai l'autre
Que cet instant scelle son destin
Et qu'à jamais
Tu sois son hôte

Amen

Conclusion

a valeur d'un ouvrage comme *Le grand livre des anges* est inestimable. Comme vous avez pu le constater, l'univers des anges est vaste et les façons pour nous d'y accéder par nos prières et nos actions sont nombreuses. C'est pourquoi *Le grand livre des anges* devrait se retrouver sur toutes les tables de chevet. Par la somme d'informations qui s'y trouvent, *Le grand livre des anges* se veut une «bible» à laquelle on peut référer en tout temps, peu importe la situation.

Il se peut que vos efforts en vue d'obtenir les faveurs d'un ange ou de votre ange aient été vains. Si c'est le cas, il ne faut surtout pas vous décourager. Comme nous l'avons souvent mentionné au cours de ce livre, la patience est primordiale pour entrer en contact avec les anges. N'oubliez pas que Dieu les a créés pour nous et que leur mission première est de nous venir en aide. Au besoin, consultez le livre à nouveau en prenant soin de bien saisir les informations qui s'y trouvent.

Un jour, peut-être bientôt, un ange viendra vous visiter. Si ce n'est déjà fait...